KB125408

소통과 무격
(巫覡)

저자 / 한규진

HAUM
하움출판사

목 차

소통과 무격(巫覡)
- 종교·사회적 역할을 중심으로 -

　'巫覡'은 신과 인간의 중재자이다. 무격은 초기에는 샤머니즘적 성격을 지니다가 점차 정치적 도구로 이용되었다. 또한 儒·佛·道 三敎思想과 습합되면서 현재에 이르고 있다. 본 연구에서는 한국 巫覡의 사회적 역할과 기능은 무엇인지 그리고 무격의 특징과 과제는 무엇인지를 살펴보았다.

　외래종교인 유불도 삼교와 토속신앙인 巫俗이 함께 기능할 수 있었던 것은 서로가 서로의 영역을 침범하지 않고 圓融會通的으로 관계를 맺었기 때문이라고 판단된다. 그러나 유교의 입장에서는 무격신앙이 정치적 맥락과 흐름을 같이 하여 탄압의 대상이 되기도 하고, 장려 혹은 통제의 대상이 되기도 하는 등 佛·道 二敎에 비해서는 융합적인 태도가 약했음을 확인하였다.

　삼국시대부터 고려·조선시대를 거쳐 근·현대에 이르는 동안 무격은 정치·경제·사회·문화 등 거의 모든 세속의 일에 관여하여 그 영향력을 행사해 오고 있음도 살펴보았다. 특히 일제강점기 미신타파 운동은 우리 민족성의 말살정책 하나로 평가할 수 있다. 기복신앙의 관점에서도 무격의 배제 논리는 합리화되기에 이른다. 또한 역사적으로 저주와 주술성이 갖는 이미지는 무격을 사회에서 배제시키는 주된 이미지였음을 살펴보았다. 문제는 현대와 미래에서 어떻게 무격을 대중화시켜 음지에서 양지로, 비학문 분야에서 학문의 영역으로, 비주류 문화에서 주류 문화로 이끌어 낼 것인가 하는데 있다.

무격은 춤으로 神을 내리게 하고, 노래로 신을 흥겹게 하며, 재앙을 피하고 복을 부르는 것을 비는 자로써 歌舞를 통해 신과 소통한다. 무격은 신의 언어를 빌려 인간과 사회의 비정상의 정상 회복에 목표가 있고, 원한이나 부조화를 해원시키고 조화롭게 하는 역할을 한다. 조상들의 혼령이 후손들에게 현신하여 이야기 하거나, 인간의 질문에 신이 답하고, 인간의 병을 신이 고쳐주려면 무격이 중계해야 한다. 이와 같이 무격은 神病 혹은 강렬한 신앙체험을 거쳐 해당 신의 영적인 능력을 얻고 신과의 교통을 하는 자이다.

오랜 역사를 가진 한국의 무격은 그 문화 속에 우리 고유의 정체성을 담지하고 있다. 본 연구에서는 이를 학술적으로 밝혀 구체화 하고자 하였다. 이를 위해 본 연구에서 사용하는 '巫覡'이라는 용어는 남성과 여성을 아우르는 개념어로 사용한다. 역사적으로 '巫'는 司祭를 가리켜왔으나 신앙의 대상이거나 '무속'으로 표현한 것은 민속의 차원에서 이해하는 입장이다.

일반적으로 巫와 관련된 명칭은 각 시대적 상황이나 지적인 분위기에 따라 용어의 사용이 변해 왔기 때문에 정확한 정의를 내리기 쉽지 않다. 본격적인 연구를 진행하기 위해서 선행연구들과 함께 『高麗史』나 朝鮮王朝實錄 등의 역사서를 통해 객관적 사실을 제시하고, 고려·조선시대의 여러 文集 등에 나타난 무격 관련 기사를 연구의 도구로 삼았다. 전반적인 연구의 내용은 첫째, 무격의 기원론과 고유성에 대한 담론을 살펴보고, 무격을 전문점자, 부업점자, 기타 점복자로 구분하여 무격의 종류를 검토하였다. 그리고 나서 무격을 고대로부터 고려시대, 조선시대로 나누어 무격의 전개과정을 살펴보았다.

둘째, 무격신앙의 양상과 유불도 삼교의 교류 문제를 다루었다. 무격의 양상을 크게 기복적 양상과 치병적 양상으로 나누어 살펴보고, 한국사상의 핵심을 이루는 유불도 삼교 사상과 토속신앙인 무속신앙이 어떻게 만나고 습합되었는지를 각 사상별로 검토해 보았다.

셋째, 무격의 기능을 사제의 기능, 예언과 점복의 기능, 기우제 주재의 기능, 주술적 의료의 기능, 가무와 놀이 및 신령의 뜻을 전달하고 신당의 관리를 해 온 기능으로 나누어 각각을 살펴보았다.

넷째, 무격의 특징을 크게 굿을 통한 의례적 특징과 신명풀이라는 미학적 특징으로 구분하여 살펴보고 일제강점기부터 해방전후까지의 미신타파와 관련된 무격 배제의 현상을 당시의 신문과 잡지 등의 자료를 통해 살펴보았다. 또한 무격에 대한 사회적 인식 중 기복신앙이라는 차원에서 도외시해온 역사를 통해 기복신앙 극복의 과제를 제시하고, 저주와 주술적 이미지라는 부정적 이미지 극복에 대해 논의하고 미래지향적인 의미에서 무격의 대중화에 대해 살펴보았다.

우리가 유·불·도 삼교사상 등 한국의 사상이나 문화를 논할 때 굳이 무격 문화를 같이 다루어야 할 필요는 없겠으나 유독 무격을 거론할 때는 소심해지는 현상을 볼 수 있다. 이는 무격에 대한 올바른 이해가 부족하기 때문이다. 일제강점기하에서 왜곡된 문화교육을 받아온 것도 중요한 이유 중의 하나일 것이다. 미신타파를 마치 고등 민족 교육을 하는 것처럼 여겨온 이상, 우리는 전통문화의 올바른 이해를 할 수 없을지도 모른다. 그러나 무격에 대한 이해는 한국 전통사상과 문화는 물론이고 한국인의 삶 속에서 여전히 살아 숨 쉬고 있다. 이는 우리의 삶 자체가 하늘(자연)과 인간, 인간과 인간이 通一적이라는 사유와 함께 해 왔다는 점에서 天地人을 잇는 존재로서의 무격은 부정되어야할 존재가 아닌 전통문화의 핵심으로써 소중히 보존되어야 할 가치인 것이다.

그러나 조선시대 이후 무격은 억압의 대상이 되었고, 일제강점기에는 정책적으로 미신타파 운동이 벌어지는 등 무격에 대한 사회적 위치는 낮게 평가되어 왔다. 특히 현대 사회에서 신과 인간의 소통 역할을 하는 창구로서의 무격의 지위는 재고를 요한다. 인간은 물질문명을 조절하면서 인간과 인간의 관계보다 인간과 물질, 물질과 물질간의 상호 작용에 더욱 주의를 기우리고 있다. 그 과정에서 수많은 윤리ㆍ도덕의 문제를 비롯한 사회악이 양산되고 있으며, 그 피해자는 결국 인간으로 귀납된다. 따라서 인간 스스로의 피해를 줄이기 위해서라도 관계의 소통에 관심을 기울여야 하며 그 방법의 일환으로 무격의 사회적 기능과 역할에 주목할 필요가 있다.

오랜 전통을 가진 무격의 사회적 기능을 논하는 것은 미래에 닥쳐올 위기 상황 극복에 지침을 얻고자 함이다. 여기서 무격의 신명풀이를 통한 사회적 치유의 기능은 스트레스에 찌든 현대인의 정신 건강을 치유할 수 있는 방법이 된다. 각종 공연의 현장에서 발생하는 흥은 굿의 일종으로 볼 수도 있다. 굿의 외연을 확대하면 그 범위가 넓어지고 결국 굿의 대중화와 직결될 것이다. 이와 같이 무격의 의례 과정속에서 발생하는 신명풀이와 같은 공동체 의식은 건강한 사회를 만드는데 기여할 수 있을 것이다. 따라서 무격 당사자는 물론이고, 그들을 대하는 사람들도 무격문화에 대한 올바른 이해를 위한 학습을 해야 할 것이다. 즉, 현대 사회에서 무격은 종교나 신앙의 영역이 아닌 객관적인 문화현상으로 봐야 한다.

무엇보다도 무격은 신과의 소통을 기반하고 있으므로 무의 역할을 찾기 위해서는 소통이 관건이 된다. 신과 무격의 소통을 통해 치병이나 祈雨, 원한의 치유 등이 가능한 것으로 이해되었기 때문이다. 즉, 무격의 역할은 '소통을 통한 치유'라고 할 수 있다. 바로 이러한 점에서 인간의 정신과 육체의 치유는 물론이고 지구적 치유를 '소통'에서 찾을 수 있다. 우리는 '자연의 소리에 귀 기우려야 한다'는 말을 곧잘 듣는다. 자연의 소리란 곧 하늘(신)의 소리이며, 이것은 결국 인간의 소리이다. 그 소리를 전해주는 존재가 바로 무격인 것이다. 이것이 곧 무격이 自己革新을 하지 않으면 안 되는 이유이다. 무격들은 그만큼 중요한 책임이 있음을 자각하여야 한다.

주제어: 巫, 巫覡, 巫俗, 巫堂, 기복신앙, 유불도 삼교사상, 미신타파

I.
序論

...

I. 序論

1. 연구의 목적

한국의 무격은 그 역사가 오래 되었고, 무격의 문화 속에는 우리 고유의 정체성이 담겨져 있을 것이라는 가정이 가능하다. 유불도 사상과 무격간의 관계를 보더라도 이는 쉽게 설명할 수 있다. 이를 종합적인 시각에서 객관적으로 밝혀 구체화 하는 것이 연구의 목적이다.

우리는 흔히 '巫'의 기원과 전승을 설명할 때 檀君史話를 거론한다. 단군이 국조로 숭배되는 만큼 여러 문헌기록[01] 으로 나타나며, 거기에는 治世觀과 사상성이 드러나고 있기 때문이다. 신화적인 면으로 볼 때, 桓雄이 인간의 제반사를 주재했고, 그것은 단군에게 전승된다. 이러한 전통이 巫의 성격과 유사하다.[02] 巫라는 글자를 풀이

---

01) 학계 일반에서 檀君史話에 관한 기록을 담고 있는 문헌으로 소개하고 있는 것은 다음과 같다.『三國遺事 』,『帝王韻記 』,『陽村集 』,『世宗實錄 』, 『應制詩註 』,『東國通鑑 』,『新編東國輿地勝覽 』,『海東異蹟 』, 『揆園史話 』,『東史綱目 』,『燃藜室記述 』,『海東繹史 』

02) 『三國志 』「魏志·東夷傳」'扶餘條'에서는 흉년 때 그 허물을 왕에게 돌리거나 죽게 하고, 三韓에서는 國邑마다 天君을 한 사람씩 두고 그들에게 천신제사를 지내도록 했다. 또한 『三國史記 』「新羅本紀」2 '伐休尼師今'에서는 왕이 바람과 구름을 살펴 豊凶을 점쳤다. 이러한 왕을 『三國史記 』「高句麗本紀」5 '東川王條'에서는 故國川王의 혼령이 무격에게 강림하여 그들이 치국에 관여하고 있다고 하였고, 『삼국사기 』「신라본기」1 '南海次次雄條'에서는 왕과 무격이 미분된 양상을 보여준다.

하면, '하늘과 인간을 연결하는 사람'이라는 의미이기 때문에 단군이 바로 하늘과 사람의 중재자로 인식된다.[03]

훗날 무는 속신적 성격의 독립 존재로 인식 되고 있으나, 국조신앙의 측면에서 보면 기층문화만으로는 한정되지 않는다.

무격에 대한 이해를 돕기 위해 대부분의 연구자가 李能和(1869-1943)의 연구를 참조하지 않을 수 없으리만큼, 무격 연구에서 그가 끼친 영향은 지대하다. 이능화는 무를 "춤으로 神을 내리게 하고, 노래로 신을 흥겹게 하며, 재앙을 피하고 복을 부르는 것을 비는 자"[04]라고 정의하였다. 즉, 무의 역할을 歌舞를 통해 신과 소통하는 것으로 보았다. 무격은 비정상의 정상 회복에 목표가 있고, 원한이나 부조화를 화해시키고 조화롭게 하는 역할을 한다. 조상들의 혼령이 후손들에게 현신하여 이야기 하거나, 인간의 질문에 신이 답하고, 인간의 병을 신이 고쳐주려면 무격이 중계해야 한다.[05] 이와 같이 무격은 神病 혹은 강렬한 신앙체험을 거쳐 해당 신의 영적인 능력을 얻고 신과의 교통을 하는 자이다.

일본 학자 아카마쓰 지조(赤松智城)·아키바 다카시(秋葉隆)는,

---

03) 단군과 무속에 대해서는 다음을 참조. 김태곤, 「무속상으로 본 단군신화: 단군신화의 형성을 중심으로」, 『史學研究』 20, 한국사학회, 1968, pp.169-192; 신원선, 「단군신화와 무속」, 『한민족문화연구』 3, 한민족문화학회, 1998, pp.1-18; 권상우, 「단군문화로의 회귀」, 『민족문화논총』 55, 영남대학교 민족문화연구소, 2013, pp.3-32; 서욱수, 「檀君神話의 現世主義와 巫風으로의 전환」, 『한국민족문화』 48, 부산대학교 한국민족문화연구소, 2013, pp.163-182.

04) "蓋舞以降神 歌以侑神爲人 祈禱避災趨福.", 『朝鮮巫俗考』, 第1章 朝鮮巫俗之由來 1.巫覡起源歌舞降神.

05) 최규협, 「토속신앙의 실체」, 『민속학술자료총서』 9, 우리마당 터, 2005, p.6.

"조선의 무속은 북방민족과 공통된 살만교(shamanism)의 한 지류이다. 그러므로 그것은 종교사적으로 원시종교의 한 형태이다. 또한 사회사적으로는 살만교적 원시문화의 한 단계라 할 수 있다. 이는 조선의 오래된 신앙 혹은 행사로써 현재도 민중, 특히 그 중에서도 부인들 사이에서 자주 행해지고 있다. 그러므로 조선의 무속은 민간 종교와 해당 사회상을 이해하는데 있어 중요한 일대 자료이다."[06] 고하여 원시의 종교나 문화의 한 요소로 파악하고 있다.

동서고금을 막론하고 神과 自然, 그리고 人間의 관계에 대한 논의는 현재진행형이다. 그만큼 천착할 주제가 다양하고 어렵다는 말이다. 특히 본 연구에서 다루고자 하는 '巫覡'은 신과 인간의 중재자로서 역할 해 온 만큼 그 역사가 오래되었다. 한국의 巫覡 또한 원시시대로부터 존재해왔다. 초기에는 주로 샤머니즘적 성격을 지니다가 점차 정치적 도구로 이용되기도 하였고, 외래사상인 儒·佛·道 三敎思想과 습합되면서 권력자나 일반 민중에까지 일정한 역할을 해왔다. 이에 본 연구에서는 한국의 무격에 대한 종합적 고찰을 시도하면서 사회적 역할과 과제를 중심으로 연구하고자 한다.

---

06) 赤松智城·秋葉隆, 『朝鮮巫俗の硏究 』上, 學文閣(영인본), 1970, p.1.

2. 연구의 동향

　본 연구에서 다루고자 하는 무격에 대한 논의는 민간 종교와 같은 광의적 차원에서 주로 다뤄져 왔다. 그러나 협의의 '무격'은 남성과 여성이라는 사람의 개념으로 이해된다. 아직까지 이와 관련된 구체적 논의는 이뤄지지 않았다.

　그간 한국 巫覡史와 관련된 연구 시기는 크게 네 시기로 나눌 수 있다. 첫째, 제1기인 1900년에서 1920년까지이다. 이 시기는 서양 宣敎師들의 활동 시기와 관련된다. 둘째, 제2기는 1920년부터 1930년까지이다. 이 기간에는 한국사학자들의 역할이 주목된다. 셋째, 제3기는 1930년에서 1945년으로 이 때는 일본 학자들의 연구가 핵심이다. 넷째, 제4기는 해방이 된 이후로, 다시 한국 학자들의 본격적 연구가 진행된 시기이다. 특히, 제2기를 대표하는 학자들인 崔南善, 李能和, 孫晉泰의 역할이 현대에까지 미치고 있다. 이들은 巫와 관련된 종합적 연구를 시도했다. 그러나 그 연구의 바탕에는 민족주의적 사고가 짙게 깔려 있었다. 이러한 인식은 그들이 무교를 종교로 보지 않았다는 점을 알게 해 준다.[07] 나아가 그들이 巫의 현상을 이해하는데 관심이 집중되어 있었음을 반증한다.

　이와 같이 한국의 무격을 파악하려는 시도는 주로 신앙 현상과 관련되어 있다. 그리하여 무교·무속신앙 혹은 민간신앙의 차원으로만 취급되어 왔다. 반면 그간 '무격'을 주제어로 하여 연구된 성과와, 그 연구의 흐름을 검토해 보면 다음과 같다.

　먼저 앞서 살펴본 연구의 시기 구분에서 제4기에 해당하는 한국 연

---

07) 조흥윤, 『한국 巫의 세계 』, 한국학술정보, 2004, p.57.

구자들의 본격적인 국내 연구에 해당한다. 이 시기 무속신앙을 학문적으로 파악하려는 시도는 1960년대가 되어 본격화 되었다. 시기적으로도 가장 앞서고, 많은 연구 성과를 보이고 있는 연구자는 玄容駿 (1931-2016)이다. 현재 파악이 가능한 논문으로는 1960년대 3편[08], 1970년대 4편[09], 1980년대 2편[10], 1990년대 1편[11] 이다. 각 연구주제를 보면 그의 관심은 주로 제주도 무속에 집중되어 있어서[12] 종합적 시각이 결여 되어 있다고 해도 과언이 아니다.

다음으로 1970년대에는 김태곤과 최길성의 연구가 독보적이다. 김

---

08) 玄容駿, 「巫俗神話 본풀이의 形成」, 『국어국문학』26, 국어국문학회, 1963; 동, 「제주도의 무속의례」, 『한국언어문학』3, 한국언어문학회, 1965; 동, 「제주도무의의 '기매'고 : 무속의 신체형성의 일면」, 『韓國文化人類學』2-1, 한국문화인류학회, 1969.

09) 현용준, 「濟州島 巫俗의 比較 研究(Ⅰ)」, 『논문집』5, 제주대학교, 1973; 동, 「濟州島 巫俗의 比較研究(Ⅱ)」, 『國文學報』5, 제주대학 국어국문학회, 1973; 동, 「濟州島 巫俗의 比較 研究(Ⅲ)」, 『논문집』6, 제주대학교, 1974; 동, 「濟州島 巫俗儀禮 研究」, 『논문집』7-1, 제주대학교, 1975.

10) 현용준, 「濟州道 巫俗의 祭物과 神」, 『白鹿語文』1, 제주대학교 사범대학 국어교육과 국어교육연구회, 1986; 동, 「濟州島民의 信仰體系와 巫俗」, 『제주도연구』6, 제주도연구회, 1989.

11) 현용준, 「巫俗神話의 社會的 機能」, 『한국민속학』23-1, 한국민속학회, 1990.

12) 1990년대 이후로는 연구논문의 발표보다는 저서의 발간에 초점을 두었음을 알 수 있다. 그가 타계하기 전까지 발간한 저서중 제주도의 무속과 관련된 것들은 다음과 같다. 현용준, 『제주도 마을신앙』, 보고사, 2013; 동, 『제주도 사람들의 삶』, 민속원, 2009; 동, 『제주도무속자료사전』, 각, 2007; 동, 『제주도 신화의 수수께끼』, 집문당, 2005; 동, 『제주도 무속과 그 주변』, 집문당, 2002; 동, 『한국구비문학대계: 제주도편』, 좋은문화사, 2002; 동, 『제주도신화』, 서문당, 1996; 동, 『무속신화와 문헌신화』, 집문당, 1992.

태곤은 이미 1968년부터 무속과 관련된 연구[13]를 진행하여 6편의 논문[14]을 발표한 바 있다. 최길성도 1967년부터 무속 연구를 시작하였고, 5편의 논문[15]을 발표하였다.

그 밖에도 연구논문에서 박용식[16] 외에도 몇 편의 논문이 등장하였다. 그러나 시간적으로 간격이 상당히 벌어져 있어서 연구의 연속성에서는 문제가 있다. 즉, 박용식 이후 20여년이 지난 1999년에 들어서 조정호[17]가 무격을 주제로 연구를 진행하였다. 그는 한국무속학회의 창간호에서 무격의 삶의 구조를 밝히고, 음양론적 시각에서 무격의 정신발달 과정을 제시하는 등 이 분야 연구에서 상당한 성과를

---

13) 김태곤,「巫俗上에서 본 檀君神話 : 檀君神話 形成을 中心으로 하여」,『국어국문학 』41, 국어국문학회, 1968; 동,「東海岸地方巫俗」,『고문화 』5·6, 한국대학박물관협회, 1969.

14) 김태곤,「韓國 巫俗의 來世觀」,『한국종교사연구 』1, 한국종교사학회, 1972; 동,「巫의 단골제 연구」,『마한·백제문화 』1, 원광대학교 마한·백제문화연구소, 1975; 동,「巫俗研究 半世紀의 方法論的 反省」,『한국민속학 』9-1, 한국민속학회, 1976; 동,「북한지역의 무속실태와 전승」,『北韓 』63, 북한연구소, 1977; 동,「嶺南地域의 巫俗 實態」,『논문집 』11, 원광대학교, 1977; 동,「호남지역의 무속 : 표본지역의 무속사례를 중심으로」,『어문논집 』19·20, 안암어문학회, 1977.

15) 최길성,「宮中巫俗資料」,『한국민속학 』2-1, 한국민속학회, 1970; 동,「한국무속연구의 과거와 현재」,『韓國文化人類學 』3-1, 한국문화인류학회, 1970; 동,「민속극과 무속신앙」,『문화재 』5, 국립문화재연구소, 1971; 동,「동해안지역 무속지 서설」,『한국문화인류학 』5-1, 한국문화인류학회, 1972; 동,「解放後 巫俗研究의 傾向」,『한국학보 』5-1, 일지사, 1979.

16) 박용식,「고대소설에 끼친 원시종교사상: 무격사상을 중심으로」,『어문논집 』19·20, 안암어문학회, 1977, pp.435-449.

17) 조정호,「무격의 음양론적 정신발달과정: 그 동인과 구조가 지닌 교육적 의의」,『한국무속학 』창간호, 한국무속학회, 1999, pp.43-67.

보여주었다. 같은 해에 김종균[18] 이 국문학적 관점에서 무격사상을 고찰하였다. 그는 金東里의 『巫女圖』에 나타난 무격사상의 형상화를 밝혔다.

이후 무격에 대한 연구는 역사학적 관점에서도 진행된다. 임학성[19] 은 戶籍 자료를 분석하여 무격을 다루었다. 그는 연구의 제한을 두어 조선시대 호적 중에서 4곳의 호적대장[20] 에서 무격 자료를 보고하였다. 사실 이러한 연구 분석 방법은 무격에 대한 민간 문헌이 부족한 공백을 메꾸는 것으로 매우 귀중한 자료가 된다. 특히 1733년대에 경상도 단성현 지역에서 '花郎'을 무격으로 표현하고 있다는 사실은 역사학적으로도 상당한 가치가 인정된다. 또한 다른 자료에서는 발견되지 않는 '巫工'을 제시하였다. 그 밖에도 무격과 관련하여 '廣大', '業中'[21] 등을 무격의 이칭으로 보고 하였다. 그러나 대부분의 경우 '巫夫'라는 용어가 발견된다고 보았다.

임학성 이후 10여 년이 지난 뒤에 김갑동[22] 에 의해 무격 연구가 나

---

18) 김종균, 「김동리의 『무녀도』와 무격사상의 문학 형상화 연구」, 『한국사상과 문화』 5, 한국사상문화학회, 1999, pp.53-73.

19) 임학성, 「조선후기 호적자료에서 확인되는 무격과 광대·재인들(1)」, 『역사민속학』 20, 한국역사민속학회, 2005, pp.405-419.

20) 『慶尙道丹城縣戶籍大帳』·『慶尙道彦陽縣戶籍大帳』·『靑山鎭丙子戶籍大帳』·『平安道中和府壬子式年戶籍』

21) '업중'은 『大東韻府群玉』에서도 나타난다. 즉, "충혜왕 때 민환이 惡少들을 나누어 보내 업중에게 공포를 징벌하니 사람들이 심히 고통스러워하였다.(『고려사』) (업중은) 지금의 남자 무당이다(業中 忠惠王時 閔渙 分遣惡少 徵業中貢布 人甚苦之(麗史). 今之男巫).", 『大東韻府群玉』 卷1, 上平聲 1 東(中).

22) 김갑동, 「고려시대 무속신앙의 개념과 무격의 역할」, 『역사문화연구』 59, 한국외국어대학교 역사문화연구소, 2016, pp.3-36.

타난다. 그는 天神과 山神은 물론이고 地神·龍神·祖上神·城隍神 등 신들과 인간의 매개로서의 '샤먼(Shaman)'을 무격으로 규정하였다. 그리고 무격의 역할을 神祠 관리, 제사 주관, 기우 행사 주관, 예언과 길흉 예지, 저주와 무고, 치병, 놀이 등의 역할로 구분하여 살펴보았다. 거의 대부분의 무격의 역할에 대해 다루고 있다는 특징이 드러난다.

학위논문에서 '무격'을 키워드로 삼고 연구한 최초의 연구자는 1973년 손병우이다. 그는 '靈魂不滅思想'을 통해 무격을 고찰[23] 하였으나, 정작 석사논문의 한계상 깊이 있는 연구를 하지 못했다. 이후로도 아직까지 박사논문은 나오지 않아서 본 연구가 최초라 하겠다.

다음으로 무속·무교·민간신앙을 주제어로 한 연구는 지면에 소개할 수 없으리만큼 많다. 연구를 집약하여 다루고 있는 학회의 경우, 대표적인 학회는 한국무속학회이다. 이 학회에서는 1999년 창간부터 2019년 현재에 이르기까지 39집에 이르는 연구논문을 발행하여 『한국무속학 』이라는 학술지[24] 를 발간하고 있다. 대부분 무속인이나 굿과 같은 무속 의례를 다룬 연구가 중심 되고 있다.

최근 개인 연구자 중에서도 박경안[25] 은 巫를 대하는 역사학계의

---

23) 손병우, 「국문학에 나타난 무격사상고: 영혼불멸사상을 주로」, 고려대 석사논문, 1973. 이후 석사논문으로 안효선, 「국문학에 나타난 무격사상」, 연세대 석사논문, 1980; 김태환, 「처용가 연구: 무격사상을 중심으로」, 명지대 석사논문, 1983; 김춘식, 「고시가에 나타나는 초현실적 세계인식: 무격사상과 불교사상을 중심으로」, 고려대 석사논문, 1991; 김태우, 「고려시대 무격의 지위와 세습화 과정 연구」, 경희대 석사논문, 1997; 조량, 「한국어 및 알타이제어 무격 명칭의 비교연구」, 서울대 석사논문, 2008 등이 연구되었다.

24) 한국무속학회 홈페이지(http://koreanshamanism.org) 참조. 학술지 창간호부터 39집에 대한 목차는 본 연구의 <부록>에 제시한다.

25) 박경안, 「고려시대 巫의 종교적 역할과 분화」, 『동방학지 』184, 연세대학교 국학연구원, 2018, pp.91-111 참조.

인식이 유교적 淫祀觀의 범위 안에 있다고 보고, 무교의 종교적 역할 이해를 위해서는 다양한 형태의 의례를 해석하는 것이 중요함을 역설하였다. 그리고 그 해결방법을 제시하였는데, 무의 기능을 司祭의 수행, 歌舞祀神의 의례와 神託, 주술적 요소들로 살펴보았다.

무엇보다도 무격에 대해 연구하고자 할 때 일본인 학자의 역할도 도외시할 수 없다. 특히 일제강점기 무라야마 지준(村山智順)은 우리 기층문화를 조사·분석하여 식민지 정책의 기초를 다지는 도구로 삼았다. 무격에 대한 내용은 思想調査의 하나로 진행한 『朝鮮總督府調査資料』 제36집(『朝鮮の巫覡』, 1932)과 제37집(『朝鮮の占卜と豫言』, 1933)[26] 에 정리되어 있다. 특히 『朝鮮の占卜と豫言』에서 神占者가 바로 무녀들이었음을 밝혔다.[27] 또한 무녀를 空唱占者·神接占者·神將占者로 구분하였다. 조선시대에는 이 중 공창점자가 다수를 이뤘다고 하였다.

무라야마 지준 보다 선행된 저술로 추정[28] 되는 이능화의 『朝鮮巫俗考』[29] 는 이 분야 연구의 중심 텍스트이다. 그러나 여기에는 필자의 견해가 극도로 제한되어 있으며, 주로 원문을 인용한다거나 소개하는데 그치고 있다. 단지 사료의 정리라는 측면에서는 좋은 참고

---

26) 애초 『朝鮮の占卜と豫言』은 『朝鮮の巫覡』에서 함께 발표될 예정이었음을 알 수 있다. 「凡例」에 의하면, "인쇄 사정으로 별책으로 발간한다"고 하였다.

27) 번역서는 村山智順 저, 김희경 옮김, 『조선의 점복과 예언』, 동문선, 1991, pp.103-105 참조.

28) 『조선무속고』는 1927년 『啓明』 19호(계명부락부 기관지)에 발표되었다. 따라서 무라야마 지준의 조사보다 앞선 것이다.

29) 『조선무속고』는 총 20장으로 구성되어 있다. 6장 이하는 대부분 조선 사회에 관한 것이며, 13장에서 공창이나 점복, 강신술 등 무격의 여러 술법을 다루고 있다.

자료일 것이라고 판단된다.

　이상에서 살펴본 선행연구와 무속 관련 자료를 통해 무격에 대한 전반적인 조명을 시도해 보고자 한다.

3. 연구의 방법과 범위

  본 연구에서 사용하는 '巫覡'이라는 용어는 남성과 여성을 아우르는 개념어이다. '巫'의 갑골문 字形은 '⊞'이다. 두 개의 'Ⅰ' 모양이 교차된 기구의 모양인데, 巫術을 행하는 도구를 나타낸다.[30] 1899년 중국 河南省 殷墟에서 발굴된 商代의 胛骨卜辭에 나타난 '巫'자는 사람이 크게 펼치고 있는 모습인 '大'자에 양쪽 겨드랑이에 한 사람(人)씩 끼고 있는 모습이 '夾'이나 '爽'자에서 巫자가 파생되었다고 한다. 여기서 '夾'이나 '爽'자는 소꼬리나 새의 깃털을 가지고 춤추는 형상을 본떠 만든 것이며, '巫'자도 사람이 두 손으로 소꼬리를 잡고 있는 모습 혹은 깃털이나 꼬리를 들고 춤추는 모습을 상형했다고 하여 춤추는 사람을 상형한 것이다.[31] 이는 『說文解字』에서 '巫'는 "여자가 형체가 없는 일을 잘 하고 춤을 추며 신을 내리는 자"[32]로 나타냈고, '覡'은 "귀신을 볼 수 있는 자"[33] 라 하였다. 나아가 "남자

---

30) 李孝定, 『甲骨文字集釋』, 臺北: 中央研究院 史言語研究所, 1991, p.1599.

31) 이화진, 「古代 中國 商나라 胛骨卜辭에서 나타난 巫俗樂舞와 祭禮樂舞에 관한 연구」, 『동양예술』 38, 한국동양예술학회, 2018, pp.202-224 참조.

32) "女能事無形 以舞降神者也.", 『說文解字』. 이어서 『설문해자』에서는 "巫與工同意"라 하여 '工'과 같은 의미라 하였다. '工'은 일하다의 의미이고, 巫의 상형 속에는 두 사람이 열심히 일하는 모양이 보인다. 또한 '巫'라는 한자어를 상형으로 풀어보면 하늘 변과 땅 변 그리고 그 사이에 무수히 많은 사람들이 있고 그들을 연결하는 한 줄의 긴 세로 변이 있다. 그것이 바로 天地人의 표식이며 이들이 서로 조화하는 것이 우주의 조화이며 순리라 생각했다.

33) "覡 見鬼者也.", 『說文解字』

를 覡이라 하고, 여자를 巫라 한다"[34]고 하였다. 그러나 일반적으로
巫와 관련된 명칭은 정확한 정의를 내리기 쉽지 않다. 각 시대적 상
황이나 지적인 분위기에 따라 용어의 사용이 변해 왔기 때문에[35] 용
어의 사용에 관한 집중적인 연구와 논의가 요구된다. 그나마 무의 다
양한 용례에 대해서는 이미 박경안의 연구[36]가 발표되어 있기 때문
에 본 연구에서 용어에 대한 정의 문제는 且置하도록 하겠다.

이능화의「朝鮮巫俗史」에서도 무격을 "흔히 여무를 무당이라 칭
하고, 남무를 박수라 칭하고 있으며, 남녀 무당을 합하여 무격이라고
한다."[37]고 정의하였다. 『淮南子』에서는 무녀를 醫師[38]라고까지
하였다.

또한 '巫俗'이란 단어는 연구의 초기부터 현재에 이르기까지 가장
흔히 쓰이고 있다. 무속은 무당의 풍속이나 그들의 세계에서 관용되
는 풍속이다. 이 용어에 대해 조흥윤은 "원래 조선조의 유학자들이
무당을 천시하여 그렇게 불렀던 것인데, 일제 강점기에 들어와 이 방
면 연구에 관심을 둔 학자들이 비판 없이 그것을 받아 써 오늘에 이
르게 되었다."[39]고 하여 무속이란 말에는 이미 천하고 부정적인 의
미가 들어 있다고 보았다.

그럼에도 불구하고 그것이 이후 학술용어로서 계속 통용되어 온

---

34) "在男曰覡 在女曰巫.",『說文解字』. 이 말은『楚語』에서도 동일하게 나타난다.

35) 김성례「한국 무교의 정체성과 종교성 쟁점 분석」,『샤머니즘연구』4, 한국
샤머니즘학회, 2002, pp.359-367.

36) 박경안은 巫를 "司祭·聖所·神格·儀禮·巫術"로 구분하고, 이들 각각에 따른
용례를 제시하였다. 박경안,「고려시대 巫의 종교적 역할과 분화」,『동방학
지』184, 연세대학교 국학연구원, 2018, pp.87-88.

37) 이능화,「조선무속사」,『계명』, 한국문화인류협회, 1972, pp.1-2.

38) "醫師在女曰巫",『淮南子』16卷「雪山訓」

39) 조흥윤,『한국 巫의 세계』, 한국학술정보, 2004, pp.24-25.

것은 전체 현상을 객관적으로 다루지 못했다는 것이 된다. 따라서 무속이란 용어 사용은 적절하지 못하다고 본다. 아울러 신분의 차별이 드러나는 무당이란 용어 보다는 무격이란 용어를 사용하는 것이 학술적으로 적절할 것이다.

역사적으로 '巫'는 司祭를 가리켜왔다. 그러나 신앙의 대상이거나 '무속'으로 표현한 것은 민속의 차원에서 이해하는 입장이다. '무'에 대해 『山海經 』에서는 "해와 달이 들어가는 곳에 靈山이 있는데 거기에 巫咸, 巫即, 巫肦, 巫彭, 巫姑, 巫真, 巫禮, 巫抵, 巫謝, 巫羅 등 10명의 무가 살고 있다."[40] 고 하였다. 이와 같이 무에 대해서는 다양한 용어가 존재한다.

우리나라에서 이러한 무를 통칭 '巫堂'[41] 이라 하여 여성에게만 국한한다. 무당은 神病에 걸려 제방의 약을 구해 써도 낫지 않지만, 神靈의 靈感을 받거나 神母의 기도로 완쾌되어 신모에 의해 경건한 치성을 올리면 신령과 교통하게 되는 경지에 도달한다고 말한다. 남자 무당을 '覡' 혹은 '박수', '판수' 등으로 부르는데, '격'이 되는 과정은 무당과 동일하지만, 무당은 기도할 때 뛰면서 추는 춤을 필수로 하는 반면, '격'은 이것을 하지 않고 대개가 呪法에 의한 기도에 치중한다. 또한 고려 · 조선시대의 경우 무격이 남성과 여성을 아우른 통합적 개념어로 사용되고 있다. 따라서 본고에서 사용하는 '무격'이라는 용어 또한 무의 통합적 개념어임을 밝힌다. 그러나 무 · 격 · 무당 등 용어의 구체적인 개념 분석보다 그들의 기능면에 중점을 두도록 하겠

---

40) "日月所入 有靈山 巫咸 巫即 巫肦 巫彭 巫姑 巫真 巫禮 巫抵 巫謝 巫羅 十巫.", 『山海經 』第7, 「海經 · 海外西經」

41) 시대적 가변성을 띄기 때문에 용어에 대한 명확한 정의는 쉽지 않다. 무당은 '聖所'의 개념으로 쓰이기도 했고, 무녀 개인으로도 보았다. 최종성, 「國巫와 國巫堂」, 『비교민속학 』21, 비교민속학회, 2001, p.417.

다.

앞서 살펴본 선행연구들과 함께 주로 참고할 텍스트는 『高麗史』나 朝鮮王朝實錄 등의 역사서를 통해 객관적 사실을 제시하고, 고려·조선시대의 士大夫家 文集 등에 나타난 무격 관련 기사를 연구의 도구로 삼을 것이다. 연구의 시대적 범위는 전 시대를 통찰한다. 물론 그 중에서도 비교적 자료가 많이 남아 있는 조선시대와 근·현대의 자료가 주로 활용될 것이다.

본 연구의 절차는 다음과 같다. 먼저 제1장 서론의 연구목적과 방법에 이어, 제2장 무격의 기원과 전개에서는 무격의 기원론과 고유성에 대한 담론을 살펴보고, 무격을 전문점자, 부업점자, 기타 점복자로 구분하여 무격의 종류를 검토해 본다. 그리고 나서 무격의 전개를 다루는데, 근현대의 전개는 제5장에서 중첩되는 내용이므로 여기서는 고대로부터 고려시대, 조선시대로 나누어 논의해 보겠다.

제3장에서는 무격신앙의 양상과 유불도 삼교의 습합 관계를 다룬다. 여기서 무격의 양상을 크게 기복적 양상과 치병적 양상으로 나누어 살펴보고, 한국사상의 핵심을 이루는 유불도 삼교 사상과 토착신앙인 무속신앙이 어떻게 만나고 습합되었는지를 각 사상별로 검토해 볼 것이다.

제4장에서는 무격의 사회적 기능을 도출해 내고자 한다. 먼저 무격의 여러 기능 중 두드러진 현상으로 사제의 기능, 예언과 점복의 기능, 기우제 주재의 기능, 주술적 의료의 기능, 가무와 놀이 및 신령의 뜻을 전달하고 신당의 관리를 해 온 기능에 대해 살펴볼 것이다.

제5장에서는 이상에서 살펴본 내용을 바탕으로 무격의 특징과 미래적 과제를 제시하고자 한다. 무격의 특징을 크게 굿을 통한 의례적 특징과 신명풀이라는 미학적 특징으로 구분하여 살펴보고자 한다.

이어 무격의 과제는 먼저 일제강점기부터 해방전후까지의 미신타파와 관련된 무격 배제의 현상을 당시의 신문과 잡지 등의 자료를 통해 살펴보고 미래 과제를 제시할 것이다. 또한 무격에 대한 사회적 인식 중 기복신앙이라는 차원에서 도외시해온 역사를 통해 기복신앙 극복의 과제를 제시하고, 저주와 주술적 이미지라는 부정적 이미지 극복에 대해 논의한다. 그리고 나서 미래지향적인 의미에서 무격의 대중화에 대해 살펴보도록 하겠다. 이어 제6장 결론을 통해 본론의 내용을 종합적으로 요약하는 것으로 본 연구를 맺고자 한다.

Ⅱ. 巫覡의 기원과 전개

...

Ⅱ. 巫覡의 기원과 전개

1. 무격의 기원론과 고유성

무격의 기원에 대한 논의와 고유성에 대한 탐색은 어떤 관계가 있는가? 무격의 전개 과정을 정리하고자 할 때, 기원을 파악하는 일은 가장 기초적인 사안을 다루는 일인 만큼 학술적으로 중요한 가치를 지닌다.

그러나 외부 전래인지 자생적인 것인지를 논의하는 것은 한국 무격의 정체성을 쟁점화하고[42] 학문의 식민성[43] 문제에 이르기까지 이를 수 있기 때문에 세심한 주의가 필요하다.

무격의 기원론에 대한 논점은 동북아 지역과의 문화적 유사성 및 외래 종교의 유입을 강조하는 입장과, 한국 무격이 외부 종교가 유입되기 이전의 토착 종교라는 점을 강조하는 입장[44]으로 갈린다. 이 두 가지 기원론 중에서도 특히 외부 유입설이 우세하게 나타난다. 무격에 대한 초기 연구의 시대적 상황을 보면 알 수 있는데, 초기에는 한말의 기독교 선교사나 일제강점기의 일본 학자들에 의해 선도되었다. 그들의 주된 관점은 제국주의와 식민주의를 반영하고 있다.

외부 유입설 중 북방 유입설에 주목할 필요가 있다. 북방 유입설은

---

42) 김성례, 앞의 논문, p.368.

43) 임재해, 「왜 지금 겨레문화의 뿌리를 주목하는가」, 『비교민속학』 31, 비교민속학회, 2006, p.189.

44) 김성례, 앞의 논문, pp.368-369.

북방의 샤머니즘과 한국 무격 문화가 유사성이 많다는 주장[45]에 의존하고 있다. 중국의 경우 무격은 인류가 몽매했던 시기에 생성된 물질세계와 정신세계에 대한 일종의 인식형식이며, 個體 무격 시기를 거쳐 公共 무격의 지위에 도달 했다. 무격은 점점 한 사람의 특수한 능력을 지닌 사람에게 집중되었고, 그가 성원들의 공인을 얻어 巫의 전문적인 집행자가 되었다. 무격은 비록 다소간의 사회 신분적인 제한을 받았다고 하더라고 어떠한 대상적인 제한도 받지 않았다. 특히 무격은 민간에서 절대적인 역량을 과시하여 백성들은 무격의 초인적인 역량에 의지하는 한편, 무격의 저주 능력을 두려워하기도 했다.

백성들에 대한 무격의 이러한 영향력은 후한 말년의 정치, 사회, 경제 현상과 결합하여 민간정치, 종교적인 역량으로 표출 되어 나왔다. 불교가 전래된 이후, 불교는 전교의 필요에 의해 무적인 요소들을 흡수했으며 무격은 사회의 조류에 적응하기 위하여 불교적인 요소들을 흡수했다. 그 외 무격은 도교와 결합하거나 혹은 어떤 도교조직은 무격들에 의해 영도되어 더 밀접한 관계가 되었다. 도교는 형성과정 중, 적잖은 무술의 요소를 흡수했으며, 조직의 형성과정 중에는 직접적으로 무격과 결합하여 더욱 농후한 무술의 색체[46]를 남겼다.

외부 유입설 중 남방문화와 관계에 주목한 학자들도 있다. 일본인 학자 아까마스(赤松智城)와 아끼바(取秋葉隆)는 『조선무속의 연구 』에서 한국 무속을 "북방 샤머니즘과 남방문화의 복합체"[47]로 설명한 바 있다. 그리고 최길성은 북방 유입설에만 치중한 기존의 연구를 비판하고, 한국의 중부 이북 지역과 이남 지역의 무속이 대조적

---

45) 황필호, 『한국무교의 특성과 문제점 』, 집문당, 2002, pp.43-46.

46) 文鏞盛, 「秦漢社會的巫覡」, 北京師範大學 博士論文, 1997, 論文提要.

47) 赤松智城·取秋葉隆, 심우성 역, 『조선무속의 연구 』下, 동문선, 1991, p.315.

현상을 보이고 있다는 점을 분석하여 "강신무ㆍ세습무가 일본 오끼나와의 유다ㆍ노로와 통한다고 보고, 두 지역 샤머니즘이 동일 문화권이며 동일 기원"[48] 이라고 주장했다. 곧 일본의 중부 북쪽은 시베리아 샤머니즘과 연결되고 중부의 남쪽은 남방문화 영향이라고 보는 것이다.

일본의 무격은 샤먼의 일종으로 '후게키' 혹은 '미코(彌呼)'라고 부르며 무녀는 '이다꼬(巫女)'라고 부른다.[49] 이는 퉁구스어인 '샤먼'과 그 어원을 같이한 명칭이다. 따라서 한국과 일본의 무격은 북방계 샤머니즘의 일환으로 여겨질 수도 있다.

일본의 무격은 신령을 憑依시키기 위한 기술을 가지고 있으며 그 기술의 중심이 되는 것은 신체를 요동시키면서 격하게 선회시키는 것으로 어느 정도 시간이 경과하면 무격은 황홀상태가 되고 託宣을 하게 된다. 탁선은 신이 하는 말로 받아들여진다. 이는 카미가카리(神掛)[50] 의 목적이기도 하다. 한국의 '공수'와 유사한 것으로 이해된다.

여기서 神에 접한 무격이 신의 말을 옮기는 것이 바로 '공수'다. '공수' 속에 신 스스로가 하는 自身의 내력에 관한 얘기가 포함되기도 한다. 이럴 때 '공수'는 그냥 '풀이'로서의 신화가 될 요인을 갖게 된다. 신 자신에 의해 인간에 주어진 신의 얘기가 되는 셈이다. "시베리

---

48) 최길성, 「한국 샤머니즘의 기원과 특질」,『한국문화인류학 』22, 한국문화인류학회, 1990, pp.201-202.

49) 몽고어 계통에서는 무당을 buga, udagan, idakon 등으로 부른다. 특히 idakon 은 퉁구스족에서도 사용하는 명칭이다.

50) 신과의 교환을 위해서 중요한 것은 우선 신을 사람들이 있는 곳으로 모시고 와야 한다. 사람들이 신을 자신들의 세계로 초대하는 원초적인 방법 가운데 하나에 카미가카리(神掛),즉 신들림 혹은 接神 현상이 있다.

아의 샤먼은 그의 入巫式 동안의 탈혼상태에서 즉흥적인 詩作을 한다. 그가 겪은 天界旅行을 소재로 한 詩作도 하게 된다. 그와 신이 어울려서 하는 경험세계가 그대로 작품으로 화하는 것이다."[51] 入巫의 절차가 이미 신화창작의 순간이고, 아울러 직접 겪는 무속적 종교경험이 신화를 창조해 가는 것이다. 따라서 그러한 종교적 순간이 지나고 나면 샤먼이 스스로 얘기한 말들을 기억하지 못하는 결과를 초래하기도 하는 것이다.[52] 이 입신하는 경지가 바로 창작하고 詩作하는 과정 그 자체인 것이다.

2세기 경 제정일치시대의 일본의 왕은 히미코(卑彌呼) 등의 巫였다. 『魏志』에는 "히미꼬는 귀도를 섬기고 민중을 혹되게 하고 그 남자 동색이 나라 다스리는 것을 보좌하였다"[53]는 기록이 있다. 그후 제정이 분리되면서 남자는 정치 즉 세속적인 일을 하고, 여자는 종교적 귀도를 섬긴다는 것이다.[54] 또한 일본의 무격은 보통 사람들과는 달라서 半神半人의 존재로 이해된다.

무격에 대한 연구가 심화되면서 독립발생설에 관한 논의도 확대되었다. 김태곤, 최길성, 유동식, 조흥윤 등이 이 범주에 속한다.[55] 한편 이들은 여전히 북방 샤머니즘과의 관련을 주장하고 있다. 또한 한

---

51) Matthias Hermanns, "Schamanen-Pseudoschamanen", *Erlöser und Heil-bringer, Teil 1*. Wiesbaden. 1970. p.361, p.373.

52) H.M. Chadwick & N.K. Chadwick. The Growth of Literature III, Cambridge, 1940, p.213.

53) "乃共立一好爲王 名曰卑彌呼事鬼道 能惑衆年己長大無夫壻有男弟佐治國.",『魏志』「倭人傳」참조.

54) 최길성, 「한일 무속신앙의 비교 고찰: 오끼나와의 오나리 신앙을 중심으로」, 『일본학』6, 동국대학교 일본학연구소, 1986, p.16.

55) 황필호, 위의 책, p.47.

국의 무격을 샤머니즘의 하나로 규정하기도 하기 때문에 독립발생설로 취급할 수 있을지는 의문이다. 그리고 북방 샤머니즘의 영향으로부터 무속의 적응을 주장하여 문화혼합설로 재배치해야 할 수도 있다.

첫째, 김태곤은 인간의 본래적인 심리 작용에 의해 다양한 지역에서 무격 문화가 독립적으로 발생했다고 한다.[56] 그러나 그 또한 북방 샤머니즘 현지조사의 중요성에 대해 강조하였고 한국 무격의 북방 기원설을 주장했다.

둘째, 최길성은 북방과 남방 문화의 영향설을 언급하였다. 그런데 한국 중부지방의 강신무를 대상으로 그 무병 현상을 분석하여 그것이 곧 샤머니즘과 통한다고 하였다. 이어 한국이 '시베리아 샤머니즘의 남방 한계선'[57] 이라고 주장하였다.

셋째, 유동식은 고대 한국인들의 신앙 형태는 샤머니즘의 구조나 고대 중국 무교와 일치된다고 보았다. 즉, 샤머니즘과 한국인의 신앙 형태가 일치되고 더 나아가 그 일부를 이루고 있었다[58] 고 주장한다.

넷째, 조흥윤은 시베리아 샤머니즘과 한국 무속 사이에 유사점과 차이점도 있지만, 이것을 한민족의 정착과정으로 보고, 중국이나 한국에 있어서의 巫와 만주와 시베리아의 샤머니즘이 별개의 것이 아니라고 보았다. 즉, 동일한 종교를 다르게 불러온 것이며, 다른 언어로 표현된 것에 불과한 것으로[59] 보고 있다.

독립발생설은 이정재와 임재해가 구체화 하였다. 먼저 이정재는 시베리아 샤머니즘을 현지조사하고 한국 무격 문화와의 차이를 설명했다.

---

56) 김성례, 앞의 논문, p.372.

57) 최길성, 「동북아세아 샤머니즘의 비교」, 『비교문화연구』 5, 서울대학교 비교문화연구소, 1999, p.27.

58) 유동식, 앞의 책, p.66.

59) 조흥윤, 『한국 무의 세계』, 민족사, 1997, p.288.

"시베리아족의 세계관과 우주관 그리고 그에 따른 자연신, 동물신과의 연관성, 자연적 영혼관, 내세관, 상징구조 등은 수렵채집의 경제단계에 맞아 떨어지는 것이다. 이에 비해 한국의 무속은 농경사회와 고도의 왕정정치 체계 하에서 형성된 종교현상이기 때문에 시베리아 그것과는 판이하게 다를 수밖에 없다."[60]

이와 같이 그는 외형적인 몇 가지가 비슷하다고 하여 동질성을 주장하는 것은 오류가 있다고 한다. 그리고 둘의 현저한 차이를 양자의 경제형태에서 비롯되었다고 하였다.

다음으로 임재해는 기유모즈(Alexander Guillemoz)[61] 의 견해를 차용하여 북방의 샤먼과 한국의 무당의 차이에 대해 이야기 하였다. 즉, 북방 샤먼은 영혼이 최면에 걸린 사이에 천당으로 올라가거나 지옥으로 내려가기 위해 육체를 떠나지만, 한국 무당은 영혼이 천당이나 지옥으로 가지 않고 반대로 신이 내려온다는 차이점을 들고 있다. 그리고 시베리아 샤머니즘과 굿문화의 차이는 "무복과 무관, 무구 등에서도 구체적으로 확인된다"[62] 는 점을 강조한다. 또한 '몸주'의 입장에서 시베리아 샤먼은 동물신이 몸주인데, 한국 무격은 몸주가 인격신이다. 나아가 시베리아 샤먼의 脫魂과는 달리 한국의 무격은 신들림 현상이 특징이라고 보았다.

이와 같이 북방 샤먼과 한국 무격이 대립적 성격을 보이는 것은,

---

60) 이정재, 「시베리아 샤머니즘과 한국 무속」, 『비교민속학 』14, 비교민속학회, 1997, p.465.

61) 알렉상드르 기유모즈, 크리스챤아카데미 편, 『한국의 사상구조 』, 삼성출판사, 1975.

62) 임재해, 「굿문화사 연구의 성찰과 역사적 인식지평의 확대」, 『한국무속학 』11, 한국무속학회, 2006, p.77.

"유목생활과 농경생활, 이동생활과 정착생활이라는 문화생태학적 차이에서 비롯된 독창적인 것"[63] 이라고 주장한다.

피어스 비텝스키(Piers Vitebsky)는 『샤먼』이란 책에서 샤먼의 性은 사회의 성격에 따라 다르다고 하면서, "시베리아 샤먼은 남성 수렵인, 또는 영웅적 면모를 갖추고 우주를 여행하면서 영들과 전투를 벌이는 전사의 이미지와 거의 흡사한데, 여성 샤먼은 남아시아와 동남아시아에서 볼 수 있는 것처럼 농경사회에서 보다 뚜렷하게 나타난다"[64] 고 한다. 그리고 시베리아에서는 남성 샤먼이 여성에 비해 우세하며, 여성 샤먼의 경향은 한국에서 우세하다고 보았다. "한국에서는 소수의 남성을 제외하고는 모든 샤먼들이 여성이다"[65] 고 보았다. 또한 샤먼이라는 용어가 "忘我 상태를 통제할 수 있지만 영혼 여행을 하지 않는 여성 영매를 가리킬 때 사용된다"[66] 고 설명한다.

비텝스키의 이와 같은 주장은, 미르치아 엘리아데(Mircea Eliade, 1907-1986)가 "한국 샤머니즘에서 女巫가 우세한 것은 전통적 샤머니즘이 쇠퇴의 징후를 보이는 증거이거나 남방으로부터 영향을 받은 증거"[67] 라고 말했던 것과 달리 더 구체적이고 논리적이다. 그리고 북방 샤먼과 다른 한국 무격의 특징을 잘 밝히고 있다. 이상, 북방 샤먼과 한국 무격의 차이, 여성 무당의 우세, 몸주신으로 인격신을 모시고 있는 점 등이 북방과 구별되는 한국 무격의 특징이다.

한편 한국 무격이 북방 샤먼과 많이 다르다는 사실을 말하였지만,

---

63) 임재해, 「왜 지금 겨레문화의 뿌리를 주목하는가」, 『비교민속학』 31, 비교민속학회, 2006, pp.205-211.

64) 피어스 비텝스키, 김성례·홍석준 옮김, 『샤먼』, 창해, 2005, p.33.

65) 위의 책, p.41.

66) 위의 책, p.38.

67) 미르치아 엘리아데, 이윤기 옮김, 『샤머니즘』, 까치, 1992, p.398.

그것이 한국 무격의 고유성이라는 말은 아니다. 북방의 유목과 농경이라는 배경은 같은 농경문화권인 대만, 베트남, 일본 등과 비교할 때 접목하기 어려운 준거틀이 되기 때문이다. '신들림' 또한 어느 특정 지역에만 국한된 것은 아니다. 여성 무당이 우세한 것이나 몸주신의 인격성 또한 우리만의 고유한 특징인지는 확신하기 어렵다.

지금까지의 논의를 통해 북방 샤먼과 대비되는 한국 무격의 독창성이 있다는 것을 확인할 수 있었다. 그러나 수많은 논의에도 불구하고 무격의 기원은 아직까지 정확히 밝혀지지 않았다. 앞서 살펴본 유입설과 독립설 모두 그 특징을 도출하는데 초점을 맞추고 있었다. 그에 따른 기원을 명확히 정리하지는 못했다. 사실 무격 문화의 기원을 찾는 작업이 과연 어떠한 의미가 있을지 고려한 바 없이 문화적 특징만 모색하는 일은 무의미하다고 판단된다.

기존 무격의 기원과 관련된 논의는 한국 무격의 고유성을 밝히는 데 별로 기여하지 못했다. 이에 대해 조지훈은 다음과 같이 말한 바 있다.

> "문화는 이동하고 복합되는 것이 본질이고 그 과정에서 이루어진 민족문화의 개성적 성격이 고유한 것이라고 할 수 있다. (중략) 한국적 존재방식 한국의 풍토 환경에서, 같은 역사적 환경에서 공동의 집단생활을 영위해오는 동안 공동으로 발견된, 사물에 대한 공동의 사고방식을 한국의 고유사상이라고 부를 수 있다"[68]

곧 고유성이란 기원의 문제에만 국한 된 것이 아니라 해당 문화의 독특함, 즉 '개성'을 고유성[69] 이라고 볼 수 있다.

---

68) 조지훈, 「한국 사상의 모색」, 『(조지훈전집 8권) 한국학연구 』, 나남출판, 1996, pp.275-276.

69) 탁석산, 『한국의 정체성 』, 책세상, 2000, p.86.

이렇게 본다면 무격 문화의 고유성을 탐색할 때 시원의 문제보다는 개성에 대한 문제가 더욱 중요할 수 밖에 없다. 따라서 문화 현상을 소급하여 근원을 분석하는 논쟁 보다는, 독특한 문제를 발견하여 그와 상응하는 고유의 원리를 찾아내려는 시도가 더 중요하다고 본다.

이를 '개성 발굴'로 이해할 수 있다. 개성을 발굴하는 것은 재창조의 수준을 의미한다. 외래 샤머니즘 현상 중 한국 무격에 수용돼 변용을 보인 것이 있다면 그 속에서도 일정한 개성이 발견될 수 있을 것이다. 그러므로 무격의 고유성은 전통의 발전 양상 과정에서 확립된 개성의 의미로 볼 수 있다고 판단된다.

지금까지의 논의를 통해 무격 기원론과 고유성 문제는 그다지 연관성이 적은 주제임을 알 수 있었다. 전통문화의 고유성을 모색하는 일이 곧 문화의 정체성을 탐구하는 과정이다. "고유성이 다른 것에는 없는 개성을 뜻한다면, 그 경우 고유성을 정체성과 동일한 것으로 볼 수 있다."[70] 이런 점에서 다른 문화권과의 비교를 통해 한국 무격의 독자적 특징을 찾아 정체성 논의와 연결시켜야 할 것이다.[71] 특히 다른 지역의 샤머니즘과 대비되는 무격의 고유성은 한국 무격의 전통과 역사의 흐름 속에서 유지되어온 정체성이라는 점에서 각별한 주의가 필요하다.

---

70) 탁석산, 앞의 책, p.87.

71) 타 문화의 사례에 대한 분석은 본고의 범위를 넘는 것인 만큼 본고에서는 다루지 않고 다음 기회로 미루도록 하겠다.

2. 무격의 종류

1) 신내림에 의한 분류

무격은 신령과 교류할 수 있는 특별한 능력을 지닌 사람이다. 그런
데 이러한 능력은 임의로 얻어질 수 있는 것이 아니라, 신령의 召命
이나 巫業의 세습을 통해 획득된다. 신령의 소명으로 무업에 종사하
는 무격을 '降神巫'라 하는데, 이들은 入巫과정에서 신령의 소명을
뜻하는 神病을 체험하고, 소명을 내린 신령, 즉 '몸주'를 받아들이는
내림굿을 거행하여 무격이 된다. 또 이들은 굿을 비롯한 종교적 과업
을 수행할 때 몸주신이 들린 상태가 되며, 이 때 무격은 신령 그 자체
가 되어 神語를 전달하는데, 이를 '공수'라고 한다.

그리고 세습을 통해 무업에 종사하는 무격을 '世襲巫'라고 한다.
고려 충렬왕 때 나주 錦城山 신당의 무녀의 경우, 무당이 되지 않으
면 부모를 죽이겠다는 금성산 산신의 위협 때문에 어쩔 수 없이 무당
이 되었다고 한다.[72] 여기서 금성산 산신의 위협이란 신병기간에 몸
주신이 소명을 내리는 것이라 할 수 있다. 따라서 이 경우는 강신무
의 입무과정을 전하는 것이라 하겠으며, 나아가 무격은 신령의 부름
을 받은 존재였음을 알 수 있다.

또 무격들은 굿을 비롯한 종교적 과업을 수행할 때 강신상태가 되
며, 이 동안은 신령 그 자체로 여겨졌다. 이러한 사실을 잘 보여주는
것이 李奎報(1168-1241)의 「老巫篇」이란 古律詩이다.[73] 이것은 이

---

72) 『高麗史』卷106, 「列傳」19, 沈言易.

73) 李奎報, 『東國李相國集』卷2 「老巫篇」. 여기에 대해서는 다음을 참조. 崔吉
城, 「李奎報의 「老巫篇」」, 『韓國巫俗論』, 형설출판사, 1981, pp.78-82.

웃에 사는 늙은 무녀가 국가의 무격추방령으로 말미암아 개경에서 쫓겨가게 된 것을 기뻐하여 지은 것인데, 비록 무격을 부정적 시각에서 바라본 것이긴 하지만, 이규보가 목격한 바를 기술한 것이어서 개경 무녀의 이모저모를 생동감 있게 전하는 중요한 자료이다. 「노무편」에 의하면, 이 무녀는 굿을 하면서 '함부로 天帝釋이라 자칭'했으며, '목구멍 안의 가는 소리는 새소리 같은데 중얼중얼 두서없고 늦어졌다 다시 빨라졌다'고 한다. 이를 통해 먼저 불교 天神의 하나인 천제석, 즉 帝釋이 12세기에는 이미 민속종교의 신격으로 자리 잡았음을 짐작할 수 있다. 뿐만 아니라 스스로를 천제석이라 했다는 것은 이 무녀가 제석신을 몸주로 모시고 있는 강신무이며, 굿을 할 때는 제석신이 강신하여 일인칭으로 공수를 내렸음을 알 수 있다.

스스로를 천제석이라 한 무격들은 恭愍王 때에도 있었다. 즉 천제석이라 자칭하면서 사람들의 화복을 예언했던 提州출신의 무녀와,[74] 천제석이라 자칭하면서 사람들을 혹하게 하다가 柳濯에게 처벌당한 무격이[75] 그들이다. 이들의 경우, 기록이 소략하여 구체적인 것은 알 수 없지만, 「노무편」의 예로 미루어 이들 역시 제석신을 몸주신으로 모시는 강신무이며, 의례 때에는 천제석에 憑依되어 제석신으로서 공수를 내렸음을 짐작할 수 있다.

무격의 강신에 대해서는 이 밖에도 몇 가지 자료가 더 확인된다. 즉 의종 때 登州 城隍神이 자주 무격에게 내려 국가의 화복을 예언했다든지,[76] 충렬왕 3년(1277) 금성산신이 무격을 통해 삼별초의 난 진압에 공이 큰 자신을 定寧公에 봉하라고 했다든지,[77] 공민왕 22년

---

74) 『高麗史』卷114,「列傳」27, 李承老 附 云牧.

75) 『高麗史』卷111,「列傳」24, 柳濯.

76) 『高麗史』卷99,「列傳」12, 咸有一.

77) 『高麗史』卷105,「列傳」18, 鄭可臣.

(1373) 義成庫洞의 무녀에게 신이 내려 고려의 멸망을 예언한 것[78] 등이 그것이다.

한편 '空唱巫'라는 것이 있었는데, 이들이 지나갈 때에는 길을 비키라는 辟除소리 같은 것이 공중에서 희미하게 들렸다고 한다.[79] 그러므로 공창무란 공중에서 신어가 발하는 특징에서 나온 명칭이라 하겠는데, 이것은 어린아이의 혼령을 모시면서 주로 賣卜과 腹話術을 하는 오늘날의 기록에 보이는 太子巫와 비슷하여,[80] 넓은 의미에서 강신무라 할 수 있다. 따라서 고려시대의 무격은 모두가 강신무라 할 수 있다.

세습무는 고려 후기에 비로소 출현했다.[81] 그러나 강신무보다 세습무가 먼저 출현했다는 견해[82]도 있으며, 강신무가 먼저라는 입장에서도 세습무는 삼한시대에 이미 출현해 있었던 것으로 보고 있다.[83] 무격이 사료에 등장하는 것은 주로 사회적 물의를 일으켰을 때인데, 세습무는 강신무에 비해 상대적으로 신비적 면이 적어 사회적 논란의 대상이 되지 못했고, 그래서 사료에서 자주 언급되지 않았던 것으로 봐야 할 것이다.

---

78) 『高麗史』卷54,「志」8, 五行 2, 恭愍王 22年 4月.

79) 『高麗史』卷105,「列傳」18, 安珦.

80) 孫晉泰,「朝鮮及中國의 腹話巫」,『朝鮮民族文化의 硏究』, 을유문화사, 1948, p.320.

81) 박호원,「高麗 巫俗信仰의 展開와 그 內容」,『민속학연구』창간호, 국립민속박물관, 1994, p.99.

82) 崔吉城,「韓國 原始宗敎의 一考」,『語文論集』11, 高麗大, 1968.

83) 金泰坤,『韓國巫俗硏究』, 집문당, 1981, pp.435-437.

2) 전문성에 의한 분류

무격은 크게 전문으로 점복을 취급하는 전문점자와 부업으로 하
는 부업점자로 나눌 수 있다. 먼저, 전문점자에는 日官, 占卜官, 卜術
者, 神占者, 相地者가 있다. 각각에 대해 살펴보면 다음과 같다.

첫째, 日官은 어느 시대부터 두어졌는지 불분명하다. 『三國遺
事』에 "경덕왕 19년 경자 4월 초하루에 해가 둘이 나란히 나타나서
열흘 동안이나 없어지지 않으니 일관이 아뢰었다."[84] 라고 한 바에
의하면 신라 중세에 이미 일관이 존재한 것으로 볼 수 있다.

일관은 易象을 관장하고 天象의 변이[85]를 보고 길흉을 점치는 자
이다. 또한 이를 통해 반역자를 찾아내고 처단하는데도[86] 일관의 역
할이 중요하였다. 이렇듯 당시 일관은 점복으로 국난에 대비한 중추
인물이었다. 조선 시대에는 일관이 천상의 관찰보다도 길일을 택하
는 택일자의 역할이 주가 되었다.

둘째, 점복관은 점복 임무를 맡은 관청으로 신라의 觀象監, 고려의
太史局 · 太卜監 · 觀候署 · 書雲觀, 조선의 서운관[87] 등이 있었다. 이
들은 주로 天象 관찰에 의해 인생의 길흉을 점치는 관청이다. 즉, 星
宿를 보고 왕운을 점치거나, 큰 별을 보고 위인의 출생을 점치는 등

---

84) "景德王十九年庚子四月朔, 二日並現, 挾旬不滅. 日官奏請緣僧.", 『三國
遺事』卷5, 「月明師兜率歌」

85) 『고려사』의 다음 기록을 참조. "10월 갑신일에 월식이 있었으나 일관이 보
고하지 않았는바 춘주도 안찰사 박육화가 급보로 이를 보고하였다. 이 사건에
대하여 책임 기관에서 일관의 죄를 심사하자고 청하였으므로 왕은 이 제의를
접수하였다.(十月 甲申 月食日官不報春州道按察使朴育和驛聞 有司請論
日官從之).", 『高麗史』48卷, 志 第2, 天文2.

86) 『三國遺事』卷1, 「射琴匣」 참조.

87) 『增補文獻備考』 참조.

의 역할을 하였다.

셋째, 복술자는 易筮 및 觀相을 바탕으로 점복을 하는 자들로 상당한 易理나 相理 공부를 해야만 했다. 따라서 여성보다는 남성이 절대다수를 차지하였고, 이 남성 복술자 중 대부분이 맹인이었다는 특징이 있다.

넷째, 신점자는 주로 神秘占을 행하는 자이다. 여성이 다수를 차지하며 신령과의 교통으로 능력을 얻어 점을 친다. 대표적으로 空唱占者·神接占者·神將占者가 있다. 공창점자[88]는 신병에 걸린 후 신령의 힘으로 치유하기 때문에 해당 신령의 소리를 해석할 수 있다. 점자의 입에서 노래의 곡조처럼 발하는 微聲을 神聲이라 하고 이를 이용한다. "주로 複話術을 통해 마치 공중에 사람이 있는 것처럼 神語를 전달해 주었다."[89] 특히 공창점자는 조선 시대 지식인들에게는 怪力亂神의 주점으로 여겨져서 일반 무격보다도 사회적으로 더욱 문제시[90]하였다.

---

88) 공창을 '太子'라고도 한다. 이에 대해서는 『慵齋叢話』의 다음 내용을 참조. "지금 공중에서 소리를 내며, 남녀 무당에게 지피어 지나간 일을 알아맞히는 자를 태자라 한다(今有空中唱聲 憑巫覡能知往事而言之者 胃之太子).", 『慵齋叢話』卷3(『大東野乘』卷1). 태자무는 주로 천연두로 죽은 아이가 무녀에게 씌워서 인간의 길흉화복을 예언하는 능력이 뛰어 났다.(이필영, 「조선 후기의 무당과 굿」, 『정신문화연구』 53, 한국정신문화연구원, 1993, p.19)

89) 민정희, 「조선전기 무당의 호칭과 종류」, 『역사민속학』 10, 역사민속학회, 2000, p.81.

90) 특히 공창은 귀신이 존재한다는 전통적 鬼神觀을 고착화시켰고 무속을 지속적으로 신앙하도록 조장한다는 점에서 더욱 질시의 대상이 되었다. 무격에 대한 억압책 또한 바로 이 공창무에서 비롯되었다고 봐도 과언이 아닐 것이다. 민정희, 앞의 논문, p.82. 공창무를 준거로 한 무격 억압책에 대해서는 『世宗實錄』卷72, 世宗 18年 6月 癸丑 기사 참조.

다음으로 신접점자는 신령이 점자에게 하강하여 계시나 암시를 줌으로써 점복을 하는 자를 의미한다. 또한 신령이 무격에게 '神'字를 쓰게 한 후 그것을 풀어 점복한다. 그리고 신장점자는 '神將竿'라고 하는 장대 또는 칼·방울 등으로 신장과 여러 신령을 불러 그것들의 떨림에 의해 神意를 점치는 자이다.

다섯째, 상지자는 오직 묘지 또는 가옥을 조영할 경우 그 땅의 길흉을 相占하는 자로 風水師, 地師, 地觀이라 일컫는다. 生氣와 同氣感應說 등 풍수사상의 기본 원리에 준하여 땅의 길흉을 점친다. 풍수서에 대한 연구가 필요하기 때문에 주로 남성이 독보적이다.

그 밖에 부업점자는 다른 주업을 가지고 있으면서 점복을 병행하는 자이다. 주로 무격이나 맹인의 기도업자와 승려 등이 있다.

첫째, 기도업자는 신앙적으로 활약하고 있는 무당과 박수 및 맹인 기도사인데, 일반적으로 병이나 재액 등의 불상사는 모두가 정령의 소위에 의한 것이라고 하는 귀신신앙의 지지를 받고 있어 그 병이나 재액을 제거할 수 있는 능력을 가진 자로 여겨진다. 그들의 기도는 신령과 교통할 수 있는 능력에 의해서 神慮를 받고 神威를 빌리거나 혹은 呪力에 의해 병재의 근원을 물리칠 수 있다. 따라서 그들이 그 기도의 목적을 달성하기 위해서는 반드시 그 병 또는 재액의 근원이 어디에 있고, 또한 무엇인가를 예지해야만 한다. 이 불상 원인의 예지가 바로 기도업자가 기도와 병행하여 점복을 하는 근거[91] 라고 할 수 있다.

둘째, 승려는 우리의 민담이나 야사 등 여러 곳에서 점치는 자로서 주로 神僧이라 표현된다. 신승으로는 주로 고려시대의 辛旽이나 道詵, 無學 등이 거론된다.

---

91) 村山智順 저, 김희경 옮김, 『朝鮮의 占卜과 豫言 』, 동문선, 1991, p.106.

점복을 전문으로 하는 자 또는 병행하여 행하는 부업자 외에도 그러한 계기가 주어지면 때에 따라서 점복을 하는 자로 학자·호사가·일반 민중이 있다. 조선의 학자는 유학을 주로 하여 왔지만 제자백가 한학 일반을 배우기도 하였다. 그리고 그러한 학적 과정 중에는 중국 사상의 경위를 이루는 易·陰陽五行·干支 등이 농후하게 배여 있으므로 학문에 능통하기 위해서는 점복을 필수로 이해하고 있었다. 따라서 장래를 예지하는 일에 흥미를 가지지 않는 이가 드물었다. 결국 글을 아는 이로써 점복을 모르는 이가 없었다고 해도 과언이 아닐 것이다.

위에서 살펴본 무격의 종류에서 우리나라에서 특히 중요한 무격으로 취급하는 대상은 神占卜者이다. 신점복자는 降神 체험을 기반으로 正統巫系와 傍系巫系로 나눌 수 있다. 무격이 바로 정통무계를 가리키는 것이고, 보살, 법사, 명두[92] 등은 방계무계에 속한다.[93] 그러나 갈수록 그 구분이 불명확해 지고 있다. 즉, 어떤 신 점복자이든지 종합적인 성격을 지닌다. 또한 점 진행이나 제의에 있어 상업화되었으며, 간략해지고 있다. 점복은 주로 神이 憑依되어 보는 점, 신의 소리에 의한 점, 글씨에 의한 점, 葉錢으로 보는 점, 念珠로 보는 점, 쌀로 보는 점, 방울로 보는 점, 玉水로 보는 점, 五方神將旗로 보는 점, 담배로 보는 점, 지남철이나 별자리를 보는 점 등이 있다.

반면 역리 점복자의 경우 주로 학습에 의해 점을 친다. 특히 음양오행을 기반으로 하여 사주나 관상·수상, 성명으로 추단하는 점법을 주로 사용한다. 또한 맹인 점복자는 주로 點字로 六爻를 짚고 점자로

---

92) 명두형은 死兒靈을 불러들여 휘파람 소리, 아기 음석으로 점사를 보는 것이 특징이다.

93) 상기숙, 「점복 및 점복자의 종류와 구성」, 김태곤 외, 『한국의 점복』, 민속원, 1995, p.30.

된 역술서를 읽어 사주, 궁합, 택일과 신수를 봐주며 작명을 하기도 한다. 이들은 대개 후천적 질병으로 앞을 못 보게 된 이들로 점자로 문자를 해득하고 난 뒤에 다시 역술을 깨쳤다.

3. 무격의 전개

1) 고대사회 무격의 원형

고대사회에서 무속과 점복은 그 사회의 원형을 이루고 있다고 할 정도로 서로 상통된다. 특히 점복자와 무격은 동일인으로 취급되며, 그 기능에서도 공통점이 많다. 따라서 이들을 모두 '무격'으로 통합하여 이해하고자 한다.

무격은 신과의 교섭에서 神意를 미리 파악할 수 있는 매개자이기 때문에 고대 사회에서는 중추적 역할을 하였다. 고구려 제9대 國壤王이 죽은 후 그 비 于氏가 유명을 받은 대로 세자로 하여금 왕권을 계승시키지 않고, 왕의 아우로 하여금 왕위에 오르게 하였다. 그 후 태후가 유언하기를 "유명을 어긴 까닭에 국양왕을 저승에서 만날 면목이 없으니 (중략) 山上王陵 옆에 묻으라"[94] 고 하였다. 이때 무격이 말하기를 "나에게 국양왕의 혼령이 내려 말하기를 우씨가 산상왕께 가는 것을 볼 수가 없어 싸울 것이며 그의 얼굴을 국인에게 보일 수 없으니 능 앞에 일곱겹으로 소나무를 심게 하라"[95] 고 하였다는 것이다. 이것은 원환이 있는 영혼이 무격에게 내리는 것을 뜻한다. 무격은 원혼을 강신시켜 점을 하였던 것이 위의 기록으로 증명된다.

오늘날의 점복문화는 모두 고대의 유습이다. 예를 들면, 지금도 민

---

94) "妾失行 將何面目見國壤於地下. (中略) 則請葬我於山上王陵之側.", 『三國史記 』 卷17, 「高句麗本紀」第5.

95) "昨見于氏歸于山上 不勝憤恚 遂與之戰 退而思之 顏厚不忍見國人. 爾告於朝 遮我以物. 是用植松七重於陵前.", 『三國史記 』 卷17, 「高句麗本紀」第5.

간에서는 촌로들 사이에 어느 쪽에서 바람이 불면 비가 온다든가, 어느 날 비가 오면 수해가 들어 흉년이 된다든가 하는 식으로 豊占을 치며 정월에 인위적으로 콩을 물에 담궈 1년 농작을 점치기도 하는 등 이러한 풍습은 모두 삼국시대부터의 유습이다.[96] 삼국시대에 무격은 다양한 직능을 가지고 있었으며 除禍招福에 관여했고, 그들은 직언으로 왕의 노여움을 사서 때로는 처형되는 일도 있었다. 南解次次雄과 같이 왕으로서 국정을 맡은 일도 있었다.

고구려 瑠璃王의 질병, 次大王의 흰 여우, 山上王의 胎占, 寶藏王의 예언, 東川王의 왕령강신과 백제 義慈王의 龜背文 등을 들 수 있다. 신라에 있어서는 점복을 전담하는 日官이 있었고, 卜地를 맡은 相地者가 있었으며, 眞表가 중국에서 『占察經』을 지참하여 고서가 들어왔으며, 新月, 初月, 三日月은 같은 개념으로서 삼국시대에 이미 일반적으로 알려져 있는 무격에 관한 내용이다.[97] 이중 몇 가지 예를 살펴보도록 하자.

고구려에서는 詛呪, 卜筮, 空唱, 信託, 療病, 衛護 등 각종 巫祀가 횡행하였다. 그리하여 무격의 위치가 당당하여 때에 따라서는 왕의 修德, 禳災의 心法을 勸諫하기도 하였고, 또 치정자들은 기이하다고 생각되는 일이 발생하면 거의 빠짐없이 무격을 불러 이를 점치게 하기도 하였다. 고구려 제7대 차대왕의 예를 보자.

> "가을 7월 왕이 평유원에서 사냥을 할 적에 흰 여우가 따라오며 울었다. 왕이 그것을 활로 쏘았으나 맞추지 못하였다. 무격에게 물었더니 답하기를 '여우란 것인 요망한 동물로 상서롭지 못한 것입니

---

96) 任東權, 『韓國原始宗敎史』(『韓國文化史大系』, 고려대학교 민족문화연구소, 1971), p.310.

97) 최길성 저, 『한국민간신앙의 연구』, 계명대학교출판부, 1989, pp.262-263.

다. 하물며 흰색이라면 더욱 괴이할 따름입니다. 그런즉 하늘이 능히 고운 말로 타이를 수 없기에 요괴한 것으로 보이고자 하는 바는 왕이 만약 덕을 쌓으면 즉 가히 화가 복으로 바뀌는 것입니다' 하였다. 왕이 말하기를, '흉이라면 곧 흉한 것이 되고 길이라 하면 곧 길한 것인데 너는 어찌 요사스럽다고 하고, 또 복이 된다고 하니 어찌 그런 터무니없는 말을 하느냐'라며 그를 죽였다."[98]

이와 같이 무격이 왕에게 당당하게 자신의 점사를 말하였을 뿐만 아니라 비록 무격을 죽이기는 하였지만, 왕 자신이 괴이한 일에 대해 무격의 지혜를 구하기도 하였다. 물론 이 이야기는 무격이 왕의 총애로부터 멀어지고 있음을 의미하기도 한다.

이러한 예는 고구려 전반에 걸쳐 나타나며 귀신을 숭배한다거나 복중 태아를 점쳐 남녀를 예지한다거나 招福息災를 위하여 逐鬼를 하고 귀신을 위한 갖가지 의식을 갖는다거나 하는 등의 각종 巫事가 일반 민간에는 물론 궁중에까지 공공연히 거행되기 일쑤였다.

백제에서는 '日者'라 칭하는 전문적인 占者를 두고 매사를 이 일자의 해석에 의하여 결정하였던 것 같다. 여기서 일자는 무격임에 틀림없으며 여러 무격의 기능 중 특히 예언적 기능을 인정하여 주었던 자를 말한다. 백제 온조왕 대의 기사를 참고해 보자.

"(온조왕)25년 봄 2월 왕궁의 우물이 엄청나게 넘쳤다. 한성의 민

---

98) "秋七月 王田于平儒原 白狐隨而鳴 王射之不中. 問於師巫 曰狐者妖獸非吉祥 況白其色 尤可怪也. 然天不能諄諄其言 故示以妖怪者 欲令人君恐懼修省 以自新也. 君若修德 卽可以轉禍爲福. 王曰 凶卽爲凶 吉卽爲吉 爾旣以爲妖 又以爲福 何其誣耶. 遂殺之.",『三國史記』卷15,「高句麗本紀」第3.

간에서 말이 소를 낳았다. 머리는 하나였으며, 몸은 둘이었다. 일자가 말하기를 '우물이 엄청나게 넘친 것은 대왕께서 융성할 징조이며, 하나의 머리에 몸이 둘인 소가 태어난 것은 대왕께서 이웃나라를 합병할 징조입니다.' 왕이 이 말을 듣고 기뻐하여 마침내 진한과 마한을 합병할 생각을 하게 되었다."[99]

　　말이 소를 낳았다는 것이나, 머리는 하나고 몸이 둘이라는 것에서 무격인 일자의 해석은 왕이 주위의 부족을 병합할 징조라 하자 왕이 마한과 진한을 병합할 마음을 가지게 되었다는 것이다. 이는 곧 무격의 예언이 실제 정치에 반영되는 좋은 예를 보여준다. 사실 이러한 풍조는 그 사회가 불안할 때 일수록 크게 횡행하였다. 백제 말년 의자왕대에는 異變說, 怪變說 등이 크게 유포되어 사회의 혼란을 더욱 가중하였다.

　　"(의자왕)20년 봄 2월 서울의 우물이 핏빛으로 변했다. (중략) 귀신하나가 대궐 안에 들어와서 '백제는 망한다. 백제는 망한다'라고 외치다가 곧 땅 속으로 들어갔다. 왕이 괴이하게 생각하여 땅을 파게하였다. 석자 정도 팠더니 거북이 한 마리가 나왔다. 거북이의 등에는 '백제는 둥근 달(月輪) 같고, 신라는 초승달(月新) 같다'는 글이 있었다. 왕이 무격에게 물으니, 무격이 말하기를 '둥근 달 같다는 것은 왕성하다는 의미이고, 초승달 같다는 것은 미약하다는 것을 말합니다. 생각컨대 백제는 왕성해지고 신라는 쇠약해 진다는

---

99) "二十五年春二月 王宮井水暴溢. 漢城人家馬生牛 一首二身. 日者曰 井水暴溢者 大王勃興之兆也. 牛一首二身者 大王幷鄰國之應也. 王聞之喜 遂有幷呑辰馬之心.", 『三國史記』卷23, 「百濟本紀」第1.

것입니다'라고 하니 왕이 기뻐하였다."[100]

이와 같이 괴이한 사건이 발생하면 무격에 의하여 그것을 해석하고자 하는 풍조가 삼국 전체에 걸쳐 자주 일어났다.

신라에서는 巫가 곧 王이요, 왕이 곧 무여서 이 양자의 기능이 일치하기도 하였다. 『삼국사기』의 南解次次雄 條에 의하면 그들에게 있어서 '次次雄=慈充=巫=尊長者=王'이었다.[101] 무와 왕을 하나로 보는 견해는 이미 단군사화에서도 발견되는 것이다.

2) 고려시대 占卜을 통한 국가정책 반영

한국의 무격은 굿과 같은 의식에서 주술적 행위나 신과의 교통 과정을 통해 神託으로 미래 예측을 해 왔다.[102] 따라서 무격은 신의 세계와 현실 세계의 매개체로서 기능해 왔다. 특히 고려시대에는 왕이나 대신들 못지않은 중요한 占卜의 담당자로서 국가정책 반영의 주체적 역할을 하였다.

고려시대에는 수도를 옮기는 遷都, 외국과의 전쟁 및 외교 관계를

---

100) "二十年春二月 王都井水血色. (中略) 有一鬼入宮中 大呼 百濟亡 百濟亡 卽入地. 王怪之 使人掘地 深三尺許有一龜. 其背有文 曰 百濟同月輪 新羅如月新. 王問之巫者 曰 同月輪者滿也 滿則虧. 如月新者未滿也 未滿則漸盈. 王怒殺之. 或曰 同月輪者盛也 如月新者微也. 意者國家盛而新羅寖微者乎. 王喜.", 『三國史記』 卷28, 「百濟本紀」第6.

101) "次次雄 或云慈充 金大問云 方言謂巫也. 世人以巫事鬼神 尙祭祀 故畏敬之 遂稱尊長者 爲慈充.", 『三國史記』 卷1, 「新羅本紀」第1.

102) 강은경, 「고려시대 국가, 지역차원의 祭儀와 개인적 신앙」, 『동방학지』 129, 연세대학교 국학연구원, 2005, p.161.

비롯하여 여러 국난, 질병, 행사의 擇日, 왕위계승자 결정 등 주로 국가적 巨事를 두고, 국론 분열이 일어날 때 그 갈등을 수습하는 역할을 무격이 담당해 왔다. 특히 천도의 문제는 기득권 세력과 신진 세력 간 대립을 초래해 왔다. 고려시대에는 定宗代의 서경천도론, 仁宗代 妙清의 서경천도론, 恭愍王代의 한양천도론, 禑王代의 천도론 등 빈번한 천도론이 등장한다. 여기서 무격이 점복을 통해 처음으로 천도론에 관여한 기록은 공민왕 6년(1357) 한양천도론 때이다.

> "왕이 奉恩寺에 가서 太祖의 眞殿에 배알하고 漢陽으로 도읍을 옮기는 動과 靜을 점쳤다. 왕이 옥을 더듬어 靜字를 얻었는데, 다시 李齊賢에게 명하여 점치게 하였더니, 곧 動字를 얻었다."[103]

여기서 구체적으로 무격의 실명은 공개되지 않았지만, 태묘에서 점을 친 기록이 보인다. 다음은 공민왕 9년(1360) 한양천도론이 다시 일어났고, 천도 여부를 놓고 점복을 행하였다는 기록이다.

> "왕이 白岳에 거둥하여 도읍을 옮길 자리를 보았는데, 백악은 臨津縣 북쪽 5리에 있다. 이전에 南京으로 도읍을 옮기려고, 전 漢陽尹·李安을 보내서 성과 대궐을 수리하게 하니, 백성들이 몹시 괴로워하였다. 그래서 태묘에서 점을 쳤더니 불길하므로 도읍을 옮기지 않았는데, 이때 또 백악에서 역사를 시작하니, 당시 사람들이 新京이라 하였다."[104]

---

103) "王如奉恩寺 謁太祖眞殿 卜遷都漢陽動靜 王探環得靜字 更命李齊賢卜之 乃得動字.", 『高麗史節要』卷26, 恭愍王 1年 丁酉 6年.

104) "幸白岳 相視遷都之地 白岳 在臨津縣北五里 先是欲遷都南京 遣前漢陽尹李安 修其城闕 民甚苦之 乃卜于大廟 不吉故 不果遷 又有白岳之役 時人謂之新京宰相.", 『高麗史節要』卷27, 恭愍王 2年, 庚子 9年 7月.

그러나 점괘가 불길하여 천도를 이루지 못하였고, 백악 지역에 건축 공사만 했던 것으로 기록되어 있다.

여말선초의 천도 논의를 보는 입장은 巡駐나 일시적인 移御로 보는 입장과 실제 천도로써의 의미로 보는 입장으로 나눌 수 있다. 즉, 장지연은 이를 "巡駐나 일시적인 移御"[105] 로 보았고, 최혜숙은 공민왕이 "도선의 말을 듣고 백악을 도읍터로 잡아 국가의 운명을 영원히 연장시키려는 의도를 가진 정치·군사적 목적의 천도"[106] 로 본다. 마지막으로 공민왕은 재위 11년(1362)에 다시 한 번 강화로 천도를 하고자 開泰寺의 태조 진영에서 점복을 행하였다.

> "왕이 도읍을 江華로 옮기고자 하여 평리 李仁復을 開泰寺에 있는
> 태조의 진영으로 보내어 점치게 하였다."[107]

당시 공민왕은 강화도로 천도를 계획하였으나, 大妃 등 정치 세력은 國役으로 인한 백성들의 반대 여론을 국왕에게 전하며 천도를 반대했다. 결국 공민왕대에 한양, 강화도로의 천도를 위해 세 차례의 점복을 행하였던 것이다. 그 후 공민왕 16년(1367)에는 서경천도에 따른 논의가 있었고, 辛旽에 의한 충주천도도 제기되었으나 모두 실행에 옮겨지지는 않았다.

또한 고려시대 천도론은 풍수지리설과 연관이 깊다. 이 시대 풍수지리설의 특징은 地德衰旺說을 이론적 근거로 한다. 이를 통해 국가

---

105) 장지연, 「여말선초 천도논의에 대하여」, 『한국사론』43, 서울대학교 인문대학 국사학과, 2000, pp.13-14.

106) 최혜숙, 『고려시대 남경연구』, 경인문화사, 2004, pp.134-138.

107) "王欲遷都江華 遣評理 李仁復 詣開奉寺太祖眞卜之.", 『高麗史節要』卷27, 恭愍王 2년 壬寅 11年 9月.

에서 地氣를 조절하고 통제하고자 하였다. 국가 차원에서 풍수지리설에 의해 추진된 사업은 御衣를 옮겨 보관하는 상징적 차원에서부터 裨補寺塔의 조성이나 이궁·별궁과 관련된 3京·3蘇의 경영, 그리고 도읍 천도론 등이 발견된다. 대부분은 明堂과 관련되어 地氣를 裨補하여 基業을 연장한다는 비보풍수적 비책과 관련된다. 그 중에서도 정치적으로 큰 파장을 일으킨 사건은 천도와 관련된 풍수논의였다.[108) 특히 천도가 사회의 기득권 세력과 신진 세력의 대립 양상으로 나타난 대표적인 사례는 고려 仁宗 때 妙淸(?-1135)의 西京遷都運動(1135)을 들 수 있다. 이는 정치적인 면에서 볼 때 묘청·鄭知常(?-1135) 등의 서경세력이 자신의 출신지역으로 천도를 하여 중흥공신이 되어 정권을 잡으려는 데 목적이 있었다. 그러므로 金富軾(1075-1151)을 중심한 개경의 보수 귀족들이 맹렬하게 반대하였다.[109) 이는 정치권력의 역학 관계에 변화를 초래할만한 고도의 정치전략이었다.

그래서 王都는 왕의 거주지임과 동시에 정치적 신성공간으로서 여겨졌다. 왕도는 지배공동체와 제사공동체들의 사회적 공간이며 물자의 교환이 이뤄지는 경제적 거점이었다. 따라서 왕도에 거주하는 사람들에 비해 지방의 일반 백성들은 차별을 받기도 하였다. "이처럼 배타적 성격을 지닌 왕도를 옮기는 일은 고도의 정치적 행위일 수밖에 없다."[110) 그리고 전쟁이나 외교의 문제는 국가의 인적·물적 자원의 소진이 불가피하고 국가의 존립 여부와도 관련이 있기 때문에 매

---

108) 조현걸, 「고려시대 풍수지리설과 정치: 천도 논의를 중심으로」, 『대한정치학회보』 17, 대한정치학회, 2010, p.2.

109) 박용운, 『고려시대사』, 일지사, 2008 p.425.

110) 김영하, 「고대 천도의 역사적 의미」, 『한국고대사연구』 36, 한국고대사학회, 2004, p.9.

우 중요하다. 따라서 고려시대 국가 차원의 점복이 사회에 미치는 영향은 지대하였을 것이다.

그렇다면 고려인들은 이러한 점복을 어떻게 이해했을까. 당시 문헌에서 국가 차원의 점복과 점복 시행 이후의 국가 정책[111]을 확인할 수 있다. 고려인들은 점복을 따르기도 하고, 따르지 않기도 하였다. 단, 전쟁이나 외교, 국난, 왕의 질병 문제, 왕위계승자의 결정 등의 문제에서는 점복을 국가 정책에 수용하였다. 충렬왕 때 환관이었던 李淑(李福壽)의 어머니는 태백산 무녀였고[112], 충선왕의 측근인 姜融은 僉議左政丞 判三司事까지 올라갔지만 그 할아버지가 진주官奴여서 다른 사람들로부터 무시당하기도 했는데, 그의 누이가 송악산 신당무이었다.[113] 또 우왕 때 門下贊成事로서 권력을 휘두르다 처형된 池齎은 병졸에서 입신했는데, 그의 어머니가 무녀였다.[114] 이러한 기록들을 통해 고려시대에는 무격이 賤業의 일종으로 여겨졌음을 알 수 있다.

또한 고려시대에는 나라에서 설립한 巫堂(國巫堂)이 있었다.[115] 이러한 국무당 또한 무격에 의해 관장되었을 것이다.[116] 이 밖에도 저주로 사람을 해하는 일(謗法)을 무격이 담당했다.

---

111) 여기에 대해서는 김선희, 「고려시대 국가 차원의 점복」, 한국교원대 석사논문, 2012, pp.42-43 참조.

112) 『高麗史』卷128, 「列傳」35, 李淑.

113) 『高麗史』卷124, 「列傳」37, 鄭方吉 附 姜融.

114) 『高麗史』卷125, 「列傳」38, 池齎.

115) 『高麗史』卷120, 「列傳」33, 金子粹.

116) 무격의 중요한 특징으로 당시 중국(宋代)에서는 祠廟·社·叢祠에 봉사하는 것을 꼽고 있다. 中村治兵衛, 「宋代の巫の特徴」, 『中國のシャマニズム』, 東京: 刀水書房, 1992, pp.122-125.

고려시대 왕실에서 개인적으로 복을 비는 의례를 '別祈恩'이라 한다. 별기은은 "개경의 국무당에서 국내의 여러 산천을 合祭하여 기은하는 것과는 별도로, 지방의 명산대천 소재지에서 복을 빌게 하는 행사"[117] 이다. 성종 원년(982) 崔承老(927-989)가 시무 28조 중 제21조에서 "백성의 부담을 줄이기 위해서라도 왕실이 別例祈祭를 지내지 말도록 하자"[118] 고 한 것을 보면, 이러한 행사는 고려 초부터 행해진 것으로 짐작된다.

국가의례의 면에서도 고려시대는 종교 전통별로 매우 복합적이고 중첩적인 형태를 띠고 있었다. 유교 경전에 근거한 祀典이란 독특한 체제는 그 가운데서 하나의 색을 내고 있을 뿐이었다. 고려시대 국가의례에 포함된 유불도 삼교와 무속은 각자 나름의 세계관을 가지고 상호 구별되는 의례양식이 있었다. 성군과 성현을 중심으로 한 유교의 제사, 佛菩薩을 중심으로 한 불교의 도량이나 법석, 원시천존, 삼청 그리고 삼계의 각종 신을 대상으로 한 도교의 醮齋, 호천상제 이하 토지신과 자연신, 신내림의 강한 엑스터시를 바탕으로 한 무속의 굿 등 각각의 전통이 고려사회에 존재하였고, 국가는 이들 신들에 의존한 양상을 보여왔다.

또한 다원적 종교의례 속에서 유교 사전이 자신만을 국가의례의 전체로 주장하지는 않았다. 선왕의 위패는 종묘에 모셔져 있었지만 왕의 御眞이 사찰에 모셔져 있었고, 유교적 소양을 기본으로 하는 관리들이지만 불교를 신앙하기도 하였다. 유교적 제사 외에도 초재와 佛事의 祝文을 작성할 정도로 다른 종교의 지식을 겸비하고 있었다.

---

117) 李惠求,「別祈恩考」,『韓國音樂序說 』, 서울대학교출판부, 1972, pp.299-338.

118) "願聖上 除別例祈祭.",『高麗史 』卷93,「列傳」6 崔承老.

3) 조선시대 淫祀 비판과 무격의 배제

　고려시대 다원적 종교의례의 공존은 조선시대가 되면 점차 사라지게 된다. 이는 조선 太祖가 易姓革命으로 나라를 세운 이후 사상적으로 큰 변화가 일어났기 때문이다. 이들은 유교의 이념에 근거한 祀典의 신만을 정당한 신으로 간주하여 나라에서는 이들에 대한 제사만을 거행하고 나머지 불교, 도교, 무속의 의례들을 폐지해야 한다고 하였다. 이욱은 이러한 현상을 '유교 사전의 독점화'[119] 라고 하였다.

　무격 또한 용어에서부터 변화가 발견된다. 즉, 조선시대는 佛道 二教를 배척하고 儒教를 지배 이데올로기로 삼아 巫를 '淫祀'[120] , '左道' 등으로도 부르게 된다.[121] 또한 고려시대의 국무당이 조선시대에는 星宿廳에 속했다.

　성수청은 국무당에게 왕실의 복을 빌게 하고, 祈雨나 祈晴 등을 전담시키게 하기 위한 관서이다. 그러나 성수청의 설치에 대한 구체적인 기록은 아직까지 발견되지 않았다. 단지, 성수청 소속의 무당을 '국무당'이라고 하고 성수청의 기능면에서 고려시대 '別例祈恩都監'[122] 과 유사한 기관 혹은 그 발전된 형태인 것으로 추측된다. 분명

---

119) 이욱, 『조선시대 재난과 국가의례 』, 창비, 2009, p.43.

120) 음사는 『禮記 』「曲禮」편에 나오는 용어로 자신의 신분에 맞지 않는 신을 섬기는 제사를 가리킨다. 음사에 대한 비판은 『高麗史 』卷93, 崔承老 (927-989)傳에서 처음 발견된다. 이후 고려후기 공양왕대까지 음사 비판은 논리적 주장보다 음란한 무당의 축출과 요망한 신사의 혁파와 같이 직접적인 행동으로 표출되었다.

121) 최문기, 「한국 巫와 종교의 습합」, 『윤리연구 』76, 한국윤리학회, 2010, p.35.

122) 별례기은도감의 연혁에 대한 『고려사 』의 기록은, 『高麗史 』卷77, 「志」31 百官2. 참조.

한 것은 국무당이 굿을 국가적 행사로 주관하였고, 도성 안에서 활동
했다는 점이다. 국무당은 고려 明宗 때 비로소 설치되었으나, 조선선
초 주자성리학의 대두로 인해 淫祀로 취급되어 혁파되었다가 부활된
것이다.

　이와 같이 국무당이나 성수청은 조선시대 지배계층들에 의해 혁파
논란의 중심에 있었다. 태종 11년(1411)에는 大國祭가 혁파되었다.
그러나 그 때도 국무당은 여전히 존재하였다. 『太宗實錄』에 의하
면 "대국제를 혁파하였으니, 儀軌에 없기 때문이었다. 혁파하지 않
은 것은 국무당 뿐이었다."[123] 고 하여 대국제 혁파의 이유는 관련된
의궤에 그 내용이 없기 때문이라고 하였다. 대국제에 대한 기사는 위
의 기사가 유일하여 대국제의 구체적인 정황에 대해서는 알기 어렵다.

　조선왕조실록에서 최초의 국무당 혁파 기사를 찾아보면, 세종 8년
(1426) 사간원에서 다음과 같은 상소를 올린 내용에서 찾을 수 있다.

　　"바라건대 전하께서 특별히 유음을 내려 국무당을 停罷하시고, 매
　　번 은혜를 빌 때에는 또한 朝臣을 보내 예법에 맞게 제사를 지내게
　　하여, 무격들의 요망하고 허탄함을 막고 아래로 백성들의 귀와 눈
　　을 새롭게 하소서."[124]

　이는 전대부터 있어왔던 대로 백성들이 옛 풍습대로 귀신을 숭상
하는 습속이 행해지고 있었던 것을 폐단으로 보고 이를 금지케 해달
라고 하는 상소이다.

---

123) "革大國祭 以儀軌所無也. 所不革者 國巫堂耳.", 『太宗實錄』, 太宗 11
　　年 7月 15日 甲戌.

124) "伏望殿下特下兪音 停罷國巫堂 每於祈恩 亦遣朝臣 以禮祭之 以斷巫覡
　　之妖誕 以新下民之耳目.", 『世宗實錄』, 世宗 8年 11月 7日 丙申.

이후 성종 때의 南孝溫(1454-1492)의 상소와 成俔(1439-1504)의 상소는 조금 더 구체화 되어 나타난다. 각각을 살펴보면 먼저 남효온은 다음과 같은 상소를 올린다.

"음사를 혁파하면서 국무의 설치는 그대로 두었으니, 신은 도대체 국무가 어떤 일을 하는지 알 수 없습니다. (중략) 모든 백성들이 말하기를, '나라에 성수청이 있는데 小民들이 어찌 홀로 무격을 섬기지 않을 것인가? (중략) 사람들이 아첨하여 다투어 섬기고 혹은 은혜를 빌고, 혹은 家祀라고 일컬으면서 여름·겨울이 없이 생고의 소리가 끊어지지 아니하며 사람의 생사 화복이 모두 무격에게서 말미암는 것이라고 이릅니다. (중략) 전하께서 먼저 국무를 혁파하면 음사는 저절로 없어질 것입니다. 만약 전하께서 먼저 住持를 없애면 佛事가 저절로 그칠 것입니다. 이단이 없어지고 天人이 화합하면 재이가 그칠 것입니다."[125]

위 상소를 보면 남효온은 이미 나라에서 음사를 혁파했는데도 국무당을 그대로 둔 것에 강한 문제제기를 하였다. 백성들이 무격에게 生死禍福을 의지하고 있다고 한 것에서 당시 무격은 신과 같은 위치에 있었던 것으로 추정 된다. 따라서 지배계층의 입장에서는 무격의 혁파는 당연했던 것이다.

이어서 성현은 "지금 星宿廳을 여전히 성 내에 두고 祈恩使가 봄

---

125) "然淫祀罷矣 而國巫之設也猶存 臣不知國巫主何事 (中略) 是以百姓皆曰 國家亦有星宿廳 小民何事獨不事巫. (中略) 於是人爭諂事 或祈恩 或稱家祀 無冬無夏 笙鼓不絶 以謂人死 人生 人禍 人福皆由於巫. (中略) 殿下先革國巫 則淫祀不勞而息 殿下先去住持 則佛事不勞而自止矣 異端息而天人和 則災可弭矣.", 『成宗實錄』, 成宗 9年 4月 15日 丙午.

과 가을로 끊이지 않는다. 이로써 백성에게만 금지시킨다면 또한 잘 못된 것이 아닌가"[126] 라고 힐난하였다. 이는 나라에서 성수청을 통해 무격을 섬기는 태도를 보이고 있으면서 백성들에게만 무격을 섬기지 못하게 하는 부당함을 지적하는 것이다. 한마디로 '윗물이 맑아야 아랫물이 맑다'는 말을 실감케 한다. 이와 같이 성수청이나 국무당 등의 문제는 존폐 논란의 대상이었던 것이다.

연산군 9년(1503) 5월의 기사를 보자.

> "持平 權憲이 아뢰기를 어제 전교에 성수청에 국무를 둔 지 유래
> 가 이미 오래다 하셨습니다. (중략) 하교에 이르기를 '요망한 중 虛
> 雄의 예와는 다르다.' 하시니, 신들의 생각으로는, 저 중은 한 지방
> 에 있으니, 그 폐해가 몇 고을에 그치지만, 지금 만일 이 무당의 죄
> 를 다스리지 않으면 앞으로 온 나라가 높여 믿을 것이니, 그 해가
> 요사한 중보다 더할 것입니다."[127]

이와 같은 기사에서 성수청의 국무당이 오래 전부터 있어왔음을 인정하면서 당시 虛雄이라고 하는 요승은 몇 개의 고을에 피해를 입히지만, 국무당은 온 나라에 피해를 입히는 존재로 인식하고 있다. 그만큼 국무당의 영향력이 컸음을 의미한다. 또한 연산군 12년 (1506) 3월에는 "성수청의 都巫女와 그에 따른 무녀에게는 잡역을

---

126) "今星宿廳尙在城內 祈恩使春秋不絶. 以此而禁民 不亦左乎.", 『成宗實錄』, 成宗 9年 11月 30日 丁亥.

127) "持平權憲啓 昨傳曰 星宿廳置國巫 其來已久. (中略) 而敎云. 非如妖僧虛雄之例. 臣等意 彼僧在一方 其弊止於數邑. 今若不治此巫之罪 將擧國崇信 其害過於妖僧.", 『燕山君日記』, 燕山 9年 5月 1日 丙寅.

면제하라”[128]는 전교가 내려지기도 하였다.

이후 성수청이 언제 폐지되었는지는 정확히 알 수 없지만, 무격에 대한 탄압이 증가되고, 도성에서 무격 축출의 조치가 계속되면서 폐지되었을 것으로 추정된다.

조선시대에는 이러한 무격에도 차등을 두었다. 즉, 세액의 차등을 두어 “국무당은 9근, 前 국무당은 8근, 松嶽 무당은 8근, 德積 무당은 6근, 三聖 무당은 6근, 內乘 무당은 8근, 紺嶽 무당은 9근”[129]의 세액을 정하였다. 이를 보면 국무당은 물론이고 前 국무당부터 국무당이 아닌 일반 무당에 이르기까지 몇 단계의 차등[130]이 있었다.

국무당은 신료들의 혁파를 원하는 계속된 상소에도 왕실의 필요에 의해 오래토록 존속되었다. 이는 국가의례에서 비유교적인 요소를 배격하려했지만 왕실의 사적인 영역까지는 어찌할 수 없었던 것이다.

또한 조선시대에는 活人署[131]를 유지하기 위해 巫稅를 경감해 주기도 했다. 태종 15년(1415)에는 東西活人院에 무격을 배치하여 병자 치료를 담당하게 하였고, 그들이 사람을 구하는 정도를 보고 받아 그에 따른 상벌을 내리기도 하였다.

---

128) “傳曰 星宿廳都巫女及隨從巫女 除雜役.”, 『燕山君日記 』, 燕山 12年 3 月 6日 丙戌.

129) “國巫堂九觔 前國巫堂八觔 松嶽巫堂八觔 德積巫堂六觔 三聖巫堂六觔 內乘巫堂八觔 紺嶽巫堂九觔.”, 『世宗實錄 』, 世宗 6年 8月 8日 庚戌.

130) “국무당-前국무당-斜付무당-松嶽 · 德積무당-內乘무당-紺嶽무당-三聖무당- 件무당”으로 구분하기도 한다. 이와 관련된 기사는 다음을 참조. 『世宗實錄 』, 世宗 32年 1月 13日 己丑.

131) 활인서는 고려시대 동 · 서대비원의 후신이다. “1392년(태조1) 관제개혁 때는 고려의 제도를 그대로 따랐으나, 1414년(태종14) 활인원으로 개칭하였고, 다시 1466년(세조12) 관제개정 때 활인서로 확정하였다.”, 『한국민족문화대백과사전 』 (http://encykorea.aks.ac.kr)

"예조에서 계하기를, '지금 정부와 여러 曹에서 함께 의논하되, 각 고을 각 마을의 民戶를 근처에 사는 무격들에게 나눠 맡기고, 만약 열병을 앓는 戶가 있으면, 수령이 醫生과 무격으로 하여금 考察 救療하게 하되, 혹 마음을 써서 구료하지 않으면 즉시 논죄하라. 연말에 사람을 많이 살리면 무격의 세를 감해 주거나 부역을 蠲減해 주기도 하고, 만약 병자의 집이 가난하여 구료할 재산이 없으면 國庫에 있는 米穀으로 서울 活人院의 예로 하루에 쌀 한 되를 주고, 歲末에 病人의 수효를 감사에게 보고하여 회계의 憑考가 되게 하소서.' 하니, 그대로 따랐다."[132]

위와 같이 세종 11년(1429) 열병이 유행하자 무격들의 求療 성적을 분석하여 죄를 주기도 하고, 무세나 부역을 덜어주기도 하였음을 알 수 있다.

성종 5년(1474)에는 경성 안팎에서 유행병이 발생하여 많은 사람이 죽자 醫巫에게 구휼하도록[133] 한 적도 있다. 이와 같이 조선시대 무격은 보조 의료 인력으로서 역할하기도 했던 것이다. 『經國大典』에서는 "서울에서는 예조가 무격의 소속을 기록하여 활인서에 나누어 배치하도록 하며, 다른 지역에서는 읍에서 소속을 기록하여 병자를 치료토록 할 것"[134]이라고 하여 무격의 의료 기능을 국가에

---

132) "禮曹啓 今與政府諸曹同議 各官各里民戶 使近居巫覡分掌之 如有熱病之戶 守令令醫生及巫覡 考察救療 如或不用心救治 隨卽論罪 及年終 活人多者 減巫稅 或蠲賦役 若病家貧乏 無救療之資 則以國庫米穀 依京中活人院例 一日給米一升 及歲抄 以病人之數 報于監司 以憑會計從之.", 『世宗實錄』, 世宗 11年 4月 18日 癸巳.

133) "京城內外 疾疫盛行 隕命者多 良用軫慮. 其令醫巫 備齎藥餌 曲盡救恤.", 『成宗實錄』, 成宗 5年 5月 21日 乙巳.

134) "凡巫覡 京 則本曹錄籍 分屬活人署 外 則本邑錄籍 治療病人.", 『經國大典』「禮典·惠恤」

서 적극 장려하고 있다.

그러나 조선시대의 무격에 대한 부정적 이미지는 음사 논란으로 확대되어 무격의 역할에 제약이 되었다. 집단적인 질병이 확산되는 위기 상황에서는 무격의 치료적 직능이 요청되었지만, 그렇지 않은 경우에는 무격에 대한 비판과 금압의 조처들이 강구되었다.[135] 이는 국가의 필요에 의해 무격이 조정의 대상이 되었다는 것이다.

무격의 부정적 이미지는 무녀가 왕실과 결탁된 기록에서도 발견된다. 연산군 9년(1503) 무녀 돌非의 예를 통해 살펴보자.

> "지평 권헌이 아뢰기를, '무녀 돌비가 요괴한 술법을 많이 부려 어리석은 사람들을 속이며 교화를 더럽히므로, 本府에서 지금 심문하려 하는데 피신하고 나타나지 않아 단지 부적 4장만을 수색해 냈습니다. 그 집 사람에게 물으니 내수사에서 만들어 준 것이라 합니다. 돌비는 명칭이 國巫이고, 일이 내수사와 관계되는 것이기 때문에 감히 아룁니다.' 라고 하니, 왕이 전교하기를 '내수사에 물어 보라'고 하였다."[136]

이는 위에서 살펴본 지평 권헌이 국무당의 폐해를 지적하기 전의 기사로, 여기서 문제가 되는 것은 내수사가 부적을 만드는 일에 관여했다는 것으로, 내수사는 왕실의 재정을 담당하는 곳인데, 재정을 담당하는 내수사와 무녀 돌비 사이에 모종의 관계가 있었다는 것은 심

---

135) 최종성, 「조선조 유교사회의 무속 국행의례 연구」, 서울대 박사논문, 2001, p.230.

136) "持平權憲啓 巫女乫非多有怪妖之術 誑愚俗 汚穢彝敎 本府今欲拿問 逃躱不現 但搜得鍮鉢及符祝四張而已 問諸家人則云 內需司所造給也 乫非 名爲國巫 而事涉內需司 故敢啓 傳曰 問於內需司.", 『燕山君日記』, 燕山 9年 4月 28日 甲子.

각한 문제이다. 이후 중종 10년(1515) 무녀 돌비가 역사의 현장에 다시 등장한다.

> "이때 무녀 돌비가 국무라 자칭하고 宮掖을 드나들면서 재액을 물리치는 푸닥거리를 하거나 신의 은총을 기도하기도 하여 못하는 짓이 없었으며, 宮禁의 財貨로부터 御衣에 이르기까지 집으로 가져가는 것이 많았다. 이때에 이르러 사헌부가 추국 하여 죄주니, 세상 사람들이 기뻐 여겼다."[137]

추후 "돌비는 경상도 선산의 어느 절의 노비로 가게 되었고, 세쌍둥이를 낳았는데 쌀과 콩을 내렸다."[138] 고 한 점을 미루어 비록 세쌍둥이를 낳아 나라에서 격려를 하였다고 하더라도 죄인 신분으로 노비로 전락한 돌비에 대한 기사가 실록에까지 실린 것을 보면 돌비를 계속 추적하고 있었음을 알 수 있다. 그가 그 만큼 사회에 영향력이 있었다는 말이다.

무격의 구료 활동은 유학의 이념과는 맞지 않는 것이었다. 그에 따라 신료들의 잦은 반대가 있었다. 『經國大典』에는 "경성안의 무격과 여염내의 승려들의 유숙은 논죄한다"[139] 고 하였고, 세종 25년(1443)에는 "국무를 제외한 그 나머지는 모두 활인원에 붙여 질병을

---

137) "時 巫女乭非 稱國巫 出入宮掖 或禳災 或祈恩 無所不爲 凡宮禁財貨 以至御衣 多歸其家 至是 憲府推鞠罪之 時人稱快.", 『中宗實錄』, 中宗 10年 윤4月 18日 乙亥.

138) "慶尙道 善山寺婢乭非 一産三子 命賜米豆.", Q中宗實錄』, 中宗 17年 9月 25日 戊辰.

139) "京城內巫覡居住者 閭閻內僧尼留宿者 論罪.", 『經國大典』「刑典·禁制」

구원하게 하소서"[140] 라는 상소가 있었다.

중종 12년(1517)에도 "동서 활인서의 문부에 등록된 무녀와 오부에서 찾아낸 무격 등을 모두 경성에서 2백리 이상 떨어진 각 고을에 원하는 데에 따라 분배하고, 소재한 고을의 수령으로 하여금 늘 순찰하여 단속해서 다른 데로 가지 못하게 하고"[141] 라고 하여 무녀의 도성 출입 통제 조치가 요청되었다. 그러나 이러한 요구들은 실효를 거두지 못했다. 동서 활인서와 歸厚署 등의 경비를 巫稅에서 충당했기 때문이다. 따라서 당시 무세가 조선사회에서 차지하는 비중이 적지 않았음을 알 수 있다.

논의를 진척시키기 위해 무세에 대한 전 시대의 기사를 검토해 보면, 『高麗史』에서 "(충혜왕 후 4년) 惡少를 각 도로 나누어 파견해서 산과 바다의 세금을 거두고, 혹은 무당과 장인을 업으로 하는 사람들에게서 貢布를 거두기도 했다"[142] 는 기록이 있다. 그러나 고려시대는 국가의 필요에 따라 일시적으로 징수한 것이지, 무세를 정규 세금으로 규정하고 있지는 않았다. 무세가 정식 세금으로 제도화된 것은 조선시대부터였다. 또 조선 세종 초에 이르러 巫業에 대해 稅布를 거두었다는 기록이 조선왕조실록에 보인다.[143] 이와 같이 조선시대에 무세가 정규 세금이 되었다는 사실은 특히 주목할 만하다.

---

140) "請除國巫外 其餘皆屬活院 使救疾病.", 『世宗實錄』, 世宗 25年 10月 16日 丁酉.

141) "東西活人署案付巫女及五部刷出巫覡等 竝於距京城二百里外各官 從願 分配 令所在官守令 常巡檢擧 毋得他適.", 『中宗實錄』, 中宗12年 9月 14日 丁亥.

142) "分遣惡少諸道或 收山海稅 或徵巫匠業中貢布.", 『高麗史』卷124, 列傳 37. 弊行 2.

143) 이능화 저, 서영대 역, 『조선무속고: 역사로 본 한국 무속』, 창비, 2008, pp.161-162.

왜냐하면 巫를 억제하기 위해 탄압정책의 일환으로 삼았던 이 세금의 징수는, 결국 직업인으로서의 무당을 공식적으로 인정해 준 결과를 낳았기 때문이다.

조선시대는 공식적으로 巫를 탄압하고 배척하여 도성 안에 무격의 거주를 금지 시켰지만, 많은 곳에서 그들의 활동은 성행하기만 했다. 이에 무당들로부터 많은 세금을 거둬들인 것이다. 다시 말해서 무격의 활동을 직접적으로 제한한 것은 아니지만, 그들에게 상당한 부담을 주기 위한 목적이었음에는 틀림없다. 다음의 『牧民心書』의 기록에서도 무세 부과의 목적이 이와 같았음을 알 수 있다.

> "巫女布의 경우, 刑曹에서 잡신에게 제사 지내는 일을 금하고 있으므로 다른 요역은 모두 줄일 것이나, 이 부담만은 마땅히 증가해야 할 것이다. 3가구만 살고 있는 마을에도 무당이 한 명씩 있어 (그가) 요사스러운 일을 만들고 현혹한 짓을 부채질하며, 함부로 禍福을 점쳐 남의 옷장을 비게 하고, 남의 쌀독을 바닥이 나게 만들면서 그 자신은 비단옷만을 입고 진수성찬만 먹으니, 이는 당연히 억제해야 할 것이다."[144]

여기에서 우리는 중요한 사실 하나를 발견할 수 있다. 바로 무격의 수입이다. 위 인용문을 보면 적어도 무격의 수입이 많았을 것으로 보인다. 그리고 이렇듯 넉넉하게 살 정도로 돈 벌이가 좋아지려면 그만큼 무격을 필요로 하는 사람들이 많아야 하는 것으로, 결국 무격은

---

144) "巫女布者 刑曹神祀之禁也. 他徭皆蠲 此徭宜增 何也. 三家之村 皆有一巫 興妖煽惑 妄占禍福 空人之篋笥 罄人之瓶罌 衣必紬綾 食有魚鮓 此必當抑者也.", 『牧民心書』「戶典」6조, 제5조 平賦 下,「場稅 關稅 津稅 店稅 僧鞋巫女布 其有濫徵者察之」

조선 중기 이후에도 여전히 성행하고 있었다는 결론을 유추해 낼 수 있다.

어찌하였든 조선 조정은 간접적인 무격 탄압 정책의 일환으로 巫를 규제하고 집권체제를 유지하는 데 필요한 재원을 마련하기 위해 組, 庸, 調 이외의 세금을 제도화하여 무격에게 징수했다. 또한 이것이 세금의 성격인 만큼, 무격들이 감당해야 할 부담은 과중될 수밖에 없었다.

무세 가운데 巫業稅가 있는데, 이는 무업에 대한 일종의 영업세였다. 정식 세금으로 간주된 가장 비중이 높은 세금이었다. 영조 20년(1744)에 나온 『續大典 』에는 무업세를 정식 국가 수입의 한 항목으로 넣고 구체적인 징수 규정을 수록하고 있다. 예를 들면 "지방의 무녀는 문안에 기록하고 각자 베 한필씩을 거둔다"[145] 고 하여, 국고 수입의 한 항목으로 잡아 놓은 것이다. 무업세의 징수는 년 2회였는데, 세종 5년(1423)부터 년 1회 징수하였다. 납부액은 正布 1필과 약간의 동전이었으나 면화 재배가 확대되면서 정포는 면포로 바뀌고, 지역에 따라 포 대신 돈으로 납부할 수 있도록 했다. 이러한 내용은 다음의 기록에 서 확인할 수 있다.

"前 知順安縣事 박전이 민폐를 구제하는 상소 48조를 올린 것을 의정부에 내려 여러 曹와 같이 논의하여 가히 시행할 만한 조건을 택하여 아뢰니 (중략) '토지의 세금과 노비의 공물은 모두 1년에 한 번씩 거두고 있는데, 다만 經師와 巫覡의 공물은 1년에 두 번씩 거두고, 남녀의 맹인 무당도 또한 모두 세납을 거두니, 진실로 불쌍

---

145) "外方巫女錄案 收稅每名稅木一匹,", 『續大典 』,「戶曹」, 雜稅 · 外方巫女錄案收稅.

합니다. 원컨대, 경사와 무격은 1년에 한 번만 받아들이게 하도록
하고, 맹인 무당의 세는 전부 면제하도록 할 것이며' 라고 하니 그
대로 따랐다."[146]

앞서 살펴본 대로 조선조 세종 때 호조에서 책정한 무녀들의 세금
은 국무당 9근, 전 국무당 8근, 송악 무당 8근, 덕적 무당 6근, 삼성
무당 6근, 당무녀 2근, 일반무녀 1근을 수납하도록 했다. 그 당시 정
승에 해당하는 정·종 1품들의 세금이 10근(正從一品十觔)이었고, 말
단 종8품은 8냥(八品八兩)이었다는 점을 비교하면 국무당을 비롯한
무격들의 세금이 얼마나 과중했는지 알 수 있다. 魚叔權의 『稗官雜
記』에서 巫布와 관련된 기사를 보면, "관청에서 무당에게 세포를
너무 많이 걷어 들였으므로, 매양 관원이 문에 이르러 외치면서 들이
닥치면 온 집안이 쩔쩔매고 술과 음식을 갖추어 대접하면서 기한을
늦추어 달라고 애걸하였다. 이런 일이 하루걸러 있거나 연일 계속되
어 그 괴로움과 폐해가 헤아릴 수 없었다."[147] 고 전하고 있을 정도다.
무세의 징수를 위해 국가는 3년 마다 한 번씩 무격의 명부인 '巫籍'을
작성했는데, 일부 수령들이 가짜로 무격을 만들어 巫案에 올린 뒤 그
세를 거두기도 했다.

"수령은 과연 본의를 모르고 반드시 그 세를 거두어야 한다고 생

---

146) "前知順安縣事朴甸上救弊陳言四十八條, 下議政府, 諸曹同議, 採可行條
件以啓 (中略) 土田之稅 奴婢之貢, 皆一年一收, 但經師 巫覡之貢, 一年二
收, 男女盲巫, 亦皆收稅, 誠可哀也. 願除經師 巫覡一收, 全除盲巫之稅.",
『世宗實錄』, 世宗 5年 12月 20日 丁卯.

147) "官府收巫稅布甚重 每官差到門叫呼驟突 一家蒼皇奔走具酒食以勞 乞緩
程期 如是者間日或連日 苦害多端.", 『稗官雜記』2.

각하여, 참 무격이 아니라도 거짓으로 巫案에 붙여서 그 세를 거두
니, 이런 것은 그치게 해야 합니다. 음사를 매우 금단하여 근본을
아주 끊어 버린 뒤에 세를 거둘 무격이 없어진다면 세를 거두는 법
을 비로소 폐지할 수 있을 것이나, 만약에 미리 폐지한다면 그 생
업을 돕는 것이 될 따름입니다."[148]

　　조선의 성리학자들은 巫가 근절되지 않는 이유가 국가에서 세금을
받아 이를 인정하기 때문이라고 주장했다. 무세를 수취하게 되면 오
히려 무격을 공인하는 결과가 되기 때문에 이를 혁파해야 한다는 것
이다. 반면 현실적으로 巫 행위를 금단하지 못하는 상황에서 만일 무
세마저 폐지하게 되면 巫가 더욱 번성할 수 있기 때문에 지속적으로
이를 징수해야 한다는 입장도 있었다.

　　"淫祀를 금하는 것은 『大典』(『經國大典』)에 실려 있습니다.
　　錦城의 淫祀에 대해 여러 번 敎旨를 내려 엄하게 금하였지만, 어리
　　석은 백성들이 邪說에 현혹되어 법을 어기고 행하니, 이는 수령이
　　살펴서 단속하지 않았기 때문입니다. 어찌 다시 新法을 만들지 않
　　습니까. 그 神米는 곧 禁法을 범한 물건이므로, 마땅히 官에서 몰
　　수해야 할 것입니다. 청컨대 옛날대로 하게 하소서."[149]

---

148) "且守令則果不知本意, 以爲必征其稅, 雖非眞巫, 而亦冒屬巫案, 以收其
　　稅, 如此者可已也. 若痛斷淫祀, 永絶根本之後, 無巫可稅, 則收稅之法, 始
　　可罷也, 若先罷之, 則是助其生業而已也.", 『中宗實錄』, 中宗 12年 9月
　　23日 丙申.

149) "淫祀之禁, 大典所載, 錦城淫祀, 屢降敎旨痛禁, 而愚民惑於邪說, 冒法
　　行之, 是守令不檢察耳, 何不更立新法. 其神米乃犯禁之物, 當沒官. 請仍
　　舊.", 『成宗實錄』, 成宗 22年 10月 16日 己未.

위에서 살펴본 성종 22년의 기록에서 특별히 무세와 관련된 조선 조정의 태도를 알 수 있다. '수령이 살펴 단속하지 않았기 때문'이라는 대목은 시사해주는 바가 크다. 정식 세금의 항목도 아니었고, 특별소비세 같은 것으로 명분만 만들면 언제든지 걷어들일 수 있는 세금이었기 때문에 이런 일이 가능할 수 있었던 것이다. 지방의 수령이나 관료들이 빼앗듯이 거둬들인 세금이나, 또 그것이 법을 어긴 것이니 몰수해야 한다는 조정의 행동이 모두 같은 것으로 받아들여지는 까닭이다.

> "나주 금성산의 음사는 항상 禁斷을 더했습니다. 그러나 그 神米 60섬을 해마다 歸厚署에 바치는데, 이 때문에 本邑의 수령이 士族 婦女의 출입은 금하고, 庶人은 금하지 않고 있습니다. 지금 條令에 기재된 度僧 · 選僧 · 神布 · 神米의 類는 聖朝에서 이단을 물리치고 음사를 금하는 뜻과 크게 서로 모순이 되고 있으니, 신미를 바치는 법을 혁파하게 하소서."[150]

무세 중에는 '神堂退物稅'라는 것이 있다. 이는 신당에 바친 물품 가운데 일부를 국가에 바치게 한 것으로, 신당에 올렸던 제물 중 쌀이나 돈 등을 내릴 때 일정 부분을 세금으로 내야 한다는 항목이었다. 이것 역시 무격이 부담했으며 주로 쌀로 납부했다. 그러나 정식 세금은 아니고 일종의 불법 수탈이었을 가능성이 높다.

조선 후기 李肯翊(1736-1806)의 『練藜室記述』에 등장하는 다

---

150) "羅州 錦城山淫祀, 常加禁斷, 然其神米六十碩, 歲納歸厚署, 以此本邑守令, 只禁士族婦女, 而不禁庶人. 當今條令所載, 度僧選僧神布神米之類, 與聖朝闢異端禁淫邪之意, 大相矛盾, 請革納神米之法.", 『成宗實錄』, 成宗 22年 10月 16日 己未.

음 기록도 이상과 같은 맥락에서 풀이된다.

"고을 수령 중에는 혹 그것을 심히 싫어하는 자가 있어 구축하고 철저히 금하고자 하나, 해마다 무당에게 巫布를 받는 이익이 있으므로 그것을 탐내고 아까워하여 감히 다스리지 못하니 한탄스럽다."[151]

"전교하기를 '백성들에게 무격 음사의 일을 금지시켰는데, 오히려 그 퇴미를 징세하는 것은 의리에 매우 마땅하지 않다. 일체 징세하지 않는 것이 옳다'하매, 승지 이자가 이내 아뢰기를, '하교하신 뜻이 지극히 아름답습니다. 다만 귀후서나 동서활인서에서 장례와 의료에 쓰이는 비용이 모두 여기에서 마련되고 있습니다. 또 무격 음사는 비록 금하더라도 아주 끊어버릴 수는 없습니다. 그에 대한 세를 거두지 않는다면 나라의 수입 예산이 소루할까 염려됩니다.'고 하였다."[152]

물론 무세 폐지에 대한 논의도 지속적으로 나타난다. 그 주된 이유는 무세 징수가 巫를 국가차원에서 공식적으로 인정해주는 셈이 된다는 것이었다. 하지만 현실적으로는 무세 수입으로 인한 경제적인 보탬은 무시할 수 없었다. 결국 적극적으로 무격 탄압에 나설 수 없

---

151) "列邑守宰中. 或有深惡之者. 心欲驅逐痛禁. 而有每年受用巫布之利. 故貪悏而不敢治. 咄哉.", 『練藜室記述』9集, 322面 下.

152) "傳曰 禁民巫覡淫祀, 而猶稅其退米, 甚不宜於義. 可一切勿稅也. 承旨李耔仍啓曰 所敎之意, 至爲美矣. 但歸厚署及東西活人署, 送終 活人之費, 皆出於此. 且巫覡淫祀雖禁之, 亦不可頓絶也. 不可頓絶而不收其稅, 則恐國計虛踈也.", 『中宗實錄』, 中宗 13年 1月 19日 己未.

었던 것도 당연한 결과로 보인다. 원칙적으로는 음사를 금하면서, 그 음사의 주체인 무격들에게서 세금을 거뒀다는 사실 만으로도 당시 나라의 정책이 얼마나 모순되고 이중적이었는지를 알 수 있다.

純祖 무렵 무포세를 내는 무격의 수는 "경상도 500여 명, 전라도 400여 명, 충청도 170여 명, 함경도 100여 명 등 전국적으로 2,600여 명 정도"[153] 였다. 이것은 공식적으로 세금을 내는 무격들의 수이다. 반면, 세금을 내지 않았던 무격들까지 고려한다면 전체 무격의 수는 훨씬 많았을 것이다. 무세 수취에 대한 논의는 결국 계속 유지하는 것으로 귀결되었다. 이러한 결정이 내려지게 된 이면에는 巫風을 억제하겠다는 목적뿐만 아니라 현실적으로 부족한 재정을 확보해야 할 필요성에 따른 것으로 분석된다.

무격이 나라에 냈던 세금과 관련된 기록들을 통해 알 수 있는 것은, 중앙이나 지방 모두 필요에 따라 그 입장을 달리했었다는 사실이다. 중종반정 이후 재정적 어려움이 더했다는 점을 감안하면 조선 중기 이러한 상황은 마찬가지였을 것으로 보인다. 결국 표면상으로는 음사를 근절시키기 위해 무세를 부과한다는 이유를 내세웠지만 한편으론 무세 때문에 무격의 존재를 정부에서 용인할 수밖에 없었던 셈이다.

무세를 징수하는 목적은 분명 무격을 탄압하기 위한 것으로, 무격이나 신도들에게 경제적 부담을 지워 무속에서 멀어지게 하자는 것이었다. 그러나 각종 무세를 징수한다는 것은 무격을 하나의 직업으로 인정하는 셈이 되어 무속 탄압이란 당초의 취지와 모순된다. 또 무세의 부담자는 대부분 여성이며 전통시대에는 여성이 세금을 내는

---

153) 손태도, 「조선 후기의 무속」, 『한국무속학 』17, 한국무속학회, 2008, pp.204-205.

경우가 거의 없었다는 점에서 예외적 세금이라 할 수 있다.

다음에서는 무격신앙의 양상을 기복적 양상과 치병적 양상으로 나누어 고찰해 보고, 우리 무격의 정체성을 찾기 위해 외래사상인 유불도 삼교와 무격과의 관계에 대해 검토해 보도록 하겠다.

III.
巫覡信仰의 양상과
儒佛道 三敎의 교류
...

Ⅲ. 巫覡信仰의 양상과 儒佛道 三敎의 교류

무격의 양상은 크게 두 가지로 구분할 수 있다. 즉, 현실과 미래의 불안을 극복하기 위한 기복적 양상과 육체적 고통을 극복하기 위한 치병적 양상으로 무격은 발전해 왔다. 두 가지 양상 모두 현실의 극복에 초점을 두고 있다.

이와 더불어 한국 사상을 논할 때 토속신앙인 샤머니즘과 더불어 필수적인 것이 바로 儒·佛·道 三敎思想이다. 한국 사상의 특징이 融合 혹은 合一思想에 있다고 할 때, 무격과 이들 유·불·도 사상의 교류는 반드시 논의의 중심에 선다.

무격을 토속적인 것이라고 하면, 유·불·도 삼교 사상은 외래적인 것이다. 즉 토속과 외래가 만나서 한국의 사상성을 형성해 온 것이다. 무격은 중국에서 유교, 불교, 도교가 들어오기 훨씬 전부터 존재해온 만큼 토착 신앙으로서의 성격을 보여준다. 한국에서 무격은 "신석기에서 청동기 시대에 이미 출현했으며, 직업적인 무격이 존재했고, 국왕은 巫王적인 성격을 띠고 있었다."[154] 또한 무격은 고조선 시기에 이미 한국문화의 토대가 되었다. 현재에도 보이는 서낭목·신간·솟대 등이 神檀樹가 원형이 되는 것이라는 점에서 무격은 한국문화의 근원적 전통이 된다. 따라서 다음에서 무격의 양상과 더불어 유·불·도 삼교와 무격의 교섭에 관한 내용을 점검해 보도록 하겠다.

---

154) 서영대, 「한국 무속사의 시대구분」, 『한국무속학』 10, 한국무속학회, 2005, pp.11-12.

1. 무격신앙의 양상

1) 무격의 기복적 양상

무격들이 점을 치는 행위를 '占事'라고 한다. 무격은 "내림굿을 받고 成巫 과정을 통해 신령의 능력을 받아 점을 칠 수 있게 된다. 일부 사람들의 경우 내림굿을 받은 지 얼마 지나지 않은 무격의 신통력이 더 강하다는 믿음이 있어 첫 점사를 받기 위해 내림굿 자리에 모여들기도 한다."[155] 아무래도 사람들이 무격에게서 가장 듣고 싶어 하는 것은 공수일 것이다. 공수란 무격이 접신을 통해 의뢰인에게 전달해 주는 신령의 말로, 무격의 영력을 보여주는 것이면서 무격 의례(굿)의 핵심이 된다.

조선 초기 유학자들은 공수가 무격 가운데서 사람들을 가장 현혹시키는 것이라 주장하면서 공수를 내리는 무격의 처벌을 강력히 요구했다. 세종 18년(1436) 세 정승이 모여 "공수를 주는 무격은 絞殺에 처해야 한다는 논의를 벌이기까지 했다."[156] 이때 유학자들이 도저히 받아들이기 어려웠던 것은 '무당이 귀신을 시켜 공중에서 이야기 한다'라는 식의 말과 '선비집안 사람들도 앞 다투어 간다'라는 사실이었다.

> "요즈음 항간에서 어리석은 백성들이 요망스런 낭설을 만들어 가
> 지고 서로 전파하기를 '모월 모일이면 땅이 꺼질 것'이라고도 하고

---

155) 국립민속박물관, 『한국민속신앙사전 』, 국립민속박물관, 2010, p.773.

156) 조흥윤, 『巫와 민족문화 』, 한국학술정보, 2004, p.191.

혹은 '무당과 불교를 폐하였기 때문에 이런 변이 생기는 것'이라고
도 합니다. 선비들이야 어찌 이런 말들을 믿겠습니까마는, 부녀자
들은 그대로 믿고 驚動하며 미혹을 풀지 못하고 있습니다."[157]

당시 점복이 얼마나 성행했는지 정확한 수치로 나타내기는 어렵
다. 다만 여러 기록들에서 집안의 대·소사에 중요한 일이 생겼거나
누군가 아플 때, 또 액운이 겹칠 때는 어김없이 무격을 찾아 점을 보
았다는 사실을 확인할 수 있다. 예컨대 李德崇(?-?)이 成宗과 나눈 다
음의 대화 내용에서도 점복이 일상적인 일이었음을 알 수 있다.

"윤숙이 신의 집에 왔으므로 신이 윤숙에게 말하기를, '정숙지는 4
품에서 監正으로 超授되었는데, 그대는 어찌하여 미치지 못했는
가' 하였더니, 윤숙이 대답하기를 '관작을 어찌 쉽게 희망하겠습니
까? 내가 국문을 당했을 때에 경임에게 추궁하며 조사를 하니, 경
임이 이르기를 금년에 卜者와 巫人이 모두 말하기를 내가 運이 통
할 것이라고 하였으니, 저버리지 말라하였는데, 지금 당상에 제수
되었으니 과연 운이 통한 것입니다'라고 하였습니다."[158]

점복의 행위는 원하는 바를 이루기 위한 굿이나 치성, 기도로 이어

---

157) "近日閭巷, 愚夫 愚婦 爲妖怪之說, 轉相喧播, 或云 某日, 則地當陷. 或云
'黜巫覡 廢釋道 故有此變也. 士人則豈信此言. 婦人 小子 恰然驚動, 未解
其惑.",『中宗實錄』, 中宗 13年 5月 26日 甲子.

158) "俶到臣家, 語俶曰 鄭叔墀以四品超授監正, 爾何不及乎. 俶答曰 官爵豈
易希望乎. 我被鞫時, 推調於慶紙, 紙曰 今年, 卜者及巫人, 皆云我運通,
勿負. 今授堂上, 果運通也. 臣以謂此言雖非關係, 然有期付論賞之心, 且
其志卑陋, 故箚子及之.",『成宗實錄』, 成宗 18年 7月 8日 乙巳.

진다. 즉 무격의 양상들 가운데 위 사례와 같은 점복이 가장 성행했을 것임은 분명하다. 광해군 때 우찬성 이충이 임금에게 고한 다음의 기록은 점복 이후 치병의 무격 의례를 행한 사례로 꼽을 수 있다.

> "신이 오랫동안 병을 앓자 신의 처자가 온갖 방법으로 기도를 드렸
> 는데, 그러다가 저도 모르는 사이에 요망스러운 무당과 접하게 되
> 어 결국 대간의 계사를 초래하고 말았습니다. 신은 비록 몰랐던 일
> 이지만 한집안에서 한 일을 몰랐다고 핑계 댈 수는 없습니다."159)

  이러한 양상들은 미래에 대한 불확실성과 불안한 마음이 강할 때 더욱 뚜렷이 나타났다. 이는 점복을 통해 미래에 대한 이야기를 듣고 나쁜 일은 피해가고 복을 받으려는 무격신앙의 기복적 특성의 근본 이라 하겠다.

> "처근이 신에게 말하기를 '무당이, 조광조의 귀신이 홍경주를 잡
> 아가고, 홍순복의 귀신이 이빈의 종을 잡아가 이빈의 종이 죽었다'
> 고 했고, 청혼할 때 무당이 '홍순복이 나를 잡아간 것은 내 명이 짧
> 아서가 아니다. 이제는 장차 우리 상전을 잡아 간다니 상전이 꿈에
> 상인을 보게 되면 상전이 반드시 죽을 것이다' 했는데 이빈이 그
> 뒤 꿈에 상인을 보고 조금 있다가 병을 얻어 죽었으니, 나이 젊은
> 사람의 귀신은 영험이 있는 것이다."160)

---

159) "臣久病之中, 妻孥多方祈禳, 不覺引接妖巫, 致有臺諫啓辭. 臣雖不知之事,
一家所爲, 不可諉以不知.",『光海君日記 』, 光海君 10年 12月 12日 丁卯.

160) "處謹謂臣曰 巫云 趙光祖之鬼, 捉洪景舟而去, 洪舜福之鬼, 捉李蘋奴子
而去, 李蘋之奴死矣. 聽魂時巫云 洪舜福捉我而去, 非吾命短也. 今將捉
吾上典云, 上典夢見喪者, 則上典必死矣. 李蘋, 其後夢見喪者, 俄而得病
而死. 年少者之鬼, 有驗.",『中宗實錄 』, 中宗 16年 10月 11日 己丑.

위 기사는 宋祀連(1496-1575)[161] 과 鄭鏛이 모의하여 安處謙 (1486-1521) 등을 역적으로 고변할 때의 기사이다. 여기서도 점복을 통해 믿고 있는 모습을 볼 수 있다.

앞서 살펴본 대로 조선시대 유학자들은 무격을 음사라 비판하고 배척해야 할 대상으로 삼았지만, 결과적으로 무격에 말을 따르고 있었음을 보여주는 것이다. 이는 당시의 시대상을 말해준다. 무격과 儒敎가 혼재된 속에서 이성적 교리는 유학이었지만, 감정적으로는 무격의 기대치를 버리지 못한 것으로 봐야 할 것이다. 다음의 기록에도 이와 같은 상황이 잘 나타나있다.

> "도성 안의 士女가 다투어 問卜하러 가서 이르는 곳마다 무리를
> 이룹니다. (중략) 귀신이 공중에 있어 능히 이미 지난 일을 말할 수
> 있다고 칭탁하니, 사녀가 惑信하지 않음이 없습니다."[162]

이는 성종 21년(1490)에 병조판서 李克墩이 왕에게 아뢴 말인데, 충청도 보은군의 군인 金永山이 공중에 있는 神을 빌어 지난 일을 잘 맞추니 선비집안의 여자도 다투어 그를 찾아가 점복을 본다는 얘기였다.

중종 때의 기록을 보면 다음과 같다.

---

161) 송사련은 사주를 보는 법에 정통했다. 1521년(중종16) 본인의 사주를 보니 운수가 대통하여 부귀를 얻을 운이었다. 이에 그는 처남 鄭鏛과 공모하여, 고모인 안처겸의 어머니가 죽었을 때의 弔客錄과 발인 때의 役軍簿 등을 증거로 삼아 안처겸 등이 모역을 꾀하였다는 사실을 조작, 옥사를 일으켰다. 이 사건의 조작으로 안당·안처겸 등 안 씨 일문과 權磌·李忠楗·趙光佐 등 많은 사람이 죽게 되었다. 그러나 그는 고변한 공으로 선조대에 이르기까지 네 임금을 섬기면서 절충장군·시위대장 등 당상관으로 30여 년 간 세력을 잡고 녹을 받았다.(『한국민족문화대백과사전』)

162) "都中士女, 爭趨問卜, 所至成群 (中略) 托稱有神在空中, 能言已往事, 士女無不信惑.", 『成宗實錄』, 成宗 21年 8月 5日 乙酉.

"근자에 기신재를 이미 혁파하여 무릇 左道의 일이 남아 있는 것
이 없습니다. 단지 安老가 啓한 것처럼 외방 성황당의 일이 심히
기괴하고 허망한데도, 성황신이 하강한다는 때에는 士族의 남녀
까지도 모두 모여듭니다. 그 중 나주의 금성산 城隍이 극히 심합니
다. 신의 장인인 金崇祖가 나주 목사로 있다가 갈마들어 온 뒤에,
금성산 城隍祠에 주는 쌀 60여 석을 수납하지 말 것을 청하여 輪
對에서 아뢰었는데, 아직도 시행하지 않습니다. 나라에서 城隍堂
祠에 쌀을 내주면서 어찌 民俗의 폐단을 금할 수 있겠습니까."[163]

위와 같이 나주 금성산 성황신이 어느 무당에게 내릴 때면 선비집
안의 남녀들이 서둘러 모여들었다. 오늘 날에도 점복을 잘하는 무당
이 있다 하면 사람들이 구름처럼 몰리듯 이 경우도 특별한 신령의 이
야기를 듣기 위해 백성들이 모여들었던 것이다.

며느리가 아이를 출산하기 전, 태아 감별과 출산 시기를 알아보기
위해 점쟁이를 부르기도 했다. 이 같은 양반들의 무격신앙은 상당히
흔했던 것으로 보인다. 같은 시대의 인물인 眉巖 柳希春(1513-1577)
의 『眉巖日記』에서도 이런 사실이 확인된다.

"(10일) 어제 맹인 점쟁이 박억기가 戊午生인 나의 대운 1, 8, 9, 3
을 계산하면서 말하기를, 옛사람도 訟卦의 九三爻를 얻어 9년 동

---

163) "近者忌晨齋 旣已革罷, 凡干左道之事, 無復留存. 但如安老所啓, 外方城
隍堂之事, 甚爲怪妄. 稱城隍神下降之時, 則雖士族男女, 無不奔波聚會,
其中羅州 錦城山城隍, 尤甚焉. 臣妻父金崇祖爲羅州牧使而遞來後, 以錦
城山城隍祠所供之米六十餘石, 請勿收納事, 陳於輪對, 尙寢不行. 以國家
而納米於城隍堂祠, 豈能禁民俗之弊乎.", 『中宗實錄』, 中宗 11年 6月
3日 癸丑.

안 글을 읽었다고 하는데 이 운의 기간 내에는 여러 가지 책을 널리 보게 된다고 하였다. 부인이 이 말을 듣고 놀라 감탄을 하였다. 내가 금년 가을에 사서오경과 강목 등에 구결을 달 책임을 받아 가족을 거느리고 고향으로 돌아가려고 하는데 이 징조가 人事와 서로 부합하니 또한 신기한 일이다.”[164]

조선시대에는 의학이 발달하지 못했기 때문에 영아들의 사망률이 매우 높았다. 그런 까닭에 부모들은 아이의 사주를 봄으로써 그 운명을 예측하고 안 좋다는 것에 대해서는 미리 대처하려 했던 것이다.

실제로 조선 중기 安邦俊(1573-1654)이 李貴(1557-1633)의 생애와 행적을 적은 『黙齋日記 』[165]에는 아이가 태어난 후 점쟁이를 통해 사주팔자를 점치는 대목이 나온다. 또 그 결과에 따라 아이가 액운에서 벗어나도록 主星에게 제사를 지내기도 했다.[166] 유학자의 道를 목숨처럼 여긴다는 양반 사대부도 대를 잇는 일에는 이처럼 초월적인 힘을 빌고자 나서고 있는 상황이었으니, 출산과 관련해 여성들의 기복신앙은 두 말할 필요 없었던 것이다. 그것은 자식을 두지 못해 어머니가 되지 못하는 슬픔을 논하기 이전에 가문에서 쫓겨날 수도 있는 중대한 죄를 짓는 일이 되기 때문이었다.

“평생에 술과 여자를 좋아하지 않았고 이때에 와서 갑자기 풍병이

---

164) “初十日. 昨日盲卜朴億期. 因算余命戊午大運一八九三而言曰. 昔人遇九三訟卦. 讀書九年. 此運內博觀諸書. 夫人驚嘆. 蓋余今年秋. 欲受四書五經綱目等口訣附錄之任. 挈家還鄕. 此兆與人事相合 亦一奇也.”, 『尾巖集 』12卷,「日記」乙亥 萬曆三年我宣廟九年.

165) 『大東野乘 』 卷60-62에 실려 있다.

166) 규장각한국학연구원, 『조선 양반의 일생 』, 글항아리, 2010, pp.43-45.

들어 가족들이 무당을 시켜 빌자 이계남이 노하여 손을 저어 못하

게 하였으니 그의 굳세고 과단함이 이러했다.”[167]

위 사례는 중종 때 이조 판서 李季男(?-1512)[168] 의 졸기에 나오는
내용이다. 사실 치병을 목적으로 한 굿이나 치성 등의 무격 의례는
아주 많았을 것으로 예상되지만, 실록에서 찾아볼 수 있는 기록은 많
지 않다. 이는 당시 무격 의례가 음사로 구분되면서 규제가 심했던
까닭에 은밀히 진행할 수밖에 없었기 때문으로 이해된다. 사대부 가
문에서 점복이나 굿이 성행했다는 기록은 쉽게 볼 수 있는데 반해 실
제로 언제 어디서 어떻게 의례가 진행되었는지에 대한 상세한 내용
이 보이지 않는 까닭이다.

사대부 가문 가운데 왕실과 친분이 있는 경우 왕가의 복을 빌기 위
해 祈恩 행사를 벌이기도 했다. 기은은 조선조 때 창덕궁 안의 선원
전에서 儀仗을 엄하게 하고 무당 광대를 불러 악기를 연주하면서 왕
가의 무궁한 복을 비는 행사였다.

“진사 조태개의 처가 祈恩하도록 청하였는데 대체로 모두가 친왕

손이기 때문이었다.”[169]

---

167) “平生不喜酒好色. 至是暴得風疾, 家人令巫祈禱, 季男怒以手揮之, 其剛
果類此.”, 『中宗實錄 』, 中宗 7年 3月 2日 丁未.

168) 의금부 당상으로 있을 때 연산군이 무죄한 사람에게 벌을 내리도록 요구했으
나, 명령을 어기고 무죄로 방면했기 때문에 연산군의 진노를 사서 곤장을 맞
기도 했다. 1506년 중종반정이 있던 날 그도 柳子光 등과 합류해 반정에 협
력했다. 그 공으로 보사반정공신 2등에 녹훈되고 平原君에 봉해졌다. 시호는
翼平이다.(『한국민족문화대백과사전 』)

169) “進士趙泰開妻祈恩 蓋以皆是親王孫故也.”, 『肅宗實錄 』, 肅宗 31年 2
月 12日 丙子.

병에 걸린 환자의 목숨을 신령의 보호 아래 둔다는 명목으로 무당집에 노비를 대신 바치는 관습인 대명노비도 있었다. 이것은 조선 말 이래의 '命다리'와 같은 기능이라고 볼 수 있다. 명다리는 어린 아이의 단명을 막고 수명장수하게 해달라는 것으로, 무명에다 아이의 주소, 생년월일, 성명을 적어 그것을 칠성이나 삼신제석에 바치는 의식이다. 병을 피하기 위해 무당집에서 일정 기간 동안 사는 풍습도 있었다.

한편 조선 초기 무격의 활동으로서 '卜命'의 기록이 있는데, 이는 곧 운명을 점치는 일을 가리킨다. 태종 때 윤자당의 어머니 남씨가 과부로서 함양에 살았는데 7살짜리 사당을 데리고 무당집에 가 운명을 보았더니 그 아기가 장차 동생 덕분에 귀하게 될 것이라 하였다. 그 말대로 남씨는 뒷날 이씨를 만나 아들을 낳았고 그 아들로 말미암아 자당이 높이 되었다.[170]

사대부 가문에서 그랬던 것처럼 왕실에서 역시 여러 가지 복을 기원하는 무격 의례가 거행됐다. 특히 왕의 후사를 이을 왕자의 출산이 중요한 문제로 대두됐고 무격신앙의 의례들이 행해졌다. 왕비는 물론 후궁들의 출산에 관한 구체적 내용이 수록된 <대군과 공주 탄생에 대한 규정(大君公主御誕生의 制)>[171] 에 나오는 借地符의 주문 내용을 보면 다음과 같다.

> "상하 동서남북으로 각 10보의 방안 40여 보를 安山을 위해 빌립
> 니다. 산실에 혹시 더러운 귀신이 있을까 두렵습니다. 동해신왕,
> 서해신왕, 남해신왕, 북해신왕, 日遊將軍, 白虎夫人이 계시다면

---

170) 조흥윤, 앞의 책, p.193.

171) 김지영, 「장서각 소장 『大君公主御誕生의 制』에 관한 일고찰」, 『장서각』18, 한국학중앙연구원, 2007, pp.189-211. 여기에 pp.197-211까지가 번역문이다.

(사방과 상하로) 멀리 10丈까지 가시고, 軒轅超搖는 높이 10장까

지 오르시고, 天符地軸은 지하로 10장까지 들어가셔서, 이 안의

임산부 某氏가 방해 받지도 않고 두려움도 없이 편안히 거하도록

여러 신께서 호위해 주시고, 모든 악한 귀신을 속히 몰아내 주소

서."[172]

왕비는 해산을 하기 위해 산 자리에 올라앉은 후 벽에 붙였던 催生
符[173] 를 떼어 촛불에 태운 다음 따뜻한 물에 타서 마셨다고 전해진
다. 나라가 안정되기 위해서는 왕비가 생산한 적통이 왕위를 이어야
했다. 대군이 없으면 후궁 소생으로 후계자를 정하는 과정에서 정국
이 혼란에 빠지게 되는 경우가 많았기 때문이다. 그럼에도 불구하고
왕비가 그 임무를 수행하지 못할 경우 입지가 좁아지게 되고 발언권
이 약화됐으며 친정 또한 권력의 핵심에서 벗어나게 됐다.
　다음의 인용문은 인현왕후가 폐위되는 결정적인 이유가 후계자를
생산하지 못했기 때문임을 알게 해 준다.[174]

"무진년 정월에 상의 춘추가 거의 삼십이 되시나 농장의 경사를 보

시지 못함을 근심하시는지라, 후가 깊이 염려하사 일일 조용히 상

께 고하사 어진 후궁을 보심을 권하신대, 상이 처음은 허치 않으시

더니 후가 날마다 권하여 一女子의 생산을 기다리고 막중종사를

---

172) 신명호, 『조선왕실의 의례와 생활 』, 돌베개, 2011, p.100. 재인용.

173) 최생부는 朱砂로 써서 방 안 북벽 위에 붙였다가 坐草할 때에 침으로 찔러서
　　등불에 태워 바람에 날아가지 못하게 하여 온수에 타서 복용한다. 김지영, 앞
　　의 논문, p.200.

174) 정은임, 「선조 궁중 문학에 투영된 여성들의 삶」, 『강남대학교 논문집 』,
　　강남대학교, 2005, p.8.

경솔히 못할 줄로 간절히 아뢰니, 貞靜한 덕과 유화하신 말씀이 혈
심이라. 상이 감탄하시고 조정에 후궁 간택하시는 傳旨를 내리시
니, '내 박덕미질로 곤위에 모첨하였으나 주야 여림박빙하는 바는
웃전 성덕 갚삽지 못하올까 염려하더니 박덕하여 생산의 길을 얻
지 못하니 어찌 종사를 염려치 않으리요.' 언파에 안색이 일정하사
안과 밖이 자약하시니 공주 등이 감복하여 다시 諫치 못하고 서로
성덕을 칭송하며 대왕대비 애중하심을 마지 아니하시더라."[175]

위의 내용은 왕비에게 출산이 얼마나 중요한 것인가를 단적으로
보여주는 사례라고 할 수 있다. 그러나 아들을 낳았다 하더라도 그
아들이 무사히 왕이 되고 또 오래토록 건강하게 국정을 다스릴 수 있
도록 해야 하는 것이 무엇보다 중요했다. 그것은 어머니로서의 왕비
에겐 너무도 당연한 과제였지만 권력의 중심에 선, 중전으로서의 입
장은 다를 수밖에 없었다. 미래의 일을 알 수 없는 인간으로서의 한
계에 따른 불안감도 더했다. 즉 누가 세자가 되고 왕이 되느냐는 많
은 사람들의 운명을 바꿔놓을 만큼 중요한 사안이었다.

이러한 분위기 속에서 왕비와 내명부의 무격에 대한 기사가 유독
많이 보이는 것은 역시 왕실의 기복을 위한 의례였으며 그 가운데에
서도 치병을 위한 무격의 기록이 다수를 차지하고 있다.

"처음에 작은 병에 걸리셨다가 마침내 병으로 자리에 눕게 되었는
데 巫咸[176] 같은 기도도 영험이 없고…"[177]

---

175) 정은임 교주, 『인현왕후전』, 이희문화사, 2004, pp.27-28.

176) 皇帝 때의 신령한 무당 季咸을 이른다.

177) "始纏微痾, 終成寢疾, 巫咸不靈.", 『成宗實錄』, 成宗 14年 5月 19日 庚戌.

위의 기록은 성종 14년에 인혜 왕대비가 빈전에 향을 올렸을 때 제문에 담긴 내용이다. 당시 의술도 효력이 없고 온천의 목욕도 신통치 않자 무격신앙의 형식을 통해 기도하는 등 하늘에 빌기를 간절히 했으나 그 결과가 신통치 않음에 답답한 마음을 토로한 것이다.

조선조 사회는 유교문화에 공식성을 부여하고 이에 속하지 않는 전래의 풍습을 음사로 규정했지만 국왕의 치병을 위해서는 法宮의 중심에서 혹은 유교문화의 전당에서도 巫醫의 의례적 치료가 횡행했다. 태종대의 무녀 보문은 성녕대군의 완두창을 치료하기 위해 궁중에 술과 음식을 차려 놓고 신에게 제사하고 기도했으며, 인종 때에는 궁궐 내에서 무격의 의례적 치료가 거행되기도 했다.

최종성의 연구[178]에 의하면 인종이 위독하자 왕의 치병을 위해 白馬를 代命으로 삼는 푸닥거리가 궐내 대전에서 진행됐다. 이에 대한 근거로 당시 大內의 뜰로 백마를 끌고 온 사건이 있었다. 이는 무격의 푸닥거리처럼 병자를 위한 대명의 일환으로 행해졌음을 알 수 있다. 또 유교적 질서가 자리매김한 조선 중기에도 여전히 무격의 의례적 치료를 선호하는 풍토가 계속 됐다. 명종 때에는 병이 들면 의약을 구하는 대신 송악 무격의 신사에서 치료를 행하는 일이 종종 성행했다. 명종 19년의 기록에는 "풍년과 복을 비는 푸닥거리를 늘 궁중에서 하니"[179] 라는 표현이 있을 정도다.

또 명종 21년의 기록을 보면 "문정 왕후가 기도하는 일을 좋아하여 내사의 발길이 끊이지 않으므로 사대부에서 서인에 이르기까지 이를 본받아 풍조를 이루어 가산을 탕진하고 남녀가 몰려들어 추한 소

---

178) 최종성, 「조선 전기의 종교문화와 무속」, 『한국무속학』11, 한국무속학회, 2006, p.29.

179) "祈年丐福, 恒舞于宮.", 『明宗實錄』, 明宗 19年 3月 15日 丁巳.

문이 나돌았다"[180] 는 소문이 있기도 하다. 선조 때에는 仁順王后의 병고에 무당이 약을 쓰지 않고 오로지 무격의 기도만을 일삼았다.[181] 이 같은 사례들은 기본적으로 질병의 원인이 영적 존재들에 의한 것으로 보고 巫醫의 치료를 선호하는, 信巫不信醫의 풍토를 보여준다.

인종의 건강상태가 매우 악화됐을 때 대비가 의지하고자 했던 것 역시 무격신앙적 기도였다.

> "천재가 또한 크니 지극히 두렵다. 옛날에도 廟社·山川에 기도한 예가 있으니 전례에 따라서 하는 것이 어떠한가? 하니, 尹仁鏡·柳灌이 회계하기를, '상의 옥체가 편안하지 못하심이 극도에 이르렀고 천변이 또 이러하니 온 조정이 놀라고 두려워서 어쩔 줄 모릅니다. 기도하는 일은 과연 분부하신 대로 하겠습니다' 하였다.[182] 이에 곧바로 대비의 명을 받들어 祭官을 나누었으며 사직과 종묘를 비롯해 景思殿, 永寧殿, 昭格署와 근처의 명산·대천에서까지 기도하게 하였다."[183]

중종 때 御所를 옮기는 과정에서의 기록을 보면 무당이 재앙과 불행을 막아줄 수 있다는 믿음이 궁중에서도 뿌리칠 수 없는 유혹이었

---

180) "文定王后好祈禳之事, 內使絡繹, 士大夫至庶人, 慕效成風. 傾家破産, 男女奔沓, 淫醜聲傳.", 『明宗實錄』, 明宗 21年 1月 25日 丁巳.

181) 최종성, 위의 논문, p.29.

182) "天災亦大, 至可畏也. 古亦有祈禱廟社山川之例, 依例爲之何如. 尹仁鏡柳灌回啓曰 上體未寧之極, 天變又如此, 擧朝驚惶, 罔知所措. 祈禱之事, 果如下敎.", 『仁宗實錄』, 仁宗 1年 6月 27日 戊午.

183) "分遣祭官, 祈禱于社稷 宗廟 景思殿 永寧殿 昭格署及近處名山大川, 從大妃命也.", 『仁宗實錄』, 仁宗 1年 6月 27日 戊午.

다는 사실을 알 수 있다.

> "宮禁의 일은 은밀하여 그 까닭을 알 수 없으나, 장님과 무당이 재
> 액을 물리치는 푸닥거리를 하는가 하면, 砲를 쏘며 부적과 주술을
> 써서 귀신을 두렵게 만들어 누르려 하고 있습니다. (중략) 淫祀·
> 褻禱가 뒤섞여 일어난다면, 요사한 것을 막는 데는 아무 도움이 되
> 지 못하고, 도리어 요괴의 어지러움을 초래하게 될 것입니다. 전하
> 께서 그 마음을 바루고 正氣를 기르시어 의젓이 동요하지 않고 고
> 요히 진정하시면 장차 모든 사괴한 것은 물러가고 온갖 요사한 것
> 이 일어나지 못하게 될 것이니, 위로는 慈殿의 마음을 편안하게 하
> 는 것이요, 아래로 嬪御의 의혹된 마음을 제거하게 되는 것입니
> 다."[184]

이때 御所를 옮긴 이유는 바로 궁내에 잇따라 큰일이 일어나고 또
병 기운이 있어 宮人들이 잇따라 병에 걸린다고 생각했기 때문이다.
그런 까닭에 慈殿을 모시고 어소를 옮겼다는 것이 중종의 말이었다.
이것은 곧 무격신앙의 주술에 厄을 쫓아내는 힘이 있다고 믿었음을
보여주는 사례다. 특히 자전의 마음을 편안하게 하고 嬪御의 의혹된
마음을 제거하게 된다는 표현은 자전과 빈어가 재액으로 인해 궁궐
에서 안 좋은 일이 일어났다고 믿고 있음을 보여준다. 무격 의례인
푸닥거리를 열게 한 이유이기도 하다.

중중 20년 윤 12월에 궁을 위해 비는 제사를 차린 것이 자전의 분

---

184) "宮禁事密, 莫知端由, 瞽巫以禳除之, 放砲符呪, 以怖厭之. (中略) 淫祀褻
禱, 雜然竝興, 無益於止邪, 而反致妖怪之紛紛. 臣等以謂, 殿下正厥心 養
正氣, 確然不動, 靜以鎭之, 將使衆邪退聽, 諸妖不作, 上有以安慈殿之心
下有以祛嬪御之惑.", 『中宗實錄』, 中宗 10年 윤 4月 21日 戊寅.

부에 의한 것[185]이라는 기록은 이와 같은 내명부의 믿음을 뒷받침해 준다. 같은 해 윤 12월 17일 폐지했던 昭格署를 오래지 않아 다시 설치한 것이 자전을 위해서라는 기록도 이와 같은 맥락이라 하겠다.

> "바야흐로 妖巫의 죄를 다스리려고 하고, 간혹 '우리 先后께서는 현명하고 슬기로워 이치를 통촉하시니 사사로움에 미혹 되지 않았을 것인데 그대로 巫祝의 일에 이끌리고 관계됨이 있다'고 의심하는 사람이 있다… (중략) … 스스로 역신을 섬긴다고 말하는 무당이 어떤 무당이 있었으므로, 外宅에서 따로 스스로 供神하게 하였다. 上의 질병이 이미 치유되어 외간에서 '궁중에서 장차 다시 무를 맞아들여 神을 보낼 것이다'라고 전하였다."[186]

위의 사례에서 보면 '궁중에서 장차 다시 무당을 맞이하여'라는 표현이 있는데 이것은 이전에 이미 그렇게 했었다는 뜻이다. 내명부에서 왕실의 기복을 위해 비손을 하거나 굿을 행했던 기록은 이밖에도 다수 찾아볼 수 있다. 다음의 두 사례에서도 내명부에서의 巫 의례가 끊이지 않고 행해졌음을 보여준다. 연속된 기사를 살펴보자.

> "무격들이 음사하는 사특한 일은 조금이라도 사리를 아는 사람이라면 어찌 모르겠는가? 만일 자전께서 분부하신 것이라면 또한 마

---

185) "則奉承慈旨, 爲中宮設祈祀.", 『中宗實錄』, 中宗 20年 윤 12月 16日 庚午.

186) "方欲治妖巫之罪, 而或有疑我先后之明睿燭理 不惑私邪, 而尙有牽係 於巫祝之事者, 此蓋流聞者之誤也. (中略) 又有一巫自言能事疫神者, 令自外宅別自供神. 上疾旣愈, 外間浸傳宮中, 將復迎巫送神.", 『肅宗實錄』, 肅宗 9年 12月 28日 乙丑.

땅히 간하여 그만 두시도록 하겠다."[187]

"대범 宮中은 곧 임금의 한 가정인 것이니, 한 가정이 정돈되지 않
는다면 어찌 나라가 다스려질 수 있겠습니까? (중략) 드세고 사나
운 하인들이 궁중의 권세를 빙자하여 민간에 횡행하고, 무격의 무
리가 內旨라 핑게히고 비손하며 길가에서 너울거리기를 소금노 기
탄없이 합니다."[188]

　위 사례에서 궁중을 '임금의 가정'이라고 표현한 것은 당대 유학자
들의 견해를 볼 수 있는 대목이다. 무격 의례를 금지시켜야 하는 것
은 당연한 일이고 나아가 한 남자로서 임금에게 집안의 여성들을 잘
다스려야 한다는 뜻을 피력하고 있기 때문이다. 하지만 다음의 기록
에서 보는 것처럼 대궐에서의 무격 의례는 여전히 지속됐다.

"어제 수십의 人馬가 길에 잇닿은 것을 보고 물었더니, '명혜 공주
방의 궁인이 大內의 분부를 받아서, 소를 잡고 제수를 장만하여 풍
양궁 터에서 이틀 동안 神祀를 베풀고 파하였는데, 그 비용이 지극
히 풍성하고 사치하였다'합니다. 이렇게 주검이 길게 가득한 때에
천 백 사람의 여러 날 양식이 될 만한 것을, 마침내 요사한 무당의
주머니로 돌아가게 하니 원근에서 지켜보고 탄식하지 않는 이가

---

187) "巫覡 淫祀 邪慝之事, 稍知事理者, 豈不知耶. 法司所當痛治, 若出於慈
　　　旨, 則亦當諫止.", 『中宗實錄』, 中宗 20年 윤 12月 17日 辛未.

188) "夫宮闈, 人君之一家, 家而不齊, 國安得自治. (中略) 然豪悍僕賤, 憑藉
　　　內勢, 橫恣民間 巫覡之類, 稱內旨祈禳, 婆娑道傍, 略不畏忌.", 『中宗實
　　　錄』, 中宗 20年 윤 12月 27日 辛巳.

없습니다.”[189]

연산군 8년에는 무녀 4, 5명이 옛 동궁의 바깥뜰에 앉아서 북을 치고 피리를 불며 큰 제사를 지냈다는 기록[190] 도 있다. 내용을 살펴보면 신하들은 이것을 누가 한 것인지 알지 못하겠다고 했지만 대궐 안에서 마음대로 큰 소리를 내며 제사지낼 수 있는 사람은 분명 내명부 어른일 것으로 판단된다. 다음의 기록에서 보면 이러한 巫 의례의 횡행에 대해 왕이 엄하게 금하지 않았기 때문이라고 지적하고 있다.

> “宮趾에서의 음사를 내간에서 지휘한 일이 있었다면 마땅히 그 실
> 상을 분명히 말하고, 更改하는 뜻을 흔쾌하게 보여야 할 것이다.
> 만약 내간에서 지휘하지 않았으나, 무녀의 무리가 망령되기 스스
> 로 가탁하였다면 또한 마땅히 그 죄를 엄중히 핵실해서 들은 사람
> 들의 의혹을 풀어주어야 하는데, (중략) 이번 음사는 혹 내간에서
> 진실로 참여하여 아는 꼬투리가 있는데, 임금이 엄하게 금지하지
> 않은 채 버려두고 말았으므로 대신의 바른 말을 듣고서 도타이 대
> 하는 분부를 내리기는 하였으나, 訑訑한 기색을 스스로 깨닫지 못
> 한 듯하다.”[191]

---

189) “昨見有累十人馬, 連亘道路, 問之則以爲. 明惠公主房宮人, 承大內分付,
宰牛備需, 設神祀於豐壤宮趾, 二日乃罷, 其所費用, 極豐而侈. 當此僵尸
盈路之日, 可作千百人累日之糧, 而終歸妖巫之囊橐, 遠近觀瞻, 莫不咨
嗟.”, 『肅宗實錄』, 肅宗 22年 1月 15日 壬申.

190) 『燕山君日記』, 燕山君 8年 6月 3日 癸卯.

191) “宮址淫祀, 內間果有指揮之事, 則所當明言其實狀, 快示更改之意. 如非
內間指揮, 而巫女輩妄自假託, 則亦宜嚴覈其罪, 以解聽聞之疑. (中略) 今
玆淫祀, 意者或自內間, 實有與知之端, 而上不嚴禁, 任之而已, 及聞臺臣
之法言, 雖下優假之敎, 而自不覺於訑訑之色耶.”, 『肅宗實錄』, 肅宗
22年 1月 15日 壬申.

무격의 특성상 의례의 모든 욕구는 오직 현재에 집결돼 있다. 현재 어떻게 하면 재액과 불안에서 벗어나 복된 생활을 즐길 수 있는가 하는 데에 그 초점이 있다는 것이다. 여기서 복이란 대체로 부와 귀, 가족과 가문의 번창, 신체의 건강, 수명장수 등과 관련된 대·소의 길복들이다.

왕실에서 지속적으로 행해진 무격 의례로서의 굿도 이와 맥락을 같이 하고 있음은 의심할 여지가 없다. 사람은 자연 속에서 태어나 가족들과 살다가 결국 죽는 존재이다. 그러나 사는 동안은 되도록이면 행복한 생활을 하다가 천명을 다하도록 도와주는 것이 무격의 인생관이라 하겠다.

2) 무격의 치병적 양상

유교의 고전적 이상으로 무격의 생명력을 완전히 없애는 것은 불가능하였다. 이때 유교적 차선책은 무격을 公利的으로 이용하면서도 효과적으로 통제하는 것에 두었다.[192] 즉 서울의 무격은 예조가 臺帳에 기록하고 활인서에 분속시켜 병인을 치료케 하고, 지방에서는 관사에서 대장을 관리하고 병인을 치료하게 했다. 먼저 세종 때의 기록을 살펴보면, 당시 열병이 유행하게 되자 세종은 무격들을 동원시켜 병을 고치도록 했다. 그리고 구병 활동에 힘쓰지 않는 무격들은 크게 논죄하였다. 반대로 백성들을 질병으로부터 구해주었거나 기우제 등에서 영험을 보았을 때나 흉년이 들었을 때는 巫稅를 감면해 주기도 했다.

---

192) 최종성, 「조선전기의 종교문화와 무속」, 『한국무속학 』11, 한국무속학회, 2006, p.10.

"예조에서 아뢰었다. '지금 정부와 여러 曹에서 함께 의논하되, 각 고을 각 里의 민호를 가까이 사는 무격에게 나누어 맡겨, 만약 열병을 앓고 있는 戶가 있게 되면, 수령이 醫生과 무격으로 하여금 고찰 구료하게 하되, 혹시 마음을 써서 구제하고 치료하지 않으면 즉시 논죄하고, 연말에 가서 사람을 많이 살린 사람은 무당의 稅를 감하여 주고, 혹은 부역을 견감하여 주기도 하고, 만약 病家가 가난하여 구료할 재산이 없으면, 국고의 미곡으로서 서울의 활인원의 예에 따라, 하루에 쌀 한 되를 주고, 歲末에 病人의 수효를 감사에게 보고하여, 회계의 빙고가 되게 하소서' 하니 그대로 따랐다."[193]

이처럼 조선조에 무격은 오늘날의 보건소에 해당하는 活人署에 소속되어 주로 전염병의 치료를 담당했으며, 이것은 무격의 치병기능을 잘 대변해 준다. 여기에는 신령의 힘을 빌려 그 병의 원인으로 여겨지는 잡귀를 몰아내고 환자를 회복시켜 주는, 무격의 영적 능력이 전제돼 있기 때문이다.

이 기구는 원래 태조 때 동서 두 곳에 설치되어 전염병 치료를 전담했다. 그러다 세종 11년(1429) 조정의 논의에 따라 무격이 이 관서에 소속되어 치병을 담당하게 된 것이다. 이것은 우선 정부가 무격의 치병기능을 인정하고 있었음을 말해준다. 무격 탄압의 시기에 무격을 관공서에 배치한 것은 일면 모순된 조치로 보인다. 이것은 무격을

---

193) "禮曹啓 今與政府諸曹同議, 各官各里民戶, 使近居巫覡分掌之, 如有熱病之戶, 守令令醫生及巫覡, 考察救療, 如或不用心救治, 隨卽論罪. 及年終, 活人多者, 減巫稅, 或蠲賦役. 若病家貧乏, 無救療之資, 則以國庫米穀, 依京中活人院例, 一日給米一升, 及歲抄, 以病人之數, 報于監司, 以憑會計. 從之.", 『世宗實錄』, 世宗 11年 4月 18日 癸巳.

탄압하면서도 동시에 그들을 일정한 국가기관에 소속시켜 통제하고자 하는 조정의 조치였던 것이다.

치병을 게을리 하면 죄를 따지고 사람을 많이 살려낸 무격은 연말에 무세를 감해주거나 부역을 면해주기까지 했다.[194] 유학자들은 평상시에 음사에 대해 강력한 비판론을 제기하다가도 사회의 위기 상황에서 쉽게 비판론을 접고 자신들이 그토록 경계한 치유의 체계를 수용할 수밖에 없었다.

의약을 신뢰하지 않고 巫醫의 염승과 저주와 같은 의례적 치료를 선호하는 信巫不信醫의 믿음이 존재했고, 반대로 무의의 무익함과 의약의 실효성을 인정하는 信醫不信巫의 신념도 강하게 존재했던 것이다.

위기의 상황을 타개하기 위해 '가능한 한 모든 것을 다해보는 것'이 조선이라는 나라가 취하는 방책이었다. 이에 따라 醫巫並信의 공생적 경쟁관계가 가능했고, 무의의 병인론과 의례적 치료는 보장될 수 있었다.[195] 무격을 동서활인원에 배치하는 정책 역시 자연스럽게 그들이 성내에 유입될 수 있는 요인이 되었다. 서울에 전염병이 발생하면 조정은 각 방에 의원과 무격을 배치하여 환자를 구완하도록 했다.[196] 이러한 조치는 조정이 무격을 억압하면서도 다른 한편으로는 무격의 기능, 즉 환자를 치료하고 구호 활동에 종사케 하여 무격을 이용하는 모습이라고 이해된다.

동서활인원에 무격을 배치하는 정책은 성외 축출령과는 차원이 다

---

194) 조흥윤, 『巫와 민족문화 』, 한국학술정보, 2004, pp.188-189.

195) 최종성, 「조선시대 유교와 무속의 관계 연구」, 『民族과 文化 』 10, 한양대학교 민족학연구소, 2001, p.244.

196) 민정희, 「조선전기의 무속과 정부정책」, 『學林 』 21, 연세대학교 사학연구회, 2000, pp.44-46.

르다. 무격의 치병능력을 인정해서가 아닌, 무격에게 빈민 환자를 간호케 하여 직접적인 부담을 지우는 방식의 정책[197] 이라고 단정할 수는 없다. 그것은 무격의 치병능력에 대한 국가적, 사회적 인정이 없이는 취할 수 없는 정책이기 때문이다. 요컨대 무격의 치병능력은 모두 공감하고 있었다는 의미가 된다.

---

197) 서영대,「한국 무속사의 시대구분」,『한국무속학 』10, 한국무속학회, 2005, p.27.

2. 무격과 儒·佛·道 三教의 관계

1) 유교의 무격 억압과 공존

우리나라는 외래 종교가 수용되면서 무격의 위상이 변화되었다. 특히 유교가 유입되면서 무격의 위상은 한층 위축 받게 되었다.

유교의 전래는 토속적인 전통 생활방식과 구별되는 외래사상이었다. 우리나라에 유학이 수용될 때에 수용계층이 지배층이었기 때문에 사회적 반발이나 물의가 없이 순탄하게 하나의 고급문화의 수용으로 전래하였다고 할 수 있다. 유교는 우리나라 역사와 시기를 거의 같이 하면서 19세기 말까지 영향을 주었다. 이 점에서 유교는 우리 고유사상과 생활습관과 거의 구별되지 않는다. 또한 외래문화 중 유교처럼 오랜동안 우리 생활을 규제하고 영향을 미친 사상도 드물다. 그러나 당시 유교는 불교나 기독교처럼 새로운 종교가 아니라 생활윤리였으므로 쉽게 적용될 수 있었고, 우리의 생활윤리 중에 유교의 근본 가르침과 공통된 부분이 전래 이전부터도 존재하였기 때문이기도 하다. 예컨대 부모에 대한 효, 형제의 우애 등은 인간의 보편적인 덕목이 중국문화 수용 이전의 전통사회에도 있었기 때문이다. 즉 忠·孝·仁·義라는 덕목이 지목되고 규정된 것은 유교의 전래로 인하여 확연해진 것이지만 이런 덕목의 내용은 유교 수용 이전의 우리 사회에서도 있어 왔던 것이지 새로이 창출된 개념이 아니었다고 할 수 있다.

전통시대의 역사서를 통해 보면 箕子가 우리나라에 와서 팔조의 금법 등을 실시함으로써 교화가 시작되었다는 데에서 중국의 유교가 전래한 것으로 오랫동안 믿어져 왔다. 이 설에 따르면 殷나라의 현신

인 기자가 은나라가 망하고 周나라가 건국되자 동쪽으로 우리나라
에 와서 고조선을 통치하였는데 주나라 武王은 그를 朝鮮侯에 책봉
하여 한국의 유교문화는 이로부터 시작되었다는 것이다. 이 설은 고
려조에 들어와서 유학이 발달하면서부터 그 정통성을 확립하려는 목
적으로 중국문헌의 기록[198]을 토대로 정립되어 평양에 기자의 사당
을 짓고 이에 제사를 지내는 행사가 이루어졌다. 그 후 조선조에 와
서 기자의 東來說과 유교문화의 창시자로서의 위치는 더욱 확고하
게 굳어졌다. 즉 고려 仁宗 23년(1145)에 편찬된 『삼국사기』로부
터 조선 초기의 『高麗史』·『三國史節要』·『東國通鑑』, 조선
후기 安鼎福의 『東史剛目』에 이르기까지 이 설은 확고하게 서술
되었다. 나아가 기자에 대한 모든 기록들이 집대성[199]되기에 이르렀다.

한국에 근대사학이 확립되어 기자가 동래하여 고조선의 왕이 되었
다는 것은 있을 수 없다는 설이 제기된 후[200] 현재에는 기자의 동래
설은 완전히 부정되기에 이르렀다.[201] 따라서 오늘날 기자의 동래설
을 신봉하는 학자는 없다. 이는 토착민이었던 한씨조선으로 이해되
고 있다.

그러나 漢文化의 일부인 유교가 한국에 전래한 것은 秦漢交替의

---

198) 여기에는 세 종류의 중국문헌 기록이 바탕이 되었다. 즉 『尙書大傳』,
『史記』宋微子世家, 『漢書地理志』 燕條의 기록을 들 수 있다.

199) 尹斗壽의 『箕子誌』와 李珥의 『箕子實記』등이 그 대표적 저술이다.
그리고 평양을 방문한 많은 문인들이 이에 대한 시를 지었고 여러 사람의 칭
송의 대상이 되었으며(『海東樂府』), 韓百謙은 기자의 井田 遺制가 평양
에 남아 있다는 설을 제기하였으나 崔錫鼎에 의하여 비판되었다.

200) 이병도,「「箕子朝鮮」의 正體와 소위「箕子八條敎」에 대한 新考察」,
『韓國古代史硏究』, 박영사, 1976, pp.47-56 참조.

201) 이병도,「在來 所謂「箕子朝鮮」의 正體와 周圍 諸宗族 및 燕 秦 漢과의
關係」, 『韓國史』古代篇, 진단학회, 1959, pp.92-114.

혼란기에 중국측으로부터 밀려온 많은 유이민들을 통하여 한자문화의 전래와 함께 들어왔다는 데 대해서는 누구도 의심할 수 없다.[202] 한사군이 설치된 후 이곳은 중국문화 수용의 기지였다.

유교가 삼국시대에 전래된 것을 확실히 보여주는 자료로는 고구려 小獸林王 2년(372)에 교육기관인 太學의 설치[203]를 들 수 있다. 또한 유교가 정치사상적으로 분명히 나타나는 것은 <광개토대왕릉비>에 보이는 '以道興治'라는 표현이다. 광개토대왕은 그의 시조가 '天帝之子'이고 어머니는 '河伯女郎'이란 표현으로 선조의 출신의 신성함을 강조함이 표출되었으면서도 도로서 세상을 다스린다는 표현을 하고 있다. 그런데 그 도의 구체적인 내용을 싣고 있지 않아 도의 내용이 비록 유교에서 말하는 도와 일치하는 지는 알 수 없으나 유교적인 성향을 보여준다고 할 수 있다.

고구려 鎭墓北壁墨書에서 장지의 선택과 장사날의 선택, 장사지내는 시간을 정함에 주공·공자·무왕의 권위를 빌리려함[204]은 유교적인 소박한 표현이라 할 수 있다. 또한 부모와 남편의 상복제가 중국과 같이 3년복을 입었다는 것[205]은 의식에 있어서 유교적인 영향이 있었다고 할 수 있다. 또한 한 나라에서 정립된 오행사상도 전래 수용되었음이 고분벽화를 통하여 확인할 수 있다.

흔히 조선조 문화의 성격을 한마디로 유교문화라 하고, 崇儒抑佛의 문화 정책이 그 특징이라고 말한다. 그러나 실제로 불교와 더불어

---

202) 곽신환, 「儒敎思想의 展開樣相과 生活世界」, 『韓國思想史大系2－古代篇』, p.394.

203) 『三國史記』卷18, 「高句麗本紀」6, 小獸林王 2年.

204) 천인석, 「三國時代의 儒學思想」, 『韓國學論集』21, 계명대, 1994, p.39.

205) 『周書』卷49, 「列傳」41, 異域 上, 高麗; 『隋書』卷81, 「列傳」46, 東夷, 高麗.

무속 역시 심한 견제 내지 탄압을 받아왔던 것은 부정할 수 없다. 그러나 조선왕조실록을 비롯한 많은 기록에서 발견되는 무속 탄압의 기사 내용들 속에서 하나의 역설적인 사실을 발견할 수 있다. 그것은 탄압해야만 할 정도로 무속이 존재해 왔다는 사실이다.

그럼으로써 조선조는 사회적 질서와 심리적 균형을 유지하면서 문화적으로도 동질성을 지속시킬 수 있었던 것이다. 그것은 양반 계층과 남성 위주의 유교문화와 상민 계층과 여성 위주의 불교 및 무속 문화간의 상보적 공존관계로 말미암아 가능했던 것이다. 즉, 한편으로는 형식적이며 이성적이며 본능을 억제하는 유교적 규범을 강요함으로써 사회 전체를 규제하고 국가 체제를 보호할 수 있었는가 하면, 다른 한편으로는 그러한 숨막히는 현실 속에서 축적되는 본능의 억압과 심리적 갈등 및 긴장을 불교나 무속의 類似宗敎的인 힘을 이용하여 주기적으로 해소함으로써 결과적으로는 사회 전체의 질서와 심리적 균형을 유지하고 문화적 동질성을 지켜왔던 것이다.[206] 이것은 마치 우주 질서에서 음양이 조화와 균형을 이루어야 하듯이 조선조 사회에서 유교는 陽의 기능을 무속은 陰의 기능을 함으로써 서로가 보완 공존할 필요가 있었던 문화 구조였다.[207] 실제 무속 문화 속에는 유교적 덕목과 사상들이 강조되고 있는 것이 사실이다. 巫歌의 내용에도 유교경전의 구절들과 유교적 덕목들이 무수히 삽입되어 있고, 무속 의례도 유교적 의례와 공존하는 경우가 자주 있다.

그러한 내용들을 자세히 살펴보면 대개의 경우 유교와의 대결을 피하기 위한 무격 나름의 목적이 숨겨져 있음을 발견할 수 있다. 무

---

206) 김인회 저, 『韓國巫俗思想硏究 』, 집문당, 1988, p.216.

207) 김인회·박선영·이문원·정순목, 『한국교육사상연구 』, 집문당, 1983, pp.397-399.

격의 체제 적응적 성격, 비투쟁적 성격 등도 유교 체제 아래에서 존속하기 위한 자기 보호책으로 더욱 강조되어 온 것으로 보인다. 뿐만 아니라 유교는 무속의례를 보다 화려하게 하기 위해 이용되기도 했다. 무가에 삽입되는 유교 경전의 구절들도 그런 예라 하겠다. 마을굿의 형태 중에 유교적 제사 절차가 들어 있는 것도 그런 예이다.

조선의 건국과 더불어 기존 제의가 성리학적 세계관을 반영하고 있는 주자가례로 정비되었다. 이는 곧 무속 문화가 위축되는 계기가 되었다. 조선의 유학자들은 비유교적 전통을 삿된 문화로 규정하고 淫祀論으로 통제하였다. 이 음사론은 유교적인 것을 가르는 正邪의 분별의식을 전제로 한다. 즉 유교는 옳은 것이고 다른 것들은 옳지 못하다는 것으로 취급되어 사상적으로 통제의 대상이 되었다.[208] 특히 유학자들은 상장례에서 보이는 무속 의례들에 대해 성토했다.

물론 유교와 무속이 대립적 구도만으로 설명되는 것은 아니다. 유학자들은 비유교적인 것을 음사로 탄압하였지만, 다른 측면에서는 별기은제를 비롯한 기우제나 치병제 등 공식 의례로 무격 의례를 인정했다. 또한 관청의 경비를 巫稅로 충당키도 했다.[209] 또한 유교는 오랫동안 민간에 널리 수용되어 무속과 병존해 왔다. 따라서 유교와 무속의 대립을 고정적 구도로만 봐서는 안된다. 그렇지만 본질적으로는 지배이념과 무격의 갈등이 없어지는 것은 아니기 때문에 실상에 맞는 접근 방법이 필요하다. 유교적 지배이념과 무격의 사이에서 빚어졌던 갈등과 그 과정에서 벌어졌던 문화적 대응 양상을 주목할 필요가 있는 것이다.

---

208) 최종성, 「조선 전기의 종교문화와 무속」, 『한국무속학』11, 한국무속학회, 2006, p.11.

209) 최종성, 앞의 논문, p.13.

유교적 지배이념과 무격의 갈등은, 국가의 강제가 뒤따른 면이 있었지만, 무격은 거기에 적절히 대응하면서 정체성을 유지했다. 조선시대에 지배계층들이 음사의 척결을 내세운 지배이념이 강화되면서 여러 국가적 의례에서는 무격의 탄압 현상이 나타난다.

사대부가 朱子家禮를 따르게 된 것은 1390년 경 부터이다. 그러나 이것이 法令化되어서 일반 민중들에게까지 보편화되기는 15세기 말 성종 대 이후의 일이다. 그러므로 민중의 무교가 직접 유교와 접촉하고 교류 관계를 갖게 되는 것은 15세기 이후의 일로 보아야 한다.

유교적 지배이념과 무속 문화의 대립은 군현제의나 산천제에서도 나타나지만 민중들의 喪葬禮에 대한 논쟁에서 구체적으로 확인된다. 백성들은 전래되는 방식으로 喪禮를 치렀다. 지배층들은 음사론으로 그것을 성토하고 있다.

> "晝講에 나아갔다. 禮記를 講하다가, '士는 석 달 만에 장사하고 그 달에 卒哭하며, 大夫는 석 달 만에 장사하고 다섯 달 만에 졸곡한다.'라고 한 데에 이르러, 임금이 말하기를, "우리나라에서도 그렇게 하는가?"하였다. 知事 姜希孟이 대답하기를, '우리나라에서도 그렇게 합니다. 士는 달을 넘겨 장사하고 大夫는 석 달 만에 장사합니다. 만일 사고로 기한을 넘겨 장사하지 못하면 禮曹에 고합니다. 다만 外方의 民俗은 어버이의 장사일에 풍악과 음주를 하는 자까지 있는데, 이렇지 않으면 온 고장이 薄葬이라고 합니다. 강상을 무너뜨리고 풍속을 어지럽히는 일이 이보다 심할 수 없으니 엄금하여 弊風을 혁신하소서.'하니, 임금이 말하기를, '이 풍속은 조장할 수 없다. 의정부에 傳旨를 내려 中外에 일러서 엄하게 금하도

록 하라.'하였다."[210]

　이와 같이 성종은 유교적 입장에서 '폐풍'을 금할 것을 명령하였다. 당시 민간에서는 어버이를 장사지낼 때 풍악을 울리고 술과 음식을 대접하는 것을 미덕이라고 여겼다. 지배계층은 이를 '외방의 민속', '폐풍' 등으로 비판하였고, 성종은 이러한 풍속을 금지하고 만일 지키지 않을 경우 엄벌을 가하고 있다.

　한편 민중들은 풍악 없는 장례를 '박장'으로 여겨 가볍고 천한 것으로 이해했다. 그래서 밤을 틈타 몰래 하기도 했다.[211] 이로써 무격의 전통과 유교적 이념이 충돌하고 있음을 확인할 수 있다.

　숭유억불 정책으로 일관한 조선시대였기 때문에 관은 무교도 불교와 함께 억압해왔다. 그러나 개인의 굿까지 통제하고 억압할 수는 없었다. 단지 이러한 국가의 억압 정책이 영향을 줄 수 있었던 것은 공동부락제였다.[212] 즉 옛날부터 행하여 오던 전통적인 산천제가 점차 유교 의례풍의 제사로 변해갔던 것이다.

　유교적 지배이념과 무속 문화의 대립은 상당 기간 계속되었다. 앞서 성종대에는 폐풍의 혁파를 말하고 있으나, 상장례 속의 무격 문화

---

210) "御晝講 讀禮記, 至士三月而葬, 是月卒哭, 大夫三月而葬, 五月而卒哭, 上曰 我國亦然乎 知事姜希孟對曰 我國亦然. 士踰月而葬, 大夫三月而葬, 若有故而過期不葬, 則告於禮曹. 但外方民俗, 葬親之日至有張樂飮酒者, 否則一鄕以爲薄葬. 敗常亂俗, 莫此爲甚, 請加嚴禁, 以革弊風. 上曰 此風不可長也. 其下傳旨于議政府, 諭中外痛禁.", 『成宗實錄』, 成宗 9年 12月 11日 戊戌. 이와 유사한 기사가 동 12月 14日 辛丑, 동 20年 5月 8日 乙丑에도 등장한다.

211) 이경엽, 『진도다시래기』, 국립문화재연구소, 2005, pp.30-31.

212) 김인회, 『한국무속의 종합적 고찰』, 고려대학교 민족문화연구소, 1982, p.137.

는 여전히 지속되고 있었다. 18세기의 기록에서도 이러한 내용이 다시 나온다. 柳義養(1718-?)의 한글 기록인 『南海聞見錄』을 보면 다음과 같다.

> "도듕 풍쇽은 쥰:ᄒᆞ기 심ᄒᆞ야 인뉸의 힝실이 젼혀 업고 어버의 영
> 장흘 째 수일 젼 긔ᄒᆞ야 집의 챠일을 치고 쥬육을 만히 댱만ᄒᆞ야
> 동니 사름들을 모화 각별이 만히 먹기고 무당과 경ᄌᆞ인을 모화 죵
> 일 달야ᄒᆞ여 구슐 ᄒᆞ고 새벽 발인ᄒᆞ야 갈 적 븍과 댱구를 치며 피
> 리와 져를 부러 상여 압픠 인도ᄒᆞ야 뫼ᄀᆞ장 가니 장슈ᄂᆞᆫ 회ᄒᆞᄂᆞᆫ 일
> 업고 현훈ᄒᆞᄂᆞ 니 업고 션비 칭명ᄒᆞᄂᆞ니라도 신쥬ᄒᆞᄂᆞ니 업고 도
> 라와 졔 ᄒᆞᆫ 번 디내니 졔 일홈은 넉졔라 ᄒᆞ니 대범 장ᄉᆞ의 쥬육과
> 풍뉴를 챡실ᄒᆞᆫ 후어야 닌니들이 장ᄉᆞ를 잘 지내니 그 상인이 챡ᄒᆞ
> 다 ᄒᆞ고."[213]

위 인용문은 영조 47년(1771)에 유의양이 경상남도 南海에 유배되었을 때의 기록이다. 그는 남해의 장례풍속을 '인뉸의 힝실이 젼혀 업고(인륜의 행실이 전혀 없고)'라고 비난하고 있다. 그러나 현지인들은 술과 고기를 많이 장만하고 무당과 점쟁이들에게 아침부터 밤까지 굿을 한 후 새벽에 발인을 갈 때 풍류를 곁들인 상여 인도를 하는 등 이웃 사람들을 정성껏 대접한 상주를 착하다고 까지 하고 있다. 이와 같이 민중들은 자신들의 기준에 맞춰 무속의 전통을 간직하고 있었던 것이다.

이와 같이 유교적 예법으로 무격의 전통을 통박하는 일은 조선시

---

213) 유의양 저, 최강현 역주, 『후송 유의양 유배기: 남해문견록』, 신성출판사, 1999, pp.80-81.

대 내내 지속되었다. 또한 그 주체와 공간의 확장으로 갈등이 심화되었다. 조선 초기 『國朝五禮儀 』를 비롯한 여러 규정이 마련되고 폐풍은 반드시 바로잡아야 한다는 논의가 있었고, 지방으로 파견된 수령들이 그와 같은 논의를 실제에 적용하여 조선 중기 이후 지방관은 물론이고 지방 외래사족들이 음사론의 중심에 선다. 그리하여 조선 중기 이후 관료들과 외래사족들의 음사 규정에 의해 기존의 성황제의가 폐지되고, 그간의 제의를 '左道' 혹은 음사로 비판한다. 또한 무격행위에 대한 금제조치들이 나오게 된다.[214] 그리고 조선후기에는 향촌에까지 유학자들의 유교적 예법이 실천되면서 무격과의 대립이 첨예화되었다. 그리고 우월적인 지배이념을 앞세워 무속 문화를 적대시하는 의식을 내면화시켰다.

무속 문화는 순수하게 과거 전통을 전승해온 것이 아니다. 조선 시대는 유교를 근간으로 하는 지배층의 이념과의 대립 속에서 지금까지 이어져 온 것이다. 또한 유교적 예법이 생활화되면서 유교 의례와 무속 문화가 공존하는 경우도 많이 있다. 이러한 점은 지배층에 대한 무격의 대응이 지속된 결과이다.

유교와 무격의 교섭은 이후 살펴볼 佛 · 道 二敎와는 약간 다른 구도 속에서 발견된다. 무속에 대한 탄압은 무속의 말살을 목적으로 하지는 않는다. 단지, 정치적 체제 옹호와 힘의 균형 유지가 주된 목적이었다. 따라서 적정한 정도에서의 견제와 공존을 목적으로 한 것이다. 또한 巫稅를 내게 하고, 국가에서 질병의 퇴치를 위해 무격을 동원하고, 재난시 무격에게 굿을 시키는 등의 행위는 유학자들도 무격

---

214) 정승모, 「조선 중기 전라도 순창군 성황제의의 성격」, 『역사민속학 』7, 한국역사민속학회, 1998, pp.33-34.

과의 공존을 어느 정도 원했던 것[215)]으로 볼 수 있다.

그렇지만 유교가 무격과 공존책을 취했다고는 할 수 없다. 무격이 유교적인 요소들을 필요에 의해 수용했던 것으로 봐야 할 것이다. 민중들의 생활 수요와 요구에 의해 유교와 무격이 적절하게 수용하여 발전시켜온 것이다. 무격의 문화 속에 유교적 요소가 수용되어 있는 사례는 상장례나 마을 공동체신앙에서도 찾아 볼 수 있다. 마을 공동체신앙에는 무격의 의례와 유교식 의례의 유사점이 많기 때문이다. 또한 유교식 의례 이후 풍물굿을 하는 등 여러 의례의 현장이 풍류의 현장으로 되는 경우도 있다. 이와 같이 의례의 면에서도 무격과 유교적 요소가 유사한 점들은 "주류 문화의 권위와 분위기를 수용해서 마을신앙을 더 화려하게 유지해온 장치"[216)]라고도 할 수 있다.

한편 유교적 이념이 지배 이념으로 오랫동안 조선 사회를 통제해온 까닭에 무격의 전통은 축소될 수밖에 없었다. 유교적 지배이념과 무격의 대립은 현대에 이르러서 기독교와의 대립으로 연장되고 있다. 따라서 무격 문화의 정체성에 대한 논의는 현재진행형이라고 할 수 있다.

2) 불교와 무격의 습합

북방 계통의 샤머니즘이 청동기시대에 한반도에 유입되어 무교로 정착하였다. 전술한 바와 같이 우리는 儒·佛·道 三敎의 외래 사상을 주체적으로 수용하여 한국적 종교문화를 형성하였다. 즉, 무격은

---

215) 김인회, 『한국무속사상연구』, 집문당, 1988, pp.215-216.

216) 황필호, 앞의 책, p.128.

외래 사상이 들어오기 전 이미 토착화되어 '주인'의 입장에서 유·불·도 삼교를 바라보았다고 해도 과언이 아니다.

불교는 무속에 의해 가장 많이 변질된 종교이다. 무속 또한 불교의 영향을 가장 많이 받은 것이 사실이다. 굿 속에서 가장 중요한 神 중의 하나인 '帝釋'신은 장삼 입고 고깔 쓴 모습으로 등장한다. 제석신을 '佛事帝釋'이라고도 부른다. 굿의 진행 방식 중 특히 진오기굿의 경우 불교 의식의 영향이 짙게 배어 있다.

전국적으로 분포되어 있는 제석본풀이형 서사무가의 내용은 불교와 무속의 습합 과정을 신화적으로 설명하고 있다.[217] 그러나 불교적 요소가 들어있는 다른 무가들의 경우와 비슷하게 제석본풀이의 주제는 무속신화로서 불교보다는 우리 민족의 시조발생신화와 더 가깝다. 불교적 요소나 내용은 무가 속에서는 무속적 목적을 위한 장식물로 이용된 것이라고 보는 것이 더 합당할 것이다. 무가에서는 이런 식으로 삽입된 佛經도 많이 있다. 그러나 거의 모든 경우 불경 본래의 내용이나 어휘는 존중되지 않는다. 오히려 전혀 엉뚱한 형태로 변형되는 것이 보통이다.[218]

불교 속에도 무속의 영향은 크게 드러난다. 한국 민중들이 불교를 신봉하는 것이 과연 불교 본래의 종교적 성격에 가까운 것인지 아니면 무속신앙 쪽에 가까운 것인지조차 의심스러울 정도이다. 護國佛敎라는 말 자체가 불교적이기 보다는 현실옹호적인 무속의 성향과 가까운 개념이다.

고구려의 小獸林王은 지배층들이 공통적으로 변화의 필요성을 절

---

217) 서대석, 『韓國巫歌의 研究 』, 문학사상사, 1980, pp.77-83.

218) 김인회, 「한국무가와 찬송가의 비교」, 김인회·정순목, 『한국문화와 교육 』, 이대출판부, 1974, pp.238-241.

감하는 시기에 즉위하였다. 따라서 그는 구체제의 잔재를 일소하고 사회의 변화와 발전을 적극적으로 반영하는 새로운 체제로 정비해 나가기 시작했다. 바로 그러한 작업의 일환으로 소수림왕은 재위 2년(372)에 불교를 도입하였다. 고구려에는 前秦으로부터 승려 順道가 불상과 경문을 가져오면서 불교가 전래되었다. 이후 소수림왕 4년에는 승려 阿道가 왔고, 다음해에는 省門寺와 伊弗蘭寺가 창건되었다.[219] 그러나 그 이전에 東晉의 승려인 支遁道林이 高麗道人에게 편지를 보낸 사실이 있는 것으로 보아, 공식적인 전래 이전에 이미 사회일각에서는 불교에 대해 이해하고 있었다고 볼 수 있다.[220]

또한 미천왕대 후조와의 교류나 낙랑·대방지역의 편입 등을 계기로 불교가 전래되었을 가능성도 있다.[221] 이러한 상황에서 전진으로부터 불교를 공식적으로 도입한 것은 두 가지 이유 때문이었던 것 같다. 하나는 전진과의 우호관계를 유지하고자 하는 의도가 있었다는 것을 들 수 있다.

고국원왕이 전사하면서 백제와의 전쟁이 더욱 빈번하고 치열하게 전개되었으므로 서쪽 국경의 안정은 필수적이었다. 따라서 고구려는 전진과의 우호관계를 유지하기 위해 노력하였다. 불교를 받아들인 것도 그와 같은 외교행위의 일면을 반영한다고 할 수 있다.

다른 하나는 北朝불교의 호국사상이 필요했다는 점을 들 수 있다. 불교도입 이전까지는 여전히 각 정치집단별로 전해 내려온 다양한 재래신앙이 고구려인의 내면을 지배하고 있어서 의식적으로 완전한

---

219) 『三國史記』卷18,「高句麗本紀」6, 小獸林王 2年 6月 · 4年 · 5年 2月.

220) 『梁高僧傳』卷4, 竺潛 · 法深傳.;『海東高僧傳』卷1, 釋亡名傳; 李基白,『新羅思想史硏究』, 一潮閣, 1986, p.5.

221) 全虎兌,「5세기 高句麗 古墳壁畵에 나타난 佛敎的 來世觀」,『韓國史論』21, 서울대 국사학과, 1989, pp.52-54.

통합을 이루지 못하고 있었다. 이런 상태에서 대외전쟁에서 패배하게 되자 국가공동체의식을 새롭게 강화할 필요성을 느끼게 되었다. 그리하여 전국민이 공통적으로 받아들일 수 있는 고차원적이고 보편적인 신앙체계이면서 국왕 중심의 호국불교인 북조불교를 도입한 것으로 볼 수 있다.

불교는 소수림왕 이후의 왕들에 의해서 적극적으로 보급되었다. 『三國史記』에 의하면 故國壤王 9년에는 '불교를 받들고 믿어 복을 구하라'는 하교를 내렸고, 廣開土王 2년에는 평양에 9寺를 창건하는 등 불교를 크게 장려하였다. 그 결과 불교는 점차 고구려인에게 파급되어 지배층의 對民觀 변화와 고구려인의 화합에 중요한 역할을 하였다. 고등종교인 불교를 믿게 되면서 국내에 공존하는 이질적 성격의 다양한 구성원들이 상호 배타적 태도를 지양하고 서로 융합할 수 있는 정신적 공간이 마련되었다.

또 불교는 국가공동체의식을 우선으로 해서 전 고구려인이 국왕을 중심으로 결집할 수 있게 하였다. 새로운 구성원과 기존의 집단예민 그리고 이전의 5나부민이었던 존재들 모두 국왕의 동일한 백성이 됨으로써 국가의 경제적 기반이 되는 동시에 국왕권을 뒷받침해 주기도 하였다. 뿐만 아니라 불교는 당시 사회경제적으로 성장한 지방민의 의식을 고양시키는 역할도 하였다.

불교는 業이나 윤회사상을 통하여 신분제사회를 유지시키는 이데올로기적 기반으로 작용하는 측면도 있었지만, 다른 한편으로 현실 사회에서의 노력에 따라 내세의 삶이 바뀔 수 있다는 논리를 제공함으로써 능동적인 삶의 자세를 가지게 하는 일면도 있었다.[222] 당시

---

222) 南希叔, 「新羅 法興王代 佛敎受容과 그 主導勢力」, 『韓國史論』 25, 서울대 국사학과, 1991, pp.32-34.

지방민들은 전대에 비하여 사회경제적인 면에서 지위가 향상되었으므로 의식적인 면에서의 성장도 필요하였다. 즉 중앙권력과 연결지어 자신의 지위를 개선해 가면서 적극적이고 주체적으로 고구려인으로서의 생활을 유지해갈 필요가 있었다. 4세기 이후는 삼국이 총력전을 벌이는 시기였으므로 왕을 비롯한 지배층으로서도 이들의 협조와 긍정적인 현실대응의 자세를 필요로 했다. 불교의 인과응보사상은 이런 면에서 지방민 특히 재지지배층의 현실인식과 생활자세의 변화를 이끌어줄 수 있었다. 이들은 舊族長출신의 귀족들보다 오히려 국왕의 지지층으로 부각될 수 있는 존재들이었다.

요컨대 4세기에 도입된 불교는 사회의 변화에 대응하여 고구려국 주민의 융합과 신흥세력의 등장을 뒷받침해 주면서, 동시에 왕권강화와 중앙집권적 지배체제의 확립에 필요한 사상적 기반을 마련[223] 해 주었다.

이러한 불교의 유입과 토속신앙 이었던 무격의 습합 현상은 우리 민족 중심의 신앙을 형성하였다. "불교는 무교에서 山神信仰과 七星神仰을 받아들여서 대부분의 불교 사찰에서 산신과 칠성신을 모시는 山神閣과 七星閣이 있다"[224]는 점이 이를 증명한다.

이는 佛敎가 수용되면서 대중화의 목적을 위해 기층문화였던 무격을 습합한 것으로 볼 수 있다. 그럼으로써 외래종교였던 불교가 성공적으로 토착화되는 결과를 초래하였다. 문헌으로 알 수 있는 지도층이 가졌던 전통적인 무격과 불교와의 습합 과정은 6세기 경 이미 시

---

223) 李萬烈, 「高句麗 思想政策에 대한 몇가지 檢討」, 혜암 유홍열박사 화갑기념사업위원회 편, 『柳洪烈博士華甲紀念論叢』, 탐구당, 1971, p.26.

224) 이용식, 「서사무가 <바리공주>에 투영된 불교적 세계관」, 『동양음악』 28, 서울대학교 동양음악연구소, 2006, p.99.

작되었다. 그 전형적인 예가 花郎道와 八關會[225]이다. 崔致遠은 화랑의 한 사람인 '鸞郎'에 대한 行狀을 찬술하는 과정에서 화랑도를 유·불·도 삼교와 관련시켜 서술하였다. 즉 최치원은 다음과 같이 말하였다.

"우리나라에 玄妙한 道가 있으니 이를 風流라고 한다. 이 敎를 세운 근원은 仙史에 상세히 갖춰져 있거니와 실로 三敎를 포함하여 모든 생명이 만나서 관계를 맺으며 변화하였다. (집에) 들어오면 부모에게 효도하고 나가서는 나라에 충성을 다 하니 이는 魯나라 司寇(孔子)의 취지이며, 또한 모든 일을 거리낌 없이 처리하고, 말 없는 가운데 일을 실행하는 것은 周나라 柱史(老子)의 종지였다. 모든 악한 일을 하지 않고 모든 착한 일만 봉행하는 것은 竺健太子(釋迦)의 교화와 같다."[226]

이처럼 최치원이 말했듯 화랑도는 우리나라에 본래부터 있었던 풍류도이다. 그런데 여기에는 유교, 도교와 함께 불교의 이치가 포함되어 있었음을 알 수 있다. 그리고 그것을 독자적인 고유 사상으로 이해하고 있다.

화랑도에 대해서는 여러 가지 호칭이 있다. 이는 모임체를 중심으

---

225) 팔관회에 대해서는 다음을 참조. 안지원, 「高麗時代 國家佛敎儀禮 硏究 : 燃燈·八關會와 帝釋道場을 중심으로」, 서울대 박사논문, 1999 ; 김미숙, 「高麗 八關會의 儀禮文化 硏究」, 원광대 박사논문, 2014.

226) "國有玄妙之道 曰風流. 設敎之源 備詳仙史 實乃包含三敎 接化群生. 且如入則孝於家 出則忠於國 魯司寇之旨也. 處無爲之事 行不言之敎 周柱史之宗也. 諸惡莫作 諸善奉行 竺健太子之化也.", 『三國史記』 新羅本紀4, 眞興王條.

로 한 호칭이다. 불교적 성격을 지닌 '龍華香徒'가 있고, 首長을 중심으로 한 '源花'·'國仙'·'風月主' 등의 여러 호칭이 있다. 사상성을 중심으로 '花郞道' 혹은 '風流道'라고 부른다.

대표적인 화랑을 일컫는 '四仙' 등의 호칭이 있으며, 이들이 서로 혼용되기도 하므로 중심 잡기 어렵다.[227] 화랑도의 설치에 대해서 『삼국사기』는 다음과 같이 전하고 있다. 진흥왕(540-576재위)의 기사이다.

> "37년(576) 봄에 처음으로 源花를 받들었다. (중략) 그 후에 다시 미모의 사내들을 뽑아 곱게 단장하고 花郞이라 이름하여 그를 받들게 하였는데 그 무리들이 구름같이 모여 들었다. (중략) 그런 까닭에 김대문의 『화랑세기』에서 말하기를 '어진 재상과 충성된 신하가 이로부터 선발되었고, 훌륭한 장수와 용감한 병졸들이 여기에서 생겨났다'고 하였다."[228]

이에 의하면 진흥왕 37년인 576년에 원화를 받듦으로써 화랑의 조직이 비롯되었다는 것이다. 『삼국유사』에서도 그것이 진흥왕대임을 밝히고 있으며,[229] 위의 원화 설치에 얽힌 사항을 자세하게 언

---

227) 명칭문제는 화랑제도 설치문제와도 관련되어 많은 착종을 가져오고 있다. 鮎貝房之進 著, 『雜攷, 花郞攷』, 近澤出版部, 1932, p.27 이하 참조.

228) "三十七年春 始奉源花. (中略) 其後更取美貌男子 粧飾之 名花郞以奉之 徒衆雲集. (中略) 故金大問花郞世紀曰 賢佐忠臣 從此而秀 良將勇卒 由是而生.", 『三國史記』 新羅本紀4,「眞興王條」

229) "(王)天性風味 多尙神仙. 擇人家娘子美艶者 捧爲原花. 要聚徒選士 敎之以孝悌忠信 亦理國之大要也."(『三國遺事』3,「彌勒仙花 未尸郞 眞慈師」條) 夾註에는 "國史 眞智王大建八年庚申 始奉花郞 恐史傳乃誤."라 하였는데, 『삼국사기』에는 같은 문장이 없다. 어떻든지 화랑의 설치에 관련해서는 고래로 다양한 설이 있었던 것으로 보인다.

급하고 있다. 그러나 『三國史記』의 기록 가운데는 진흥왕 37년보다 14년 전인 562년에 가야정벌에 화랑인 斯多含이 참여하고 있어서[230] 의심스럽다. 미시나 아키히데(三品彰英)는 이 때문에 진흥왕대 중에서도 562년 이전에 조직된 것[231]으로 보고 있다.

화랑 집단 속에는 불교의 승려가 섞여 있었다. 그리고 鄕歌 속에도 불교의 개념과 용어들이 들어 있다. 화랑제도가 설치시기와 유사한 시기에 시작된 팔관회는 불교적인 八關齋會와 전통 무격의 祭天儀式이 혼합된 제의였다.

비록 팔관회가 불교행사에서 연유된 것이지만 호국행사로 자리잡음에 따라 점차 성격이 바뀌게 되었다. 신라하대에 이르러서는 왕업을 상징하는 賀禮로 위치하게 된다. 또한 899년 태봉왕 궁예가 팔관회를 설한 것이나,[232] 918년 왕건이 고려를 세우고 바로 이를 설행하여 常例化한 것[233]이 대표적인 예이다.

이후 고려왕조에서 팔관회는 결국 왕실의 賀禮雜儀[234]로 자리 잡히게 되며, 그 이념은 "팔관회를 설행하는 이유는 天靈 및 五嶽 · 名

---

230) 『三國史記』「新羅本紀」4, 眞興王 23年條. 그가 화랑이었음은 同「列傳」4, 斯多含傳 참조.

231) 三品彰英 著, 『新羅花郞의 硏究』, 三省堂, 1943, p.49, p.54 참조.

232) 『三國史記』「列傳」10, 弓裔傳.

233) "十一月. 設八關會. 有司言. 前王. 每歲仲冬. 大設八關齋. 以祈福. 乞遵其制. 王曰. 朕以不德. 獲守大業. 蓋依佛敎. 安輯邦家. 遂於毬庭. 置一輪燈一所. 香燈旁列. 滿地光明徹夜. 又結綵棚兩所. 各高五丈餘. 狀若蓮臺. 望之標紗. 呈百戲歌舞於前. 其四仙樂部. 龍鳳象馬車船. 皆新羅故事. 百官袍笏行禮. 觀者傾都. 晝夜樂焉. 王. 御威鳳樓. 觀之. 名爲供佛樂神之會. 自後. 勢以爲常.", 『高麗史節要』1, 太祖1年.

234) 『高麗史』志23, 禮11 참조.

山·大川·龍神을 받들기 위함이다."[235] 라는 방향으로 굳어진다.

한편 일반 민중 생활 속에서 무격과 불교가 교류를 갖게 된 것은 불교가 민중의 생활로까지 침투되던 8세기경부터이다. 예컨대 신라 중엽 嚴川寺의 중 法祐和尚이 지리산신인 성모천왕과 부부 관계를 맺고 8女를 낳았다는 전설[236]은 이러한 사실을 입증하는 것이다. 그런데 이 8녀에게 무업을 가르쳐서 그들로 하여금 전국을 돌며 굿을 하게 했다는 이야기이다. 이것은 巫祖 전설인 동시에 무격과 불교가 습합된 사실을 전하는 이야기이기도 하다.

한국의 巫風이 성행하던 12세기 경 굿하는 양상을 자세히 묘사한 다음 이규보의 기록은 현재 우리가 볼 수 있는 굿의 양상과 거의 같다.

"목구멍 속의 새소리 같은 가는 말로	喉中細語如鳥聲
늦을락 빠를락 두서없이 지껄이다가	囁呻無緒緩復急
천 마디 만 마디 중 요행 하나만 맞으면	千言萬語幸一中
어리석은 남녀가 더욱 공경히 받드니	騃女癡男益敬奉
단술과 신술에 배가 불러	酸甘淡酒自飽腹
몸을 추켜 펄쩍 뛰면 머리가 들보에 닿는다	起躍騰身頭觸棟
나무 얽어 다섯 자 남짓 감실 만들어	緣木爲龕僅五尺
입버릇삼아 제석천이라 하지만	信口自道天帝釋
제석천황은 본래 육천 위에 있거늘	釋皇本在六天上
어찌 네 집에 들어가 한 구석에 처할 것이	肯入汝屋處荒僻
온갖 벽에 붉고 푸른 귀신상을 그리고	丹青滿壁畫神像
칠원과 구요로 표액했지만	七元九曜以標額

---

235) "八關所以. 事天靈及五嶽. 名山. 大川. 龍神也.", 『高麗史節要』1, 太祖 26年 訓要十條.

236) 李能和, 『朝鮮巫俗考』 所在.

星官은 본래 九霄중에 있거늘　　　　　　星官本在九霄中

어찌 너를 따라 너의 벽에 붙어 있을 것이　　安能從汝居汝壁

생사와 화복을 함부로 이렇다저렇다 하지　　死生禍福妄自推

어찌 우리를 시험삼아 천기를 거스릴 수 있으랴　其能試吾橫氣機"[237]

위 시에서 이규보는 무격이 帝釋天을 신당에 모시고 있는 것에 대
해 비판적으로 평가하고 있다. 방에 신단을 차려놓고 많은 巫神圖를
걸어 놓고 술을 마시며 노래와 춤으로써 굿을 하면서 공수를 한다.
굿의 목적은 생사화복에 관여된 인생문제의 해결에 있으나 무격에게
내린 신은 제석천이라 했다. 곧 전통적인 무격의 하느님 대신 불교의
천신인 帝釋을 섬기고 있는 것이다. 그리하여 제석신은 무격의 3대
신이라 할 제석, 成主, 大監의 하나로 신앙되어 오고 있다. 여기에서
신 개념을 매개로 한 巫佛習合 현상을 볼 수 있다.

　전반적으로 당시 무격의 풍속이 사회의 혼란을 조장하는 것으로
보아 부정적 대상으로 여기고 있음을 알 수 있다.

　서사무가 중 '제석본풀이'는 무불습합의 또 다른 증거이다. 제석본
풀이는 전국적으로 전승되며 지역에 따라 명칭도 다르게 전한다.[238]
그 대강의 줄거리는 다음과 같다.

　"옛날에 어여쁜 딸 아기를 둔 명문의 가정이 있었는데, 불가피한

---

237) 『東國李相國全集』2卷,「古律詩·老巫篇 幷序」

238) '성인노리푸념'(평안북도 강계), '三胎子풀이'(평안남도 평양), '셍굿'(함경남
　　도 함흥), '제석본풀이' 또는 '당금아기'(경기지방), '시준풀이'·'시준굿' 또는
　　'당고마기'(동해안지방), '제석풀이'(충청북도지방), '제석굿'(전라남도지방),
　　'초공본풀이'(제주도) 등 여러 가지 호칭이 있다. 『한국민족문화대백과사
　　전』(http://encykorea.aks.ac.kr) 참조.

일이 있어 가족들은 집을 떠나고 딸 아기만 혼자 집에 남게 된다.
이 때 딸 아기의 인물이 뛰어나다는 소문을 들은 스님이 딸 아기
집을 찾아와서 시주를 청하면서 딸 아기와 접촉을 가진 뒤 사라진
다. 딸 아기가 잉태 하게 되어 집에 돌아온 가족들에게 이 사실이
드러나 추방당한다. 딸 아기는 아들 세 쌍둥이를 낳아 기른 후 스
님을 찾아가 세 아들의 이름을 짓고 신직을 받는다. 그리하여 자신
은 三神이 되고 아이들은 帝釋神이 된다.”[239]

　　‘제석본풀이’로 불리는 굿은 지역에 따라서 명칭이 다르나, 대체로
재수가 있기를 빌거나 생산을 증진시키려는 굿이다. 함경도의 성인
굿, 평안도의 재수굿, 중부지방의 安宅, 호남지방의 축원굿, 동해안지
역의 별신굿, 제주도의 큰굿 등은 모두 제석본풀이가 구연되는 巫儀
이다. 이들은 삶의 풍요를 위해 베풀어진다는 점에서 공통성이 있다.
　　또한, 제석신이라는 명칭은 불교에서 따온 것일지라도 기능면에서
는 불법수호가 아니라, 한 지역에 거주하는 주민들을 지켜주고 수명
과 다산을 관장하는 무속신의 모습을 보여준다. 이런 점에서 제석본
풀이는 불교적 영향을 받은 무속신화임을 알 수 있다.
　　또한 ‘바리공주’ 신화 또한 무불습합의 전형을 보여준다. 앞서 제석
이 生을 주재하는 신이라면, 바리공주는 死를 주재하는 신으로 그려
진다. 그래서 바리공주는 死靈 굿에서 구연되는 서사무가로 분류되
고 있다. 이 또한 전국적으로 전승되며 일명 ‘바리데기’, ‘오구풀이’,
‘칠공주’, 巫祖傳說‘이라고도 한다. 내용은 전승 지역에 따라 많은 차
이를 보이고 구연자에 따라서도 세부적인 면에서 차이가 드러난다.

---

239)　『한국민족문화대백과사전 』(http://encykorea.aks.ac.kr) 참조.

공통적인 서사 내용은 다음과 같다.[240)]

    ① 옛날 국왕 부부가 딸만 일곱을 낳는다.

    ② 왕은 일곱째 딸을 버린다.

    ③ 버림받은 딸이 천우신조로 성장한다.

    ④ 왕이 병에 걸린다.

    ⑤ 왕의 병을 고치기 위해서 약물이 필요하다.

    ⑥ 만조백관과 나머지 여섯 딸들은 약 구하는 것을 거절한다.

    ⑦ 막내딸이 찾아와 약물을 구하겠다고 떠난다.

    ⑧ 막내딸이 약물 관리자의 요구로 고된 일을 하고 그와 혼인하여
       아들까지 낳은 뒤 약물을 얻어 돌아온다.

    ⑨ 왕은 이미 죽었으나, 막내딸은 약물로 왕을 회생시킨다.

    ⑩ 막내딸은 저승을 관장하는 신이 된다.

이와 같이 왕에게 버림받은 일곱 번째 공주가 저승의 약물을 구해다가 죽은 왕을 다시 살려냈다는 이야기이다. 그리고 그 공에 대한 보상으로 巫祖가 되었는데 그는 주로 죽은 이들을 저승으로 천도하는 무격이다. 그러므로 진오기굿이나 씻김굿 등 사령제 때에는 반드시 바리데기를 노래하게 마련이다. 이 무가의 특색은 노래 중에 자주 佛經을 삽입하고 있다는 점이다. 그러나 이 불경은 불교 본래의 의미와는 아무런 관계가 없다.

바리공주 신화는 죽은 이를 좋은 곳으로 천도하는 넋굿에서 읊어진다. 넋굿의 일차적 목적은 죽은 이로 하여금 생전에 맺혔던 모든

---

240) 바리공주의 성격과 특징에 대한 자세한 내용은 홍태한, 『서사무가 바리공주
    연구 』, 민속원, 1998 참조.

한을 풀어버리고 자유롭게 저 세상으로 떠날 수 있도록 돕는데 있다. 이차적 목적은 살아 있는 사람으로 하여금 사랑하는 사람의 죽음을 현실로 받아들이고, 이제 다시 일상으로 돌아와 열심히 생활할 수 있도록 돕는데 있다. 따라서 넋굿은 죽은 자를 위한 굿인 동시에 산 자를 위한 굿이기도 하다.[241) 넋굿에서 바리공주는 바로 죽은 자를 좋은 곳으로 천도하는 여신이다.

이와 유사한 예는 창세신화에서도 찾을 수 있다. 창세신화에는 불교적으로 윤색된 것들이나 불교적 神格의 이름이 우리 전통의 신격과 덧씌워져 있다. 예컨대 미륵과 그와 경쟁을 하는 석가라는 이름이 좋은 사례이다. 이름은 불교적이지만 내용을 보면 불교적인 것이 아닌 고유의 신격을 찾을 수 있다. 외래 불교와 교섭하면서도 결코 동화되지 않은 무격의 힘[242)을 확인할 수 있다.

무속 문화에서 불교의례를 차용해서 전승하는 사례도 있다. 서해안에는 무격들이 진행하는 수륙재가 전승되고 있는데, 불교의례를 차용해서 형성된 것으로 보인다.[243) 수륙재는 불교에서 물과 육지의 영혼을 달래기 위한 법식 의례이다. 이 수륙재는 고려시대부터 조선시대에 이르기까지 국가와 왕실에서 적극적으로 개최하였다.

조선시대에는 국가와 왕실에서 전대의 혼령을 위로하거나, 왕의 병 치료, 역부로 죽은 혼령 위로, 조운 희생자 위로, 天災 소멸, 역질 치

---

241) 차옥숭, 『한국인의 종교경험-巫敎 』, 서광사, 1997, p.206; p.272.

242) 김헌선, 『한국의 창세신화 』, 길벗, 1994, p.20.

243) 이용범은 불교의 수륙재와 무속의 죽음 관련 굿의 비교를 통해 이러한 의견에 반대의 논리를 피고 있다. 즉, "불교와 무속에 공통된 요소가 나타난다는 사실만으로 양자 사이에 유의미한 상관성을 주장할 수는 없고, 그러한 요소가 어떤 의미를 갖는가를 파악할 필요가 있다."고 보았다. 이용범, 「불교와 무속의 상관성 검토: 수륙재와 무속 죽음 관련 굿의 비교를 중심으로」, 『한국무속학 』 36, 한국무속학회, 2018, pp.331-355.

료, 민심 수습 등을 위해 국행수륙재를 열었다. 이와 같은 국행수륙재는 1516년(중종11)에 혁파되지만 비공식화 된 수륙재는 민간에서 여전히 지속되었다. 그런데 이런 수륙재가 무속 문화에 수용돼 무속식으로 전승되고 있다. 민간신앙과 불교 천도재가 공유해온 冤鬼에 대한 解冤 의식이 있고, 고을 단위의 천도굿 수요가 늘면서 불교의 수륙재를 차용하여 무속식 수륙재가 전승되어온 것으로 보인다.[244]

이상과 같이 무격과 불교와의 습합은 굿 전체에서 볼 수 있는 강한 색채라 하겠다. 열두거리 굿 속에는 불교적 제의인 제석거리, 천왕거리, 불사거리 등이 있어 굿의 중심부를 이루고 있다. 이런 제의에서는 무격이 승려의 가사를 입고 노래하며 춤을 춘다. 비록 불교적인 용어를 사용하고 있으나 내용 그 자체가 불교적이지는 않다. 즉, 무격 문화에 불교적 요소가 혼합되어 있으나 그 종교적 구조와 내용은 무격 문화의 본래적인 것에서 벗어나지 않았다.

오늘날에도 무당이 모시는 신당에 가면 약사여래를 모시거나 부처, 관세음보살 등이 산신과 같이 모셔져 있다. 이러한 현상은 무속(무격)의 한계성, 즉 종교에서 신앙적 측면만 있던 무격이 종교의 다른 측면, 즉 철학적측면을 수용하여 보완하려는 측면으로 이해된다.

현대 사회에서 무격을 '보살'로 칭하는 경우가 많다는 점도 불교와 무격의 습합 현상을 보여주는 예이다. 佛菩薩을 장식한 神壇의 구성은 불교와 무교가 같은 종교인 것처럼 포장되어 있다. 그러나 神을 중심으로 하는 무격들과 불보살을 중심으로 하는 불교는 엄연히 다르다. 현대인들의 높은 지식수준으로 이를 구분하지 못할 이유가 없다. 무격이 기도를 하고 經을 외우는 등의 행위는 비단 불교적인 맥

---

244) 이경엽, 「서해안 무속수륙재의 성격과 연행양상」, 『한국민속학 』51, 한국
    민속학회, 2010, pp.247-283.

락에서만 이해할 수 있는 것은 아니다. 이는 종교적인 행위에 다름 아니다. 방법론적으로 무교에서 불교를 차용한 것으로 보아야 할 것이다.

3) 도교와 무격의 습합

도교가 우리나라에 전래된 것은 유교 및 불교와 같이 삼국시대이다. 이들 외래사상인 유불도 3교가 고유 신앙과 사상의 바탕 위에 수용된 이래 오늘에 이르기까지 한국사상의 주류를 형성하면서 정치·사회·문화 등 여러 방면에 커다란 역할을 미쳐왔다.

그러나 유·불 2교의 公傳이 4세기 후반인데,[245] 도교의 전래에 관한 문헌기록은 7세기에 이르러 확인되고 있다. 즉 榮留王 27년(624)에 당나라에서 파견한 道士가 天尊像을 가지고 와서 『道德經』을 강론했다는 내용이 있다.[246] 여기에는 당시 고구려 사람들이 도교인 五斗米道를 널리 신앙하고 있었으며, 그러한 사정을 전해 듣게 된 당의 高祖가 이에 응했다는 사실을 아울러서 전하고 있다.

따라서 이는 다만 신앙적인 의미뿐만 아니라 정치적인 성격이 함께 내포되어 있는 것이다.[247] 이러한 도교전래와 수용과정을 이해하

---

245) 고구려에서 유교의 太學이 小獸林王 2년(372) 건립되었고, 같은 해에 전진에서 불교가 佛法僧 三寶를 갖추어 公傳하고 있다(『三國史記』卷18,「高句麗本紀」6, 小獸林王).

246) 『三國遺事』卷3,「興法」3, 寶藏奉老 普德移庵. 이 중의 도사(교단)·천존상(신앙대상)·『도덕경』(경전)은 불교의 佛法僧 三寶와 같이 신앙체제가 갖추어진 도교삼보이다.

247) 『三國史記』卷29,「高句麗本紀」8, 營留王條에 唐高祖가 형부상서 沈叔安을 파견하여 왕에게 上柱國遼東郡公高句麗王의 작위를 내렸음을 함께 전하고 있다.

는 데는 중국에 있어서 도교교단의 형성과 우리나라에 있어서의 수용기반이라는 두 가지 점에 유의할 필요가 있다. 먼저 중국에 있어서 도교의 성립은 기원 전후에 전래한 불교교단에 자극되면서 옛 부터 전해오는 신선·방술·도참·의약·오행 등의 민간신앙 습속에 老莊思想을 가미하여 延命長壽와 道統神仙을 구하는 종교로 조직화되었다. 그러므로 무지·빈곤·질병 등 민중의 현세이익에 대처하면서 結社의 성격을 강하게 지닌다. 그러한 최초의 교단이 후한 말기인 2세기 중엽의 于吉(혹은 干吉, ?~200)과 張角(?~184)에 의한 太平道와, 비슷한 시기의 張陵(張道陵, ?~117)에 의한 오두미도이다.[248] 오두미도는 『도덕경』을 기본경전으로 삼아 교단조직을 갖추고 신도들로 하여금 서로 돕게 하고 형벌을 탕감시키는 등 빈민구호사업을 실시하였다. 노자를 신격화하여 교조로 숭배하면서, 부적을 사른 물(符水)로 질병을 치료하는 등 주술적이며 기복적인 성격이 강한 가르침을 펴나갔다.

  이러한 현세이익적인 분위기로 관청의 억압에 시달려 오던 민중의 환영을 받아, 아들인 張衡·張魯(?~215~?)의 삼대에 걸쳐 한중지역에서 거대한 세력을 갖는 교단을 형성하였다. 교단의 체제가 갖추어지면서 창교자 장릉을 天師, 장형을 繼師, 장로를 嗣師로 호칭하였고 따라서 오두미도는 점차 天師道로 불리게 되었다.[249] 이후 도교는 민중을 응집시키는 세력으로 자리잡으면서 교리·수행·의례·경전 등을 체계화시켜 나갔다. 특히 진의 葛洪(283~343)은『抱朴子』를 지어 수련을 체계화시키고, 북위의 寇謙之(365?~448)는 오두미도를 新天師道로 재정비하여 불교를 추방하고 국교로 옹립시켰

---

248) 窪德忠 著, 『道敎史』, 山川出版社, 1977, p.112.

249) 任繼愈 主編, 『中國道敎史』, 上海人民出版社, 1989, pp.34-37.

으며, 양의 도사 陶弘景(456~536)은 많아진 도교경전을 三洞四輔
로 정비하는 등의 도교위상이 높아진다. 이렇게 하여 유불 2교와 더
불어 3교로 병칭될 정도로 성장한 도교는 남북조를 통일한 수나라에
서도 세력을 신장시켰고, 당나라에 이르러서는 황제가 노자와 같은
李氏임에 착안하여 노자를 황실의 조상으로 받들었다.

영류왕 당시의 당나라는 고조 李淵(재위 618~626)이 장안에 老子
廟를 건립(620)하는 등 도교의 황실신앙화가 터잡히던 시기로 고구
려에서도 당나라의 이러한 상황을 잘 알고 있었을 것이다. 외교경로
를 통한 도교의 公傳은 양국우호의 강화라고 하는 정치외교적 성격
과 함께 도교교단의 세력이 국가간에 주목을 끌 정도였음을 말해주
는 바라 하겠다.

그런데 도교를 받아들인 우리나라에서도 수용기반이 갖추어져 있
었던 것으로 보인다. 이를 흔히 단군사화에서 찾는데, 단군이 국조로
숭배되는 만큼 문헌기록으로 나타나며, 거기에는 치세관과 신앙적
성격 등의 사상성이 드러나고 있다. 즉 古記를 통해 확인되는 단군사
화는 天帝인 桓因의 서자 환웅이 홍익인간의 이념을 가지고 천상세
계로부터 태백산정 神檀樹 아래에 강림하여 지상세계를 교화하며,
그간에 곰의 화현인 웅녀와 결혼하여 단군을 낳는데 그가 조선을 개
국하며 그 시기는 중국의 堯와 같고, 1,500년간을 통어하다가 중국
에서 箕子가 옮에 따라 藏唐京으로 천도했다가 1908세 때에 白岳山
阿斯達로 들어가 산신이 되었다는 것이 기본 골격이다.

도교와 관련해 보면 이러한 단군사화를 중심한 고유신앙에는 일원
론적인 仙의 요소와 함께 이원론적인 巫의 요소가 함께 나타난다. 天
神族인 환웅족이 배달신앙 즉 광명숭배집단으로서 사람과 산신 등을
넘나드는 모습이 神人合發하는 선의 요소라 한다면, 토템족인 웅녀

족이 토속신앙집단으로서 巫祝을 중시하는 모습은 현실기복하는 무의 요소라 할 수 있을 것이다. 국조인 단군이 君長과 제사장을 겸하고 있는 바에서 이들이 복합되어 나타나며, 이 선과 무가 한국종교의 원형을 이루게 된다.[250] 후일 신라에서 일어난 花郎道의 원류(仙)나 [251] 삼국을 비롯한 각 왕조의 국조신앙의 원류(巫)를[252] 단군사화 내지 고유사상에서 찾는 것이 이를 증명하는 비근한 예라 하겠다. 신라에 한정해 본다면, 전자를 시조 赫居世의 卵生說에서, 후자를 南海次次雄의 巫帝說에서 찾게 되며,[253] 전자를 수련적인 신선도교, 후자를 민간신앙적인 민중도교의 수용바탕으로 이해할 수 있을 것이다.

李能和는 이러한 문화토양을 도교성립과 관련하여 "예로부터 신선을 말하는 사람은 누구나 黃帝가 崆峒에 있는 廣成子에게 도를 물었다고 전한다. 그러나 진나라 사람 葛洪이 지은 『抱朴子』에는 황제가 동쪽 靑丘에 와서 紫府선생에게 三皇內文을 받았다고 하였다. 자부선생은 즉 東王公으로서 그가 동방에 있는 까닭에 세상에서 東君이라 이르는 것이다. 壇君은 동방 최초의 임금으로서 壇을 모으고 하늘에 제사하였으므로 단군이라 하며, 그 군자는 동군 · 帝君 · 眞君 등 선가의 용어이며 또한 雲中君 · 湘君 등 신군의 이름과 같은 것이다. 이로 보아 단군이라 함은 仙이라 할 수도 있고 神이라 할 수도 있

---

250) 柳炳德, 『韓國思想과 圓佛敎』, 교문사, 1989, p.6. 한국의 고유신앙에는 Tylor 등이 밝힌 Animism설과 Marett 등의 Manaism설이 공존하고 있다는 논리인데, 선은 Manaism을 이루고 무는 Animism(이것의 신앙행위로서의 Shamanism)을 이루고 있다고 본다.

251) durldp 대해서는 다음을 참조. 宋恒龍, 「百濟의 道家哲學思想」, 한국철학회 편, 『韓國哲學硏究』上, 동명사, 1978, p.323.

252) 이병도, 『韓國史-古代篇』, 진단학회, 1959, p.575.

253) 양은용, 「統一新羅時代의 道敎思想과 風流道」, 한국도교사상연구회 편, 『道敎의 韓國的 受容과 轉移』, 아세아문화사, 1994, p.10.

다."[254] 고 파악하였다. 蓬萊·方丈·瀛州의 三神山을 각각 금강·지리·한라 등으로 비정해보는[255] 仙鄕意識을 한국인이 계승해 왔던 것 역시 이러한 흐름과 같은 선상에서의 인식이다.

중국 교단도교의 원류를 일방적으로 우리나라에서 찾는 데는 좀더 구체적인 논의를 필요로 하지만,[256] 적어도 중국에서 교단체제를 갖춘 도교를 수용하는 기반이 되었음은 의심의 여지가 없다. 다른 문화를 수용할 기반이 있었기에 전래과정에서 마찰을 줄이고, 문화의 독자성이 있었기에 중국과는 다른 도교사상을 전개할 수 있었다는 말이다.

도교와 무속의 관계는 불교와 무속의 관계와 유사하면서도 차이가 있다. 무속에 들어와 있는 도교적 요소로는 무가에 삽입된 도교의 경문들이나 칠성님, 옥황상제 같은 신의 이름 등에서 흔히 확인될 수 있지만, 강신무들이 사용하는 符籍 또한 도교적인 것이다. 그러나 무격의 굿과는 다른 형태의 무속이라 할 수 있는 讀經巫의 굿에서 도교적 요소는 더 많이 발견된다. 독경무의 굿과 무격의 굿 사이에 드러나는 가장 큰 성격 차이는 무격의 굿이 신과의 대결보다 화해를 추구하는데 비해 독경은 신에 대해 공격적인 성격이 강하다는 점이다. 독경무의 굿은 대개의 경우 逐鬼를 목적으로 한다. 독경하는 내용은 거의가 도교의 경문을 기본으로 하고 있다.

이러한 도교의 수용과 앞서 살펴본 무격과 불교의 습합 관계를 통해 비교적 이른 시기부터 무격과 불교가 연계돼 있음을 알 수 있었다. 특히 무속의례에는 불교의 念佛이 많이 나오며, 巫歌의 경우 '十王門 열어주기'와 같은 불교적 영향이 두드러진다. 여기서 시왕은 망

---

254) 李能和 著, 李鍾殷 譯, 『朝鮮道敎史』, 보성문화사, 1978, pp.23-24.

255) 위의 책, pp.41-48.

256) 도교의 발생논의에 대해서는 鄭在書, 『不死의 神話와 思想』, 민음사, 1994, p.63 이하 참조.

자를 심판하는 10명의 판관으로, 저승사자 등과 함께 나열되기도 한다. 또한 망자의 정토 환생을 기원하는 대목에서는 '神仙이 되어 가시오'라는 도교 혹은 신선사상적 요소도 발견된다. 그런데 이들 무가에 불교적·도교적 배경과 영향이 보인다고 해서 이들이 '佛歌'나 '道歌'인 것은 아니다. 무속에서 불교와 도교의 요소를 수용하여 자신의 문화를 더욱 확장시킨 것으로 보는 것이 좋을 것이다.

무격과 도교의 습합은 심층과 표층의 결합으로도 설명된다. 즉 심층에 무격 문화가 자리 잡고 표층에 도교적인 것이 받아들여져 서로가 융합된 것이다.

『抱朴子』에서는 "인간의 몸속에는 三尸라고 하는 벌레가 있다. 삼시는 아무런 형체도 없으나 그 실은 혼령이나 귀신같은 것이다. 이 벌레는 그 사람을 빨리 죽게 하려고 한다. (중략) 그 밖에 그믐날 밤에는 조왕신도 승천하여 사람의 죄상을 낱낱이 보고한다. 죄가 큰 자에게는 紀를 빼앗는다. 기라고 함은 3백 일이다. 죄가 작은 자에게는 산을 빼앗는다. 산은 3일이다."[257] 고 하였다.

우리나라도 죄의 심판을 하기 위한 전달자로서 삼시충이라는 귀신의 존재를 막기 위해 경신일 날 잠을 자지 않는 守庚信仰이 있었다. 이것은 도교적 요소를 가지고 있다는 점에서 공통적이며, 매달 그믐밤에 하늘로 올라가 사람들의 죄상을 아뢴다는 竈神(부뚜막신)에 대한 신앙과도 연결된다. 조신에 대한 제사는 집집마다 '交年' 즉 음력 12월 24일에 지냈던 것 같다.

민간신앙화한 도교의 모습은 七政四曜·南斗六星·北斗七星 등의 星宿와 관련된 행사에서 주로 찾을 수 있다. 이들 성수에는 모든 사

---

257) "身中有三尸, 三尸之爲物, 雖無形而實魂靈鬼神之屬也. 欲使人早死, (中略) 又月晦之夜, 竈神亦上天白人罪狀. 大者奪紀. 紀者, 三百日也. 小者奪算. 算者, 三日也.", 『抱朴子·內篇』「微旨」

람들의 窮·通·休·戚이 달려 있으며, 특히 樞星은 군왕에서부터 서민에 이르기까지 모든 명운을 통제하는 것으로 믿었다. 예를 들면 『玉樞經』에는 추성에 대한 경배의 내용을 담고 있으며, '玉樞丹'이나 '辟邪文' 등으로 병을 예방하는 습속, 집을 짓거나 수리하거나 動土를 할 때 맹인을 청하여 『옥추경』을 읽어 安宅을 하는 습속 등도 이와 관련되어 있다.

우리나라는 예로부터 太陰曆을 써 왔는데 거기에 실린 修造·動土·吉凶·神煞 등은 모두 도가에서 연유한 것이다.[258] 『옥추경』은 무속의 경전으로 쓰이고 있지만, 조선시대에는 소격서 관리 채용을 위한 과목 중의 하나로 쓰이기도 했다. 『옥추경』은 도교의 신 중 하나인 '九天應元雷聲普化天尊'의 설로 전해진다.[259] 조선시대에는 『옥추경』이 국가 제사시 사용되었을 뿐만 아니라 여러 災厄求福의 역할을 하였다.[260] 도교 관청인 昭格署가 혁파 된 이후 민간으로 숨어들어 무속의 경전이 된 것으로 보인다.

直星에 대한 제사도 조선 초기에는 소격전에서 지냈다고 하지만, 조선 후기의 민간풍속에서는 直星吉凶에 따라 度厄(액막이)하는 법이라 하여 정월 14일에 이를 행했다. 이것은 모두가 다음날 즉 상원일에 本命醮禮를 올리는 뜻에서 나온 것이다. 직성이란 인간의 연령에 따라 그의 운명을 맡아본다는 별이다. 直星祈禳에 대해서는 柳得

---

258) 道家에는 土司에 謝하는 章醮文이 있다. 李能和 著, 이종은 역, 『朝鮮道教史』, 보성문화사, 1989, pp.276-278.

259) 여기에 대해서는 박용철, 「구천응원뇌성보화천존 신앙에 대한 한, 중 제도권의 대응: 『옥추경』에 대한 인식을 중심으로」, 『대순사상논총』21, 대진대학교 대진학술원, 2013, pp.285-322 참조.

260) 이슬, 「도교 경전 『옥추경』의 민간전승에 대한 고찰」, 『동아시아 문화와 예술』5, 동아시아문화학회, 2008, p.159.

恭이 지은 『京都雜志』에 "정월 열 나흗날 밤에 짚을 묶어 허수아
비를 만드는데, 이를 '제웅(處容)'이라 한다. 제웅 머릿속에 동전을
감추어 둔다."[261]라고 하였다.

九曜祭도 도교행사의 하나인데, 직성길흉에 따라 도액하는 민간풍
습의 하나로 흡수되었다. 구요란 日 · 月 · 火星 · 水星 · 木星 · 金星 ·
土星·羅睺 · 計都 등의 별을 말한다. 가장 꺼리는 별은 羅睺直星이다.
'文昌帝君'이라고도 하는 魁星은 북두칠성의 첫째 별로 文에 관한 운
수를 맡았으며, 과거에 응시하는 자들은 특히 이 별에 기도를 드렸다고
한다.

그 밖에도 삼재 예방, 불교사찰 안의 칠성각이나 삼성각, 무속에서
의 十王, 판수의 독경 등에서도 도교적 요소를 발견할 수 있다. 여기
서 칠성신앙은 단군신앙과 관련되어 있다. 이에 대해 양종승은 다음
과 같이 말하였다.

> "칠성신앙의 핵심수 7과 관련된 단군신앙의 핵심수 3은 오늘날까
> 지 계승되어진 무교의 가장 근본수로써 (중략) 三神을 기반으로 한
> 이러한 신앙체계 및 형태가 칠성을 중심으로 한 신앙체계를 구축
> 하게 된 것이다. 한국 칠성신앙은 도교로부터 온 것이 아니라, 무
> 교의 삼신신앙의 영향에 의해 성립되어 고유의 신앙으로 자리매김
> 되어 왔다."[262]

이와 같이 무교적 입장에서의 주체적 관점을 보여주고 있다. 반면,

---

261) "十四日夜結草偶號處容 顧中藏銅錢羣.", 柳得恭, 『京都雜志』卷2, 歲
時 上元.

262) 양종승, 「무교의 칠성신앙과 도교의 칠성신앙 고찰」, 『한국무속학』34, 한
국무속학회, 2017, p.35.

시왕신앙은 중국 산악숭배신앙의 측면에서도 그 시원을 찾아 볼 수 있다. 즉, 도교에는 일찍부터 신령스런 힘이 인간의 생사를 다스린다고 하는 개념이 존재했는데, 後漢代에 이르면 東嶽인 泰山은 死靈이 머무는 곳으로서 거기에는 인간의 生籍과 死籍이 준비되어 있고 사명의 신인 泰山府君이 머무르고 있다는 泰山信仰이 널리 알려져 있었다.[263] 한국 도교에서 시왕신앙의 성행을 살피는 자료로, 成俔 (1439-1504)의 『慵齋叢話』에 의하면 소격서에서도 시왕을 예배하였다는 부분이 있는데, 그 내용은 다음과 같다.

> "대개 소격서는 중국도가의 행사를 모방하여 태일전에서 칠성과 여러 별들을 제사하는데 그 상은 모두 머리를 풀어 헤친 여자의 모양이었다. 三淸殿에는 玉皇上帝 · 太上老君 · 普化天尊 · 梓潼帝君 등 10여 위를 제사하였는데 모두 남자의 형상이었다. 그밖에 안팎의 모든 단에는 四海龍王 · 神將冥府十王 · 水府의 모든 신을 모시어 위패에 이름을 쓴 것이 무려 수백이었다. 獻官과 署員은 모두 흰 옷에 검은 두건으로 재를 올렸고, 또 관을 쓰고 홀을 들고 예복을 입고 제사를 지냈으되 祭奠은 과실, 인절미, 과자, 술이었다."[264]

---

263) Lothar Ledderose, "A King of Hell"(『鈴木敬先生還曆記念 中國繪畵史論集』, 吉川弘文館, 1981, p.36); 金廷禧,「中國 道敎의 十王信仰과 途像 -『玉歷寶鈔』를 中心으로」, 『美術史學』6, 미술사학연구회, 1994, p.38.

264) "大抵昭格署 皆憑中朝道家之事 太一殿祀七星諸宿 其像皆被髮女容也 三淸殿祀玉皇上帝太上老君普化天尊梓潼帝君等十餘位 皆男子像也 其餘內外諸壇 設四海龍王神將冥府十王水府諸神 題名位版者 無慮數百矣 獻官與署員 皆白衣烏布致齋 以冠笏禮服行祭 祭奠諸果餐餅茶湯與酒.", 『慵齋叢話』卷2.

이를 보아 도교의 소격서에서도 시왕신앙을 예배했었다는 사실을 알 수 있다. 아무튼 조선시대에는 불교와 더불어 도교에서도 시왕신 앙이 행해졌음을 이러한 문헌자료를 통해서 간접적으로나마 확인할 수 있으며 나아가 불교와 도교 및 무속 신앙을 비교 연구하는데도 큰 도움이 될 것이라 생각된다.

무격의 행사 중 큰 굿으로 알려진 것 중에 시왕맞이제가 있는데 이 굿은 여러 개의 작은 굿이 모여 있는 것으로 여기에는 불교의 심판사 상처럼 이승 삶에 대한 형벌 후 저승에서 영원히 살 것인지 아니면 이승에서 다시 태어날 것인지 심판 받는 것으로 구성되어 있다. 그리 고 저승사자인 강님도령이 사자를 데리고 저승에 도착하기까지 여러 단계를 거쳐야 하는데 여러 개의 문을 지나 마지막 오구문을 통과한 후 가야할 지옥의 형상과 형벌 등이 등장하고 있다. 그리고 지은 죄 의 종류와 담당하는 왕의 이름이 등장하는데 모두 14명의 대왕과 1 명의 판관이 등장한다. 이러한 무속에 등장하는 시왕은 다음과 같이 정리[265] 해 볼 수 있다.

<표1> 무속에 등장하는 시왕

시왕	지옥명과 형벌	지옥과 관련된 사람의 생갑	다스리는 죄의 내용
1.진광대왕	도산지옥 칼선다리타기	甲차지: 갑자, 갑인, 갑진, 갑오, 갑신, 갑술	깊은 물에 다리 놓기 (월천공덕) 배고픈 사람 밥 주기 (급식공덕)

---

265) 이수자, 「저승, 이승의 투사물로서의 공간」, 김승혜 외, 『죽음이란 무엇인 가』, 도서출판 창, 1990, pp.50-52.

2.초강대왕	화탕지옥 끓는 물에 담금	乙차지: 을축, 을묘, 을사,을미,을유,을해	목마른 사람 물 주기 (급수공덕) 벗은 사람 옷 주기(착복공덕)
3.송제대왕	한빙지옥 얼음속에 묻기	丙차지: 병자, 병인, 병진,병오,병신,병술	부모에게 효, 일가 방답화목, 동네어른 존대
4.오관대왕	검수지옥 칼로 몸 베기	丁차지: 정축, 정묘, 정사,정미,정유,정해	함정에 빠진 사람 구출
5.염라대왕	발설지옥 집게로 혀 빼기	戊차지: 무자, 무인, 무진,무오,무신,무술	어른 말에 겉대답
6.변성대왕	독사지옥 독사로 몸감기	己차지: 기축, 기묘, 기사,기미,기유,기해	역적도모, 살인강도, 고문, 도적
7.태산대왕	거해지옥 톱으로 뼈켜기	庚차지: 경자, 경인, 경진,경오,경신,경술	되나 말을 속여서 남의 눈 속이기
8.평등대왕	철상지옥 쇠판에 올리기	辛차지: 신축, 신묘, 신사,신미,신유,신해	남의 남편 우러러 바라보기 남의 가속 우러러 바라보기
9.도시대왕	풍도지옥 바람길에 앉힘	壬차지: 임자, 임인, 임진,임오,임신,임술	혼인풍덕 혼인식 못한 것도 유죄
10.전륜대왕	흑암지옥 암흑속에 가두기	癸차지: 계축, 계묘, 계사,계미,계유,계해	남녀구별 몰라 자식 못 낳은 것 유죄
11.지장대왕	의미가 잘 드러나지 않음		
12.생불대왕	인간세상에서 아이 못 낳은 사람에게 아리를 마련해 주는 대왕		
13.좌도대왕	앞서의 일들을 심사		
14.우도대왕	문서의 정리		
15.동자판관	문서를 걷어보고 사자에 대하여 최후의 심판을 함		

불교나 도교에서의 시왕은 초 7일부터 날짜별로 재판을 담당하고

있지만, 무속의 시왕은 이러한 시간대별 분류 이외에도 죄의 종류에
따라 다루는 영역이 다르게 설정되어 상당히 체계적으로 세분화되어
있음을 알 수 있다.

먼저 제1 진광대왕부터 제10 전륜대왕까지는 주로 이승에서 지은
죄를 다스려 육체적으로 형벌을 주는 역할을 맡고 있고, 이 점은 불
교의 시왕과 그 역할이 같다. 다스리는 죄의 내용도 무속 집단이 중
시했던 사회적, 도덕적, 윤리적 규범을 중시하고 있어서 제1, 2 지옥
은 타인을 위해 베푸는 선을 가장 큰 공덕으로 삼고 있고, 제3, 4, 5
지옥은 효, 존장 등 가족이나 동네의 질서유지를 위한 규범과 관련되
어 있다. 그리고 제6, 7, 8 지옥은 역적, 살인 등 공동사회의 질서유지
를 관장하고, 제9, 10 지옥은 인간의 결혼, 및 출산이 중시되어 혈연
집단의 계승적 문제를 중시하고 있다.

제11 지장대왕의 역할은 확실하지 않으나 제12 생불대왕의 역할과
비슷할 것으로 짐작되며, 이 두 왕은 자식이 없는 사람은 비록 늙었
다하더라도 서천 꽃밭에서 자식을 데려다 준다고 하는데, 이는 사자
의 이승에서의 恨, 즉 못다 한 삶을 보상해 주는 성격을 갖고 있다. 제
13, 14 대왕은 앞서의 일들을 문서로 정리하여 마지막 최후의 심판을
행하고 마지막 판관이 등장하는데 특이하게도 동자로 설정되어 있다.
이것은 편견이 없는 순수한 어린아이의 심성을 뜻한다고 하는데 마지
막 심판의 공정성을 감시하는 역할이었을 것[266] 으로 짐작된다.

歲畵의 十長生 및 門排, 天中節(단오)에 赤符를 만들어 붙이는 것
등은 모두 고려 이래로 전해 내려온 도교의 행사다. 『경도잡지 』에
의하면 壽星 · 仙女 · 日直神將 등을 그린 것을 세화라고 하였다. 한

---

266) 김태훈, 「地藏信仰의 韓國的 變容에 관한 硏究」, 원광대 박사논문, 2010,
    pp.123-124.

장군은 斧鉞을 가지고 한 장군은 節符를 가지고 있는 한 길 넘는 장군의 화상을 궁문 양쪽 문짝에 붙인 것을 문배라고 하는데, 민간에서 벽에 붙이는 닭이나 호랑이 그림도 이에 해당한다.[267] 적부는 "觀象監에서 朱砂로 천중절, 즉 단오절 부적을 만들어 대궐에 바치면 대궐에서는 그것을 문 위에 붙여 좋지 못한 귀신들을 물리친다. 양반 집에서도 이것을 붙인다."[268]고 한다. 이렇듯 세화와 같은 부적을 통해 삿된 기운을 물리치려는 소박한 신앙은 도교적 행사일뿐만 아니라 무격과의 습합을 보여주는 것이다.

우리나라의 사찰에는 칠성각이 있어 복을 빌거나 자식 두기를 원하는 사람들이 이 곳에 와서 제사를 드린다. 또 승려가 불사를 행하고 法要를 시작할 때 칠성을 청하는 법이 있는데, 이것은 금과 원나라에서 유래된 것으로 보고 있다. 법요의 글을 지은 要集도 대개 이곳에서 나온 것이다. 李圭景의 『五洲衍文長箋散稿』에는 서울 인왕산의 칠성암에 신당이 있는데, 여기에서 재를 올리고 기도를 드리면 효험이 있다고 하여 과거에 응시할 유생들이 종종 찾아온다고 하였다.[269] 또 풍속에 사람이 죽으면 일곱 구멍을 뚫어서 북두형상과 같이 만들거나 종이에 북두형상을 그려서 시체를 받쳐 놓는데, 이것을 七星板이라고 한다. 여기에도 북두성의 힘으로 살을 제압하려는 도교신앙이 담겨 있다.

盲巫나 經師의 독경업[270]도 마찬가지로 도교적인 요소를 가지고

---

267) 李能和 著, 이종은 역, 『朝鮮道敎史』, 보성문화사, 1989, p.284; 金邁淳, 『洌陽歲時記』, 정월 元日.

268) "觀象監朱砂榻天中赤符進于大內貼門楣以除弗祥 卿士家亦貼之.", 洪錫謨, 『東國歲時記』, 5월 端午.

269) "仁王山七星菴有神堂 祈禱日至 士人若齋禱 則必中科甲 故儒士種種往禱云.", 李圭景, 『五洲衍文長箋散稿』卷43, 華東淫祀辨證說.

270) 盲巫는 불교나 도교의 경전 등의 경문을 읽으면서 질병퇴치나 除厄招福을

있다. 이들이 독경할 때면 먼저 '槐黃紙'라고 하는 매화로 물들인 누르스름한 종이에 神將들의 이름을 붉은 글씨로 쓴다. 이것을 병자가 누워 있는 방안에 붙여 놓고 맹인 여럿이 둘러앉아 북을 치고 독경하기를 혹은 3일 혹은 7일 동안 하여 功이 차기를 기다린다. 기간이 차면 신장의 강림을 청하여 邪鬼를 병에 잡아 가두어 파묻는다.

이상과 같이 무격의 문화는 유교, 불교, 도교 등과 교류해왔고, 다른 계층이나 양식들과 접변하면서 전승되어 왔다. 이런 점에서 다른 양식과의 습합은 무격 문화의 생존방식이라고도 할 수 있다. 또한 무격의 문화가 오랫동안 각 시대의 중심적인 문화를 관통해온 주체였다는 점에 주목해야 한다. 즉, 무격의 주체성은 우리 문화적 정체성을 유지해온 에너지이다. 탁석산은 다음과 같은 견해를 밝힌 바 있다.

> "주역이 바뀜에도 여러 주역들을 관통하는 하나의 공통된 정신이나 이념 혹은 속성이 있다면, 그것을 우리는 한국의 정체성이라고 부를 수 있을 것이다. 그렇다면 지금까지 한국 문화를 꿰뚫고 있는 것은 샤머니즘인가. 그렇다고 생각한다. 우리가 얼마나 샤머니즘에 깊게 물들어 있는지 새삼 자세히 말할 필요가 없을 것이다. 그럼 왜 샤머니즘이 승리자로 살아남아 있는가? (중략) 샤머니즘이 살아남은 것은 한국인의 정서에 맞기 때문이고, 한국인의 정서가 샤머니즘을 선호하는 것은 그것이 한국인의 정서에 맞기 때문이다."[271]

목적으로 앉은굿을 하였다. 國行祈雨祭에 동원되어 『龍王經 』을 외우거나(『慵齋叢話 』卷7) 왕실의 질병치료에 동원되었다. 經師도 독경과 부적으로 질병퇴치나 제액을 기원하고 국행제의 祭日 택일, 상례시의 陰宅이나 下棺 일시 등을 선정하는 역할을 주로 하였다.

271) 탁석산, 『한국의 정체성 』, 책세상, 2000, p.102.

이와 같이 그는 한국문화의 정체성을 무격에서 찾고 있고 그 이유는 바로 무격이 한국인의 정서에 맞기 때문이라고 하였다. 그런 점에서 무격은 한 민족의 집단무의식의 형태로 자리 매김을 하고 있다.

역사 속에서 주역이 되는 정신이나 문화는 가변적이다. 우리 역사의 흐름속에서 외래의 사상인 유불도 삼교사상은 정치적 흐름과 그 역사를 함께 해 오고 있다고 해도 과언이 아니다. 특히 조선시대는 유교를 숭상하고, 나머지 사상들을 배척하는 정책을 펴면서도 각자의 내면 깊은 곳에서는 불교나 도교, 무격까지 버릴 수 없는 자산으로 간직해 왔던 것이 사실이다. 그만큼 유불도 삼교와 무격의 습합은 一而二의 논리에서 벗어나지 않았던 것이다.

특히 위에서 살펴본 탁석산의 주장대로 무격은 한국인의 정서에 가장 적실한 것이었으므로 우리의 정체성을 설명하는데 반드시 기초가 될 수 밖에 없다. 다음에서는 이상에서 살펴본 무격과 한국 사상과의 관계를 기반하여 무격의 사회적 기능에 대해 검토해 보도록 하겠다.

Ⅳ. 巫覡의 사회적 기능…

IV. 巫覡의 사회적 기능

　무격의 기능은 다양하게 나타난다. 무격은 산신사나 성황사 등과 같은 神祠를 관리하고 제사를 주관하였다. 이는 신과 인간의 매개자로서 무격의 당연한 임무였다. 또한 무격은 신사를 찾는 사람들의 복을 빌어 주고, 제사를 주관하였다. 비용은 주로 개인으로부터 받았지만 때로는 국가로부터 공적인 지원을 받기도 하였다.

　비가 오지 않거나 가뭄이 지속 될 때 국가에서는 무격들에게 비를 기원하게끔 했다. 무격으로부터 천신을 감동시켜 비가 내리기를 기원했던 것이다. 또 무격으로부터 미래를 예견하고 나라의 길흉을 점치기도 했다. 또한 상대를 저주하고 무고하는 역할도 무격이 담당하였다. 다시 말하면, 무격이 정쟁에 이용되기도 했던 것이다. 역사적으로는 특히 元나라의 간섭기에 심했다. 왕실에서 왕비간 질투나 권력자간의 정쟁에 무격이 개입되기도 했다.

　그러나 무엇보다 병을 치료하는데 무격이 역할하였다. 이는 전문적인 의료행위는 아니라 단지 심리적 안정을 통한 치유의 성격이 강했다. 또 이들은 歌舞와 소리(樂)를 기본으로 했기 때문에 왕실이나 귀족을 위한 가무나 음악을 하는 등 놀이에도 동원되었다. 이러한 무격들의 기능은 그들이 신령과 통할 수 있다는 믿음에 근거하는 사상의 발로였다. 여기서 무격들의 부정적 역할 즉, 저주와 무고에 대해서는 논의를 보류하고, 긍정적인 역할들에 대해서만 검토해 보도록 하겠다.

　무격의 기능에 대해서는 무라야마 지준(村山智順)이 잘 정리하고 있다. 그는 『朝鮮の巫覡』에서 "조선의 巫는 神明精靈과 교통하고 舞樂으로써 신령을 움직일 수 있는 능력이 있다는 점에서 첫째, 제사기도의 기관으로써, 둘째, 점복 예지의 기관으로써, 셋째, 질병 치료의 기관으로써, 넷째, 공동 오락의 기관으로써 국가와 서민의 생활에 빠질 수 없는 것으로 간주되어 왔다."[272]고 하여 무격의 기능을 크게 네 가지로 정리하였다. 이 점을 참고하면서 한국 무격의 기능을 다음과 같이 정리하였다.

1. 司祭와 神靈의 뜻 전달 기능

1) 사제적 기능

  무격은 靈界와 인간 사이에서 중재적 역할을 한다. 즉 무격은 精靈과 직접 交通하는 자로서 영계를 탐지하고 靈能을 행사할 수 있어서 주술 등으로 재액을 없게 하며 복을 가져오는 제사를 드린다. 또한 신에게 제례를 드리고 영을 사람에게 전달하는 일을 하는 사제의 기능이 있다.

  무격들의 주요한 기능 중의 하나인 사제의 기능은 주로 神祠의 관리 보존이었다. 그것은 그들이 司祭의 기능을 수행하였기에 당연한 역할이기도 하였다. 사제적 기능에 대한 모습은 李奎報(1168-1241)가 비교적 상세하게 기술해 놓고 있는데, "단술 신술에 제멋대로 배

---

272) 村山智順, 『朝鮮の巫覡』, 京城: 朝鮮總督府, 1932, p.396.

가 불러 몸을 추켜 펄쩍 뛰면 머리가 들보에 닿는다."[273) 거나 "목구멍 속의 새소리 같은 가는 말로 늦을락 빠를락 두서없이 지껄이다가"[274) 라는 대목을 예로 들 수 있다. 이것은 무격의 蹈舞를 표현한 것이며, 무격이 신의 말을 전하는 존재였음을 말하는 것이다. 최길성은 이러한 모습을 "오늘날 중부지역의 굿과 크게 다를 바 없다"[275) 고 평가하였다. 따라서 위 이규보의 기사에서, 현대 무속의례(굿)의 형태가 고려시대에 어느 정도 정형화되어 있었다는 점을 알 수 있다.

이러한 굿의 목적은 기복적인 면이 강하다. 무격을 통해 망자나 신의 언어를 빌려 살아 있는 자신들의 복을 기원하는 것이다. 그래서 일반 민중들뿐만 아니라 왕실에 이르기까지 무격의 의례를 통해 복을 갈구하고자 했다.

무격을 통해 명산대천에 복을 기원하게 하는 '別祈恩祭'가 대표적인 고려 왕실의 무격 의례이다.[276) 또한 고려시대에는 국가제사에 무격은 배제되었다. 그러나 심한 가뭄이 들면 국가에서 무격들을 징발하여 기우제를 치르게 하였다. 이러한 무격은 평시에는 神祠 관리의 임무를 가졌고, 일이 있을 때에는 祭司長의 기능을 수행했던 것이다. 다음 기록들이 그것을 뒷받침해 준다.

"丁彦眞은 신종 5년에 대장군이 되었다. (중략) 정언진이 祈恩하

---

273) "酸甘淡酒自飽腹 起躍騰身頭觸棟.", 『東國李相國全集』 2卷, 「古律詩·老巫篇 幷序」

274) "喉中細語如鳥聲 嘲哳無緖緩復急.", 『東國李相國全集』 2卷, 「古律詩·老巫篇 幷序」

275) 崔吉城, 「李奎報의 「老巫篇」」, 『韓國巫俗論』, 형설출판사, 1981, p.82.

276) '別祈恩祭'에 대해서는 李惠求, 「別祈恩考」, 『韓國音樂序說』, 서울대학교출판부, 1972을 참조.

기 위해 城隍祠에 가 몰래 적을 체포할 계책을 覲에게 주었다. 하
루는 적의 都領 利備 부자가 성황당으로 와 조용히 기도드리고 있
었다. 무격이 '都領이 군대를 일으켜 신라를 회복하려 하니 우리들
도 기뻐한지 오래입니다. 이제 다행히 뵙게 되었으므로 술 한 잔을
드리고자 합니다.' 라고 거짓말을 하여 자기 집으로 데리고 가 술
을 권하여 취하게 한 후에 결박하여 정언진에게 압송시켰다."[277]

　이는 신종때 이비·발좌의 난이 일어나자 정언진이 무격을 이용하
여 이비를 잡았다는 내용이다. 따라서 무격이 평상시에 성황신사와
그곳의 제사를 관리하고 주관하였음을 알 수 있다.[278] 그러기에 이비
가 와서 기도를 원하자 이를 주선해주면서 집으로 유인하여 술에 취
한 틈을 타 이를 잡을 수 있었던 것이다.

　　"固城에 사는 妖民 伊金이 자칭 미륵불이라 하면서 여러 사람들을
　　유혹하여 말하기를 '나는 능히 석가불을 모시고 올수 있다. 무릇
　　귀신들에 기도를 올리거나, 제사를 지내는 자, 말, 소의 고기를 먹
　　는 자, 돈과 재물을 남에게 나누어 주지 않는 자는 모두 죽을 것이
　　다. (중략) 이금이 또 말하기를 '내가 명령을 내려 산천의 귀신들을
　　파견하게 된다면 왜적은 다 붙잡을 수 있다'라고도 하였다. 무격들
　　이 그를 더욱더 존경하고 신임하여 성황사묘를 헐어 버렸으며 이

---

277) "丁彦眞神宗五年 爲大將軍. (中略) 彦眞旣至因祈恩詣城隍祠密以捕賊之
　　謀授覲. 一日賊徒都領利備父子至祠潛禱. 覲紿曰 都領擧兵將復新羅吾
　　屬喜之久矣. 今幸得見請獻一盃. 邀至其家飮之醉遂執送彦眞.", 『高麗
　　史』권100, 丁彦眞傳.
278) 성황신앙과 성황신사에 대해서는 다음을 참조. 김갑동, 「高麗時代의 城隍信
　　仰과 地方統治」, 『韓國史硏究』74, 한국사연구회, 1991, pp.1-24.

금을 부처님처럼 섬기고 그에게 복리를 달라고 빌었다.”[279]

이 기록도 성황사를 관리했던 주체가 무격이었음을 보여준다. 伊
金이 자칭 미륵불으로서 신망을 얻자 무격들도 성황사묘를 헐어버리
고 이금을 부처님로 모셨다고 한다. 그러나 이는 무격들이 성황사를
실제로 철거했다는 의미가 아니라, 성황신 대신 이금의 초상을 그려
놓고 그를 신으로 모셨음을 의미한다.

> “심양의 역사는 世系에 실린 것이 없다. 충렬왕 초년 심양은 公州
> 副使였는데, 長城縣에 사는 어느 여자가 말하기를, ‘錦城大王이
> 내게 내려와 네가 만약 錦城神堂의 巫가 되지 않으면 반드시 너
> 의 부모를 죽일 것이다’ 라고 하여 저는 놀라서 그 말을 따랐습니
> 다.”[280]

이 내용은 한 여자가 금성대왕의 신이 자신에게 내려 할 수 없이
금성신당의 巫가 되었음을 전하고 있다. 금성신당은 전남의 나주에
있는 금성산신의 신당이다. 한 여자가 자신이 무격이 된 까닭을 알려
주고 있다. 여기서 금성산은 나주의 鎭山이다.[281] 그 사당인 錦城山
祠는 祀典에도 올라 있었으며 祠宇가 5개나 있었다 한다.[282] 충렬왕

---

279) “固城妖民伊金自稱彌勒佛惑衆云 我能致釋迦佛 凡禱祀神祇者食馬牛肉者
不以貨財分人者皆死 (中略) 又云 吾勅遣山川神倭賊可擒也 巫覡尤加敬信
撤城隍祠廟事伊金如佛祈福利.”, 『高麗史 』卷107, 權㫜 附 權和傳.

280) “沈諹史失世系 忠烈初爲公州副使有長城縣女言 錦城大王降我云 爾不爲
錦城神堂巫必殺爾父母 我懼而從之.”, 『高麗史 』권106, 沈諹 傳.

281) “錦城山 在州北五里鎭山.”, 『新增東國輿地勝覽 』卷35, 羅州牧 山川.

282) “祀典在小祀 祠宇有五.” 『新增東國輿地勝覽 』卷35, 羅州牧 祠廟.

5년에는 그곳의 관리자인 무격이 진도와 탐라의 삼별초를 토벌하는
데 공이 인정되어 국가에서 해마다 祿米 5석을 주기도 하였다.[283]

> "李淑의 아명은 福壽요 平章郡 사람이며, 그의 모친은 泰白山의
> 무녀였다."[284]

위 인용문은 이숙의 어머니가 태백산의 무격이었음을 전하고 있
다. 그러나 이는 이숙의 모친이 단순히 태백산의 무격이라는 뜻이 아
니고, 태백산의 山神 사당을 관리한 무격이었다는 의미이다.[285] 태백
산은 삼척에 있는 산으로 신라때부터 북악으로서 中祀에 올라 있었
다.[286] 그 신당인 태백산사는 山頂에 있었는데 속칭 天王堂이라고도
불렸다. 조선시대까지도 강원도 및 경상도 사람들이 춘추로 이를 제
사하였다.[287] 이숙의 어머니가 이 태백산신사를 관리하고 있었던 것
이다.

> "姜融은 본 성명이 康莊인 바 그의 할아비는 진주 官奴였다. 충선
> 왕때에 內府令 벼슬에 있었으며 그의 누이가 무당으로 松岳祠의

---

283) 『高麗史』卷105, 鄭可臣傳. 한편 김갑동은 "이 금성산 신사의 설립이나
　　제사의 주관에는 나주의 토착세력인 나주정씨 가문이 관여 했을 가능성이
　　크다."(김갑동, 「高麗時代 羅州의 地方勢力과 그 動向」, 『한국중세사연
　　구』11, 한국중세사학회, 2001, pp.20-22)고 보았다.

284) "李淑小字福壽 平章郡人 母太白山巫女.", 『高麗史』卷122, 李淑傳.

285) 산신신앙과 산신사에 대해서는 김갑동, 「高麗時代의 山嶽信仰」, 『震山
　　韓基斗博士華甲紀念: 韓國宗敎思想의 再照明』上, 원광대학교출판국,
　　1993, pp.41-67 참조.

286) 『新增東國輿地勝覽』卷44, 三陟都護府 山川.

287) 『新增東國輿地勝覽』卷44, 三陟都護府 祠廟.

수입을 먹고 살았다. 그런데 대호군 金直邦이 그와 친한 무당으로 그 자리를 대신 주려했으나 강융이 반대하였으므로 김직방이 강융을 욕질하며 말하기를 '너는 관노인데 어찌 그렇게 교만한가'라고 하였다."[288)

이와 같이 강융의 누이가 송악사를 관리하였고, 송악사의 수입으로 먹고 살았음을 알 수 있는데, 여기서 송악은 개경의 鎭山으로 원래 명칭은 '扶蘇山' 혹은 '鵠嶺'이라고 하였다.[289) 이곳의 神祠가 바로 '松岳山祠'였다. 이처럼 무격들은 성황사나 산신사와 같은 신사를 관리하면서 제사를 주관하기도 했던 것이다.

2) 神靈의 뜻 전달과 神堂 관리의 기능

그 밖에도 무격은 신령의 뜻을 전달하였다. 가령 충렬왕 때 錦城山神은 孔允丘와 함께 원나라에 가고자 하니 나주에서 말을 제공하라[290) 고 하는 내용이나, 삼별초의 난을 진압하는 데 세운 공이 크니 定寧公에 봉하라는 [291) 등의 요구를 했는데,[292) 이러한 요구사항들을 무격이 전달했다.

---

288) "融本姓名康莊其祖晉州官奴 融忠宣時拜內府令妹爲巫食松岳祠 大護軍 金直邦以其所善巫代之融不可直邦罵融曰 汝是官奴何驕乃爾.", 『高麗 史 』卷124, 鄭方吉 附姜融傳.

289) 『新增東國輿地勝覽 』卷4, 開城府 上, 山川.

290) 『高麗史 』卷106,「列傳」19, 沈諹.

291) 『高麗史 』卷105,「列傳」18, 鄭可臣.

292) 이상의 내용에 대한 자세한 정황은 다음을 참조. 변동명,「고려후기의 금성 산신과 무등산신」, 『남도문화연구 』7, 순천대학교 남도문화연구소, 2001, pp.81-105.

또한 무격은 신당을 관리하였다. 신당은 무격의 집안이나 개인의 집 그리고 특별한 장소에 건립되었다. 집안에 신당을 두고 관리한 것은 "나무 얽어 다섯 자 남짓한 감실을 만들어 입버릇삼아 스스로 제석천이라 말하지만 (중략) 온 벽에다 붉고 푸른 귀신 형상을 그리고 칠원·구요로 표액했지만"[293] 이라는 내용에서 확인된다. 당시 신당에 여러 무신도를 봉안하고 있었고 강신무는 수호신을 모신 신당이 있어야 한다.[294] 이러한 내용으로 미루어 보면 12세기 이전 강신무들 중에는 신당을 가지고 있는 무격들이 있었음을 알 수 있다. 이와 같이 개인 집에 신당을 두는 경우가 있었음은 명종 때 무신정권을 이끌었던 李義旼(?-1196)이 자기 집에 '豆豆乙'이란 귀신을 모신 신당을 두고 날마다 복을 빌었던 사실[295]에서도 알 수 있다.

그 밖에 특별한 장소에 있는 신당으로는 松嶽山·錦城山 등과 같은 명산에 있는 것과 각 지역의 城隍祠 등이 있는데, 이들 신당들도 무격에 의해 관리되는 경우가 많았다. 금성산 신당의 경우에 대해서는 앞서 언급한 바 있었지만, 송악산 신당에도 전속무녀가 있었음은 충선왕 때 內府令으로 있던 姜融의 누이가 松岳祠의 무녀였는데 이를 대호군 金直邦이 자기와 잘 아는 무녀로 대신하려고 했다는 사실을[296] 통해 짐작할 수 있다. 또 우왕 때 固城人 伊金이 미륵불을 자처하며 나오자 무격들이 그를 우러러 믿으면서 城隍祠廟를 없애 버렸던 사실로[297] 미루어 볼 때 각지의 성황사도 무격들이 관장했음을 알 수 있다.

---

293) "緣木爲龕僅五尺 信口自道天帝釋 (中略) 丹靑滿壁畵神像 七元九曜以標額.", 『東國李相國全集』 2卷, 「古律詩·老巫篇 幷序」

294) 崔吉城, 『韓國巫俗의 硏究』, 亞細亞文化社, 1978, p.16.

295) "豆豆乙 義旼起堂於家 邀置之日祀祈福.", 『高麗史』 卷128, 「列傳」41, 李義旼.

296) 『高麗史』 卷124, 「列傳」37, 鄭方吉 附 姜融.

297) 『高麗史』 卷107, 「列傳」20, 權㫜 附 和.

2. 豫言과 기우제 주재의 기능

1) 예언과 점복의 기능

무격의 역할 중 가장 고유한 권한으로 인정되어 왔던 것이 바로 예언과 점복의 기능일 것이다. 이러한 사실은 「老巫篇」에서 무격이 "생사와 화복을 함부로 추단"[298] 했다든지, "천 마디 만 마디 중 요행 하나만 맞으면 어리석은 남녀가 더욱 공경히 받드니"[299] 라고 한 데서 짐작할 수 있다. 그런데 고려시대의 무격은 개인의 길흉화복은 물론이고 국가의 운명에 대한 점복과 예언도 하였다.

가령 毅宗 때 登州(강원도 안변군)의 무격은 성황신에 빙의되어 국가의 화복을 예언했으며,[300] 恭愍王 22년(1373) 개경 義城庫洞의 무격은 고려의 멸망을 예언하기도 했다.[301] 때문에 지배층에서는 중대사를 도모할 때 무격의 점복에 의지하기도 했으니, 元宗 때의 권신 金俊이 鷦房이란 무격에게 국가의 길흉을 점치게 한 것은[302] 그 한 예라 하겠다.

무격들은 천신과 소통할 수 있는 까닭에 인간의 길흉화복과 미래를 점칠 수 있다고 믿었다. 따라서 개인의 신상은 물론이고 국가의 운명을 무격에게 자문하여 결정하는 일도 자주 있었던 것이다.

---

298) "死生禍福妄自推.", 『東國李相國全集 』 2卷, 「古律詩·老巫篇 幷序」

299) "千言萬語幸一中 駁女癡男益敬奉.", 『東國李相國全集 』 2卷, 「古律詩·老巫篇 幷序」

300) 『高麗史 』 卷99, 「列傳」12, 咸有一.

301) 『高麗史 』 卷54, 「志」8, 五行 2, 恭愍王 22年 4月.

302) 『高麗史 』 卷130, 「列傳」43, 金俊.

"신묘일에 왕이 병세가 위독하여 점을 쳤더니 죽은 저 이자겸의 작
간이라고 하였다. 내시 한작을 시켜 이자겸 처자의 유형지를 인주
로 옮기게 하였다. 임진일에 백관이 2천 명에게 음식을 먹였으며
갑오일에는 또 시왕사에서 기도를 하고 기해일에는 종묘와 사직에
빌었다."[303]

이와 같이 인종의 병이 깊어지자 점을 쳤더니 죽은 이자겸의 저주
라는 점괘가 나왔다고 한다. 그러자 이자겸 처자의 귀양지를 본관지
역인 인주로 옮겨 주었다는 것이다. 이와 함께 백성들에게 음식을 주
고 十王寺에서 쾌유를 빌고 종묘사직에도 병이 낫기를 빌었다. 여기
서는 점을 친 사람이 누구인지 나오지 않으나 무격이었을 것이다. 그
래도 병이 낫지 않자 다시 무격을 시켜 점을 치니 척준경의 장난이라
는 점괘[304]가 나왔다.

"의성 고동에서 한 무당이 밤에 꿈을 꾸었는데 두꺼비들이 수없이
한 곳에 모여 있었고 푸른 옷을 입은 한 여자가 오니 두꺼비들이
그 여자를 향하여 죽고 조금 있다가 누른 옷을 입은 여자가 오니
푸른 옷을 입은 여자가 누른 옷을 입은 여자에게 명령을 받아 무당
에게 말을 전하기를 '네가 왕에게 말하기를 비록 큰 집 아홉 채를
지어도 나는 거기서 살지 않겠으니 속히 영전 짓는 공사를 그만두
라고 하여라'고 하였다. 다음날 점심때 귀신이 무당에게 와 말하기
를, '지금 국가에 변괴가 많으니 이는 곧 국가가 망할 징조이다. 그

303) "辛卯 王疾篤卜曰 資謙爲崇 遣內侍韓綽徙置資謙妻子於仁州 壬辰 百
官就禱于普濟寺飯僧二千 甲午 又禱于十王寺 己亥 禱于廟社.", 『高麗
史』卷17, 仁宗世家 24年.

304) 『高麗史』卷17, 仁宗 世家 24年 2月 丙辰.

런데 내가 국가에서 은혜를 받았으니 내 은덕으로 하여 국가가 아

직 망하지 않은 것이다. 어찌 왕에게 보고하지 않겠느냐. 나는 정

릉으로 돌아간다'라고 하였다."[305]

　위 인용문은 이미 죽은 노국대장 공주를 위한 영전 공사가 살아 있
는 민중들에게 큰 해를 입히자 노국 공주의 신령이 무격을 통해 나타
나 공사를 중지할 것을 건의하는 내용이다. 만약 더 이상 계속 공사
를 진행하면 나라가 망할 것이라고 하면서 공민왕에게 어서 보고 하
여 공사를 멈추게 했다는 것이다. 이는 곧 무격을 통해 신탁으로 미
래를 예언한 것이다.

　공민왕 21년 7월에는 영전의 鐘樓가 준공되어 왕은 그것이 아직도
높고 크지 못하다는 이유로 즉시 개축하라는 명령을 내리기도 하였
다.[306] 그해 8월에 영전의 鷲頭가 완성되는데 그것을 장식하는데 든
비용이 황금 650냥과 은 8백냥이라고 하니,[307] 그와 같이 엄청난 비
용을 내야 했던 민중들의 고통은 매우 컸을 것이다. 그러한 민중들의
고통을 간파한 노국공주의 신령이 무격에게 가탁하여 공사 중지를
건의했던 것이다. 이와 같이 무격은 신과 인간의 사이에서 신의 언어
를 대변하여 예언하고 점복하는 역할을 하였다.

---

305) "義成庫洞有巫女夜夢蝦蟆無數聚于一處有一青衣女來蝦蟆向青衣女死
　　俄而黄衣女來青衣女承命於黄衣女傳於巫女曰 汝言於上雖作大家九吾不
　　居之速罷影殿役 翼日午有神降于巫女曰 今國多妖孽亡徵見矣吾受國恩
　　有陰騭故國尚不亡盍告王 吾還正陵矣.",『高麗史』卷54, 五行志2 金.

306)『高麗史』卷43, 恭愍王 世家 21年 7月.

307)『高麗史』卷43, 恭愍王 世家 21年 8月.

2) 농경문화와 기우제의 주재 기능

무격들은 하늘의 천신과 교감하여 비를 내려줄 수 있다고 믿었다. 이른바 降雨의 역할을 하였던 것이다. 따라서 국가에서는 무격들을 모아 祈雨 행사를 열었다. 『高麗史』에서 이에 관한 자료를 찾아 정리하면 다음과 같다.[308]

<표2> 巫覡의 祈雨 기사

왕	기사년월	내용
현종	12년 5월	造土龍於南省廷中 集巫覡禱雨 庚寅 雨
숙종	6년 4월	曝巫祈雨
예종	16년 윤5월	聚巫禱雨
인종	원년 6월	造土龍(于都省廳) 聚巫禱雨
	11년 5월	集巫三百餘人于都省廳祈雨
	11년 5월	集女巫三百餘人于都省廳祈雨
	11년 6월	又聚巫禱雨
	12년 5월	集巫于都省(廳)禱雨
	15년 5월	會巫都省庭禱雨
	18년 윤6월	聚巫禱雨
명종	3년 4월	聚巫禱雨
	8년 5월	集巫于都省(又)禱(雨)
	19년 윤6월	集巫禱(雨)于都省
고종	33년 6월	以旱 集巫于都省禱雨
	37년 5월	集巫于都省 禱雨三日
충렬왕	2년 5월	集巫于都省禱雨
	13년 5월	聚巫禱雨
	30년 4월	聚巫禱雨
	32년 6월	以旱聚巫禱雨
충숙왕	3년 5월	聚巫又禱
	5년 4월	聚巫禱雨徙市
	16년 5월	聚巫禱雨六日
	후원년 5월	聚巫禱雨
	후4년 5월	以旱徙市 聚巫禱雨
충목왕	2년 5월	聚巫三司禱雨 又禱于佛寺徙市
공민왕	3년 5월	聚巫禱雨

308) 현종 이전에도 그러한 행사가 있었을 텐데 사료에 보이지 않는 것은 역시 현종 때 거란의 침략으로 7대 실록이 불탄 것이 원인이라 사료된다.

모두 4월부터 6월 사이의 기사로 이때는 농사철로서 반드시 비가 요구되는 때였기 때문에 기우의 역할은 매우 중시될 수 밖에 없었을 것이다. 특히 숙종대의 기록에 '曝巫祈雨'라는 용어가 나오는데 이는 무녀들을 땡볕에 세워두고 비를 비는 행사를 말한다. 天神과의 매개 역할을 하는 무녀를 땡볕에 세워 두면 하늘이 불쌍히 여겨 비를 내려 줄 것이라는 생각[309]에서 나온 것이다.

"(충숙왕) 3년 5월 무오일에 가뭄이 들어 비를 빌고 정묘일에는 다시 기우제를 지냈다. 무진일에 절에서 비를 빌었으며, 기사일에는 무격을 모아 또 비를 빌었다. 5년 2월 경진일에 한재로 인해 왕이 강안전에서 크게 제를 지내고 비를 빌면서 말하기를 '내일은 반드시 비가 내릴 것이다'라고 했더니 과연 비가 내렸다. 4월 기미일에 무격을 모아 비를 빌고 저자를 옮겼다. 경신일에는 또 절에서 비를 빌었다. 5월 무진일 다시 기우제를 지내고 절에 빌었다. 을해일에 비가 왔다. 을유일에 또 묘통사에서 비를 빌었다. 병술일에 왕이 事審貼을 모두 거두어 불태워버리게 하니 비가 내렸다."[310]

이와 같이 충숙왕 3년부터 5년까지 천신에 제사하고 나서 절에서도 비를 빌고 무격을 모아 비를 빌었다. 이렇듯 왕이 직접 천신에게 제사한 기록은 예종대에도 확인된다.

예종은 "원년 7월 兩府·臺省·兩制 및 3品官을 거느리고 친히 會

---

309) 이능화 저, 서영대 역주, 『朝鮮巫俗考』, 창비, 2008, p.97.

310) "三年 五月 戊午 以旱禱雨 丁卯 再雩 戊辰 禱雨于佛寺 己巳 聚巫又禱 五年 二月 庚辰 王以旱大醮于康安殿王曰 明日必雨 果驗 四月 己未 聚巫禱雨徙市 庚申 又禱于佛寺 五月 戊辰 再雩禱雨于佛寺. 乙亥 雨 乙酉 又禱于妙通寺 丙戌 王命收事審貼燒之雨.", 『高麗史』卷54, 五行志 金.

慶殿에서 昊天上帝에게 제사하고 태조를 배향함과 동시에 비를 빌었다."311) 이러한 전통이 남아있어 왕실에서 직접 기우행사를 하기도 했던 것이다. 그리고 무격을 모아 비를 빎과 동시에 저자를 옮겼다. 그래도 비가 오지 않자 다시 원구단에서 기우제를 지내고 절에서 다시 비를 빌었으며 또 妙通寺에서 비를 빌었다. 이렇게 했는데도 비가 오지 않자 왕이 事審貼을 거두어 불태워 버리게 했더니 비로소 비가 내렸다. 여기서 사심첩은 사심관에 대한 임명장으로, 당시에 이들은 지나친 횡포를 부려 백성들로부터 원성이 자자하였다.

충숙왕이 이를 파악하고 사심관 제도를 폐지하였고, 그에 따라 백성들이 기뻐하였다고 한다.312) 즉, 백성들의 고통을 덜어 내면 천신에게 환심을 살 수 있고, 그에 따라 비가 내릴 수 있다고 생각한 것이다. 결국 목적은 기우에 있었다.

충목왕 2년 5월에도 불교의 승려를 동원해 비를 빌었으나 효과가 없자 무당을 모아 놓고 비를 빌었으며 또 절에서도 비를 빌고 저자를 옮겼다. 이와 같이 비를 내리게 하는 방법에는 여러 가지가 있었다. 다음 단종대의 기사를 보자.

"관리들이 왕에게 아뢰기를 '금년은 봄부터 비가 적게 내리오니 전례에 따라 억울하게 옥에 갇힌 죄수들을 심사처리 하고 가난한 백성들을 구제하며 객사한 시체를 거두어 매장한 다음 우선 북쪽교외에서 비를 내리게 할 수 있는 山嶽, 鎭山, 바다 강들과 모든 名山大川에 빌고 다음에는 매 7일에 한번씩 宗廟에서 빌되 이렇게 하여도 비가 내리지 않을 때에는 다시 산악 진산 바다 강들에 처음과

---

311) 『高麗史』卷12, 睿宗 世家 元年 7月 己亥.

312) "罷州郡事審官民甚悅之 未幾權豪復自爲之害甚於前.", 『高麗史』卷34 忠肅王 世家 5年 4月; 『高麗史』卷75, 選擧志3 銓注 事審官.

같이 빌며 가뭄이 심하게 되면 기우제를 지내고 시장을 옮기며 日
傘과 부채를 들지 못하게 하고 가축도살을 금지하며 관가의 말들
에게 곡식을 먹이지 말게 해야 할 것입니다'라고 하니 왕이 이 제
의를 좇아 정전에서 피해 앉고 일상 식사의 반찬수를 줄였다."[313]

　위 인용문에서 비를 내리기 위해서는 억울한 죄수들을 풀어 주고
백성들을 구휼하며 객사한 시신들을 묻어주고 나서 산악, 鎭山, 바
다, 강 등과 모든 명산대천에 빌고, 매 7일에 한번씩 종묘에서 빌어야
한다고 말하고 있다. 글의 순서를 보면, 위정자는 백성들을 보살피는
것이 기본이고 백성들을 보살 핀 이후 각종 신에게 제사하고 최종적
으로 종묘에 제사해야 한다는 것이다. 비록 여기서는 불교나 도교에
관한 언급은 없으나 기우를 위해서는 佛·道 二敎의 방법도 동원해
야 하고 무격을 모아 비를 비는 것이 가장 기본이었다.
　김일권은 기우의례 기사를 분석하여 "총258회의 기우의례 중 재래
적 기우의례가 57회(22%), 무속적 기우의례 20회(8%), 유교적 기우
의례 87회(34%), 불교적 기우의례 53회(21%), 도교적 기우의례 14
회(5%), 성격불명의 기우의례 27회(10%)"[314] 라고 밝힌 바 있다. 특
히 무격이 천신과 소통하여 비를 내리게 하는 역할과 기능을 갖고 있
다고 믿었기 때문에 기우의례의 주재자로서 역할 하였던 것이다.

---

313) "有司奏 自春少雨請依古典審理冤獄賑恤窮乏掩骼埋胔先祈岳鎭海瀆諸
　　山川能興雲雨者於北郊次祈宗廟每七日一祈不雨還從岳鎭海瀆如初旱甚
　　則修雩徙市斷繖扇禁屠殺勿飼官馬以穀 王從之避正殿減常膳.", 『高麗
　　史』卷6, 靖宗 世家 2年 5月.
314) 김일권, 「고려시대 국가제천의례의 다원성 연구」, 『고려시대의 종교문
　　화』, 서울대출판부, 2002, p.10.

3. 醫療와 놀이의 기능

1) 주술적 의료의 기능

무격은 치병을 담당하기도 하였다. 고려시대에는 전시의 문화와 중국의 문화를 이어 이것을 독자적으로 발전시킨 醫藥學도 있었다.[315] 그러나 병이 나면 그 병의 원인을 귀신의 탓으로 돌려 병을 치료하기 위한 약은 먹지도 않으면서 주술적인 방법에 의존하여 병을 치료하고자 하는 경우가 많았다.[316] 이 때 무격은 병의 원인을 찾아내고 치료방법을 제시하는 주체였다. 공양왕 원년(1389) 固城의 한 무격이 병의 원인은 귀신 때문이니 병자의 거처를 옮기라고 하여 병자가 집 뒤에서 노숙하다가 호랑이에게 물려간 사례[317]를 통해서도 알 수 있다. 무격에 의존하여 질병의 치료하고자 한 것은 왕실에서도 일반이었다.

예종 17년(1122)에 사람들을 파견하여 산천의 神祇들에게 기도한 것[318], 인종이 치병을 위해 무당과 의원의 方術을 찾음이 진실로 한 번이 아니며 神聖의 靈에 빈 일이 많았던 일[319], 仁宗 24년(1146) 왕의 병이 심해지자 무격은 拓俊京의 원혼이 빌미가 되었다고 했고, 이

---

315) 全相運,「科學과 技術」, 국사편찬위원회, 『한국사』8권, 과천: 국사편찬위원회, 1974, pp.265-272.

316) 徐兢, 『高麗圖經』卷17, 祠宇.

317) 權近, 『陽村集』卷22, 傳 優人孝子君萬.

318) 『高麗史』卷14,「世家」14, 睿宗 17年 3月 壬午.

319) "訪巫醫之術 固非一焉 乞神聖之靈 亦已多矣.", 金富軾,「俗離寺占察會疏」,『東文選』권110.

에 척준경의 관직을 追復하고 그의 자손에게 벼슬을 내렸으며, 또 무격의 말에 따라 신축한 김제 벽골제의 둑을 허물기도 했다.[320] 여기서 벽골제 둑을 허문 것은 질병의 원인이 벽골제를 신축한 것에 있다고 여겼음을 의미한다. 민간 신앙에서는 흙을 다루는 데 매우 조심할 것을 말하고 있다. 즉, 흙을 함부로 다루면 地神의 노함을 사서 병이 난다고 한다. 이것을 '동티(動土)'라고 한다. 위에서 살펴본 인종의 경우, '동티'라는 관념이 적용된 것임을 알 수 있다. 심지어 충렬왕 8년(1282)에는 왕비 齊國大長公主의 병을 치료하기 위해 원나라에서 무격을 데려오려고 한 일[321] 까지 있었다.

고종 46년(1259)에는 근신들을 파견하여 여러 신사와 道殿에 기도한 것[322], 충렬왕 원년(1275)에 洪子藩을 보내어 지리산에 제사한 것[323], 충숙왕 16년(1329)에 제천단이 있는 氈城에서 기도한 것[324] 등은 이러한 사실을 보여준다. 그러나 신들의 환심을 얻기 위해 명산대천의 神祇들에게 加號를 하는가 하면,[325] 조상의 陵을 수리하기도 하고,[326] 병이 빌미가 된 것을 없앤다는 의미에서 죄수의 사면, 토목공사 중지, 도살 금지, 사냥하기 위해 잡은 매를 놓아주는 등의 조치를 취하기도 했다.

이와 같이 왕이나 귀족들이 병이 들었으나 잘 낫지 않을 때 무격의

---

320) 『高麗史』卷17,「世家」17, 仁宗 24年 2月 丙辰·庚申.

321) 『高麗史』卷29,「世家」29, 忠烈王 8年 7月 庚申·8月 丙戌.

322) 『高麗史』卷24,「世家」24, 高宗 46年 4月 甲申.

323) 『高麗史』卷28,「世家」28, 忠烈王 元年 6月 己巳.

324) 『高麗史』卷35,「世家」35, 忠肅王 16年 5月 丙戌.

325) 『高麗史』卷14,「世家」14, 睿宗 17年 4月 乙丑.

326) 『高麗史』卷20,「世家」20, 忠烈王 5年 4月 癸卯.

주술적 의료행위에 기대곤 하였다. 송나라 사람이었던 徐兢도 고려에 와서 그러한 상황을 목격했었다. 즉 그는 "고려는 본래 귀신을 두려워하여 믿고 음양에 얽매여, 병이 들면 약은 먹지 않고 父子 사이 같은 아주 가까운 육친이라도 서로 보지 않고 오직 저주와 厭勝을 알 따름이다."327) 이라는 기록을 남겨놓았던 것이다. 실제로 이러한 의료행위를 한 기록도 보이고 있디

> "병진일에 무당들의 말이 죽은 척준경의 작간이라고 하므로 척준경의 생전 벼슬인 문하시랑평장사를 되돌려주고 그 자손들을 소환하여 벼슬을 시켰다. 무오일에 죄수들을 석방하였다. 기미일에 진강백 왕연이 죽었다. 경신일에 무당의 말을 믿고 내시 봉열을 파견하여 김제군에서 새로 수축한 벽골지의 언제를 터놓게 하였다."328)

위 인용문에서 무격은 인종이 병을 척준경의 저주 때문이라고 하였다. 그러자 척준경에게 벼슬을 주고 그 자손들에게도 벼슬을 주었다. 앞에서도 살펴본 대로 그래도 병이 낫지 않자 벽골제의 둑을 무너뜨렸다. 거두어 두었던 물이 한 순간에 흘러 내려간 것처럼 인종 몸속의 피나 氣가 잘 흘러 병을 낫게 하고자 한 조치로 보인다.

> "(충렬왕 8년 7월) 경신일에 散員 高世를 원나라로 보내 醫와 巫를 청하였다. (중략) 8월초 하루 병술일에 고세가 원나라에서 돌아

---

327) "臣聞高麗 素畏信鬼神 拘忌陰陽 病不服藥 雖父子至親 不相視 唯知呪咀 厭勝而已.", 『高麗圖經』卷17, 祠宇.

328) "丙辰 巫覡謂 拓俊京爲崇 追復俊京門下侍郎平章事召還其子孫官之. 戊午 赦. 己未 晉康伯演卒. 庚申 以巫言遣內侍奉說決金堤郡新築碧骨池堰.", 『高麗史』卷17, 仁宗 世家 24年.

와서 황제의 회답을 전하기를 '병은 무당이 치료할 수 없는 것이며 의원은 이전에 이미 보낸 鍊德新이 있을 터인데 하필 또 다른 의원을 보낼 필요가 있겠는가'라고 하면서 다만 약품만을 보내 주었다."[329]

　이 내용은 충렬왕의 왕비인 제국대장 공주가 병에 걸리자 원나라에 사신을 보내 醫와 巫를 청한 것이다. 여기서의 '巫'는 의료행위를 할 수 있는 醫巫를 가리킨다. 왜냐하면 '병은 무당이 치료할 수 없는 것'이라고 하였기 때문이다. 충렬왕은 그 이전에 이미 공주가 병이 들자 병을 치료하기 위해 왕의 처소를 왕륜사, 신효사로 옮기기도 했다. 이는 불보살에게 공주의 치병을 빌기 위함이었다. 또 다른 측면에서는 억울함을 호소하는 죄수들을 재심사하고 석방[330] 하기도 하였다. 이러한 조치를 취했음에도 공주의 병이 치료되지 않자, 비로소 원나라에 협조를 구한 것이다.

　충렬왕은 원나라에 협조를 구하는 동안에도 法華道場을 열고 공주의 치병을 빌었다. 또한 소를 도살하는 것을 금하기도 했다.[331] 이후 원나라에서 보내 준 약 덕분으로 공주의 병은 나았던 것 같다. 이후 吉祥寺나 福靈寺에 충렬왕과 공주가 함께 행차하였고, 馬堤山에서 같이 사냥한 기록[332] 등이 있기 때문이다. 이렇듯 일반 무격과는 달리 의료행위를 전담한 무격이 있었던 것으로 보인다.

---

329) "庚申 遣散員高世如元請醫巫. (中略) 八月 丙戌 朔高世還自元帝曰 病非巫所能已醫則前已遣鍊德新何必他醫 惟賜藥物.", 『高麗史』卷29, 忠烈王 世家.

330) 『高麗史』卷29, 忠烈王 世家 8年 6月.

331) 『高麗史』卷29, 忠烈王 世家 8年 7月.

332) 『高麗史』卷29, 忠烈王 世家 8年 9月.

2) 가무와 놀이의 기능

무격들은 신과의 소통을 위해 歌舞를 통한 엑스터시를 동원하였다. 따라서 무격들은 가무에 능할 수 밖에 없었다. 그 때문에 그들은 가무를 추기 위한 국가의 부름에도 응해야만 했다.

> "吳潛의 첫 이름은 吳祁요 同福縣 사람이다. (중략) 왕이 소인의 무리와 친압하며 음주와 유흥을 즐기게 되니 오잠이 金元祥, 내료 石天補, 石天卿 등과 함께 왕의 폐행이 되어 소리와 색으로 왕의 뜻을 맞추었다. 그리하여 管絃坊 大樂에 才人이 부족하다 해서 각 도로 폐행들을 파견하여 얼굴이 곱고 기예가 있는 기생을 뽑고 또 개경의 巫女 및 官婢 중 가무에 능한 자를 뽑아 궁중에 두어 비단 옷을 입히고 말꼬리로 만든 갓을 씌워 따로 男粧隊라는 한 패를 꾸며서 새로운 노래를 가르쳤다."[333]

이 내용은 吳潛이란 자가 충렬왕의 비위를 맞추기 위해 얼굴이 곱고 기예가 있는 기생이나 巫女 및 官婢 중 가무에 능한 자를 뽑아 男粧隊(남사당패)라는 노래패를 만들었다는 것이다. 무녀들 중에 남장대에 들만큼 가무에 능한 자들이 많았기에 가능한 일이었을 것이다.

> "맹인과 무당의 자식을 찾아내어 樂工을 시키는 것은 典儀寺에서 전하의 명을 받아 행한 것입니다. 호적이 없어서 다른 사람의 이름

---

333) "吳潛初名祁 同福縣人. (中略) 王狎昵群小好宴樂 潛與金元祥內僚石天補天卿等 爲嬖倖務以聲色容悅 謂管絃坊大樂才人不足 分遣倖臣選諸道妓有色藝者 又選京都巫及官婢善歌舞者 籍置宮中衣羅綺戴馬尾笠 別作一隊稱男粧 敎以新聲.", 『高麗史』卷125, 吳潛傳.

을 쓰는 자들은 호적이 불편하다고 원망하고 이것을 저의 짓이라
고 합니다. 맹인과 무격들은 그것이 제게서 비롯된 것으로 간주하
여 저를 저주하였습니다."[334]

　여기서는 맹인과 무당의 자식을 樂工에 충당하라는 왕명이 있어
典儀寺에서 이를 시행하였음을 말하고 있다. 무격들이 가무를 할 때
꽹과리나 북과 같은 소리가 요란한 악기를 동원하였기 때문일 것이
다. 그런데 이들은 호적을 작성하여 통제의 대상이었다. 따라서 자유
로운 행동을 할 수는 없었다. 또한 '호적이 없어 남의 이름을 쓰는 자
들은' 이라고 한 것을 보면 이들 중 상당수가 호적 없이 여기저기 떠
돌아 다녔음을 반증해 주는 것이다. 이처럼 무격들은 가무와 악공의
역할과 기능을 수행하기도 했다.
　다음에서는 무격의 특징을 정리하고 미래 과제를 제시해 보도록
하겠다. 무격의 특징은 여러 가지로 정리할 수 있겠지만 이를 의례적
특징과 미학적 특징으로 압축할 것이다. 그리고 무격 불신 역사의 극
복과 기복신앙의 극복, 저주와 주술적 이미지의 극복을 통한 과제 제
시와 무격의 대중화 과제를 제시해 보도록 하겠다.

---

334) "刷盲人巫師之子充樂工典儀寺奉殿下之命而行之者也 無籍冒名之徒怨
　　戶籍之不便於己者曰 道傳之所爲也 盲人巫師以此議爲出於臣而詛之.",
　　『高麗史』卷119, 鄭道傳傳.

V. 韓國 巫覡信仰의 특징과 과제 …

V. 韓國 巫覡信仰의 특징과 과제

1. 무격신앙의 특징

1) 무격신앙의 의례적 특징

한국 무격신앙에서 의례적 특징은 '굿'문화에서 발견된다. 이는 무속 문화를 연구해온 여러 학자들에게 의해 그 일단이 거의 밝혀져 있다. 무속은 무격들의 風俗이란 말로 이해된다. 그러므로 무속이 성립되기 위해서는 무격이 반드시 있어야 가능하다. 무격은 그들의 본업인 무격의례를 집행함으로써 무격일 수 있고, 그 의례는 의례의 대상이 있어야 성립될 수 있고, 또한 의례는 그 의례의 요구자가 있어야 성립될 수 있다.

결국 무속은 의례대상으로서의 신령, 그 신령의 신앙자인 요구자, 의례집행자로서의 무격, 무격의 행사인 의례라고 하는 4가지 조건이 갖춰져야만 성립되는 것이다.[335] 이중 본 장에서 다루고자 하는 것은 무격의 의례로서 굿의 제의적 측면이다.

무격의 제의는 외형의 직능으로 보아 굿형, 점복형, 독경형 등으로 구분할 수 있는데, 이중 가장 중요한 유형이 바로 굿형이다.[336] 굿은 무격의 종합적 표현이다. 무격의 가무에 의해 신과 인간의 초복을 비

---

335) 이는 곧 무속의 본질을 규정하는 것이라 해도 과언이 아니다.

336) 정진홍, 『기독교와 타종교와의 대화』, 전망사, 1980, p.131.

는 종교 의례가 곧 굿이다. 굿을 때로는 '풀이'라고도 하는데, 재액을 풀고 초복을 비는 제의가 굿이다.[337] 특히 무격의 특성은 가무에서 발견된다. 노래와 춤은 엑스터시로 이끄는 기술이요, 交靈의 방술이기 때문이다.[338] 신인합일의 경지를 '입신'이라고도 하고, 엑스터시라고도 본다. 엑스터시 속에서 무격은 신령과 직접 교제하며, 그 신령의 힘에 의한 화복의 조절을 목적으로 하는 것이 바로 굿이다.

종교를 이해하기 위해서는 해당 종교의 종교적 表象을 관찰해야만 한다. "종교적인 표상은 이론적인 표현, 실천적인 표현, 사회적인 표현 등으로 나타난다."[339] 여기서 신화·교설·교리 등이 이론적인 표현이고 실천적인 표현은 祭儀이다. 그리고 사회적인 표현은 어떤 궁극적인 실재에 대한 공동체적인 지향성을 드러낸다.

제의는 항상 어떤 주술적 효능성을 목표로 삼아 굿을 해서 병을 고치려 한다든가, 모의성행위를 하여 자연의 풍요를 촉진시키려 한다든가 한다. "제의는 재현이요, 예시요, 다시 함이요, 미리 함이요, 인생의 재현이나, 무엇보다 가장 중요한 사실은 언제나 실제적인 목적을 갖고 있다."[340] 굿은 그 규모의 대소에 따라 '큰굿'과 '작은굿'으로 구분된다. 큰굿은 모든 巫具를 사용하고 모든 필요 의례를 연속적으로 하는 일종의 종합의례이다. 큰굿에는 무격이 최소 6인 이상이 동원되며 대개 3일 이상의 시간이 소요된다. 이에 비해 작은굿은 어떤 신격 하나에 대한 단독의례로서 대개 하루 안에 끝난다.

자연과 인간의 갈등, 삶의 불가사의하고 불가해한 문제들을 주술

---

337) 유동식, 『한국 무교의 역사와 구조 』, 연세대학교출판부, 1975, p.291.

338) 유동식, 앞의 책, pp.64-65.

339) 정진홍, 『종교학서설 』, 전망사, 1990, pp.31-42.

340) Jane E.Harrison, Ancient Art and Ritual, London: Oxford University Press, 1913, p.135.

적으로 해결하자는 무의 제의를 굿이라 한다. 전승되는 굿 중에서 연극적 굿을 '굿놀이'라 부르는데, 이는 '巫劇'이라고 정의할 수 있다. 무극은 흔히 原初演劇(proto-theatre)으로 취급되고 있으나, 한국의 경우 현대극과 병존하고 있으므로 '살아 있는 원초연극'[341] 으로서 연구가 가능하다.

굿은 언어적 요소[342] 와 행동적 요소로 구분되며, 행동적 요소는 율동적 요소인 무용과 비율동적 요소인 연극으로 나눌 수 있다. 율동적 요소가 제거되면 극적 행위[343] 가 된다. 극적 행위는 인간이 신을 향한 행동과 신이 인간에게 베풀어주는 행위, 신의 과거 생활을 현실에 재현시키는 행위, 신 자신의 현시행위 등으로 정의하고, 그것은 굿이 내포하고 있는 예술적 기능으로서 아직은 종교와 예술이 분리되지 아니한 종합적 형태[344] 가 굿이다.

굿은 신의 세계를 이 地上에 재현하며, 지상은 신들의 무대, 신들과 인간이 어울려 생각과 감정을 주고받는 무대가 된다. 이 자리를 통해 사람들은 초월적인 세계, 선험적인 사상들을 경험하는데, 그렇다고 해서 이 자리가 반드시 경험적인 실증을 넘어서 따로 존재하는 것은 아니며 무조건 초월적인 것이 경험되는 것도 아니다. 그 대립이 지양되는 데에는 상당한 장치와 계기가 필요한데 그 중에서도 특히

---

341) 김인회 외, 『한국무속의 종합적 고찰 』, 고려대학교 민족문화연구소, 1982, p.233.

342) 굿의 언어적 표출은 대부분 음악이 따르거나, 음의 고저 강약 장단을 섞어 불려진다. 이 점에서 歌謠 혹은 巫歌라 할 수 있다. 그러나 가창의 형식도 순수 대화조에서부터 樂舞가 따르는 순수가요에까지 여러 가지가 있어 일율ㄹ적으로 가요라고 하기에는 부적절한 면이 없지 않다.

343) 현용준,「제주도의 무속의례」, 『한국언어문학 』3, 한국언어문학회, 1965, pp.59-60.

344) 현용준, 위의 논문, pp.45-61.

갈등의 해소가 문제로 제기된다.[345] 특히 무교에서 연원된 굿의 전형으로 탈춤이 지목된다. 탈춤 자체가 곧 굿이라는 보는 것이다.[346] 하회 별신굿탈놀이의 경우 이 별신굿의 고유하면서도 없어서는 안 될 부분으로 이름 그대로 신에게 특별히 바치는 굿(제의)이자 놀이(연극)인 것이다. 별신굿탈놀이를 보지 않으면 죽은 후에 극락에 갈 수 없다고 주민들은 믿었다. 그러므로 별신굿에는 인근에서 구름과 같이 사람들이 모여들었고, 이 굿에 관중으로 참여하여 보는 것만으로도 내세의 행복을 얻을 수 있다고 믿었다.[347] 이것이 곧 별신굿탈놀이의 제의적 역할을 단적으로 말해준다.

제의는 종교적인 메시지가 참된 것이고 그가 제시하는 방향이 온당하다고 하는 확신을 마련해 주는 가장 강력한 수단이 된다. 굿을 하는데 필수적인 요소는 먼저 신앙 대상으로서의 神이 있어야 하고 다음은 이 신을 신앙하여 제의를 올리는 신도가 있어야 하며, 그 다음은 신과 신도 사이에서 신앙의 행위적 표현인 제의를 조직적으로 진행시켜야 할 전문적인 굿을 주재하는 사제(巫)가 있어야 한다. 따라서 굿은 신과 신도 그리고 무, 이 삼자가 긴밀한 상관관계에서 이루어진다.

굿은 존재의 획득과 유지 · 지속, 영구 지속에 목적이 있고, 굿에서는 존재의 근원을 카오스로 보고 있으며, 존재는 카오스에서 코스모스로, 코스모스에서 다시 카오스로 환원되는 순환체계 위에서 영원히 지속된다. 암흑의 혼돈 카오스에서 하늘과 땅이 열려 하늘과 땅이

---

345) 김열규, 「현실문맥 속의 탈춤」, 『고전문학을 찾아서 』, 문학과 지성사, 1976, pp.383-407.

346) 유동식, 「가면극과 제의」, 『이화여자대학교 한국문화연구원 제2회 발표회 자료집 』, 이화여자대학교 한국문화연구원, 1977, p.5.

347) 이미원, 「가면극과 제의」, 『한국연극학 』2, 한국연극학회, 1985, pp.66-67.

라는 공간이 처음으로 생겨나고, 공간이 시작된다는 그 시작을 시간의 처음으로 하여 코스모스가 생겨났으므로, 카오스가 무공간 무시간의 영원인데 비해서 코스모스는 유형적인 공간과 유한적인 시간의 순간적 세계이다.

존재는 신에 의해 새로 창조된 것이 아니라 카오스의 무형존재가 일시적으로 가시적인 유형존재로 스스로 열려 생겨난 것이다. 무속에서 영혼의 불멸을 믿는 것이나, 존재의 획득을 위해 카오스 상황에서 굿을 하는 것도 모두 카오스와 같은 영원성으로 회귀·회복·재생하려는 행위이다. 카오스의 위치에서 입체적으로 존재를 보는 사고는 현대인들이 코스모스의 위치에서 평면적으로 존재를 보려는 사고와 대비하여 '원본(arche-pattern)사고'[348] 라 한다.

한국의 굿을 목적면에서 분류하면 크게 巫神祭·家祭·洞祭로 나눌 수 있다.[349] 첫째, 무신제에는 무에게 강신한 신을 받아서 무가 되는 成巫 제의인 降神祭와 해가 바뀔 때마다 신의 영험을 주기적으로 재생시켜 무의 영력을 강화시키는 祝神祭가 있다. 둘째, 가제에는 祈子·育兒祈願·治病祈願·婚姻祝願·假屋新築·幸運·祈豊·海上安全·豊漁祈願 등과 같은 살아 있는 사람을 위한 제의가 있고, 商家淨化·溺死者薦度·亡人薦度 등과 같이 죽은 사람을 위한 제의가 있다. 셋째, 동제에는 주로 내륙지역에서 이루어지는 除厄·祈豊 제의와 해안지역에서 하는 제액·풍어 제의 등이 있다.

이러한 굿의 목적은 인간의 생로병사를 아우르며 행운과 내세 등의 기원으로 요약된다. 즉, 인간이 태어나서 오래 살면서 재산을 많이 가지고 편히 살고, 액운이 없이 병이 나면 치료하여 건강하게 살

---

348) 김태곤, 『한국무속연구 』, 집문당, 1981, pp.479-495.

349) 위의 책, pp.354-355.

다가 죽어서도 영혼이 내세에 좋은 곳으로 가서 영생하게 해 달라고 신에게 비는 것이어서 인간 존재의 영구 지속 문제로 압축된다.

굿은 무의 성격에 따라서도 분류된다. 무에는 무당형·단골형·심방형·명두형 등이 있다.[350] 무당형·단골형·심방형은 분포 지역, 강신 체험, 신단의 설치, 신관, 사제권 등에서 각기 차이를 보이고 있으나, 정통적인 굿을 할 수 있는 점에서 공통된다. 그러나 명두형은 이들과 달리 전문으로 점을 치는 자로서 死兒靈의 招靈術을 지니고 있으나 정통적인 굿을 할 수는 없다. 이상과 같은 무들은 강신무와 세습무로 양분되기도 한다. 강신에 의한 영통력이 주기능인 무당형과 명두형을 합쳐 강신무로, 사제권이 제도적으로 세습되는 단골형과 심방형을 합쳐 세습무로 부르기도 한다.

제의적인 면에서는 강신무와 세습무가 몇 가지 차이가 있다. 강신무는 신이 내려서 스스로 신격화되며 신과 일원화되는 데 반해 세습무는 신을 향한 일방적인 사제로서 신과 대치된 이원화 현상을 보인다. 강신무는 신의 하강로인 神竿를 사용하지 않거나 간소화시키는 데 반해 세습무는 필수적인 조건으로 제장에 설치한다. 강신무는 각 제의의 단계마다 개개 신의 복장을 상징하는 무복이 있어 다채롭게 사용하나 세습무는 간소화되어 있거나 거의 사용하지 않는다. 가무 면에서도 강신무는 장고·징·꽹과리·제금 등의 타악기를 위주로 가락과 속도가 빠르며, 세습무는 이러한 타악기 외에 피리·젓대·호적 등의 취주악기와 해금·가야금·아쟁 등의 현악기가 합주되면서 가락과 속도가 완만하게 진행된다[351] 는 차이를 드러낸다. 성별면에서 강신무는 간혹 남성인 박수도 있으나 주로 여무인 데 반해서 세습무

---

350) 김태곤, 앞의 책, pp.141-147.

351) 세습무 중에서도 제주도의 심방은 타악기 위주로 가락과 속도가 빠르다.

는 남무가 위주이고 여무가 부수적으로 따르고 있다.

굿은 현실적인 모든 제약을 넘어서서 원초 상태로의 복귀를 지향한다. 특히 死靈祭에서 굿은 죽은 자의 원한을 풀어주기 위해 그 영혼을 불러 억울한 사정을 넋두리 하게 한다. 이 넋두리는 바로 맺힌한이 일시에 풀어지게 하는 한의 해소 작용이며, 말 못할 사정을 발성하는 고발행위이기도 하다. 또한 이 넋두리는 한 맺힌 죽음을 저승으로 인도하는 효과를 가지고 있다. 그리하여 이 죽음은 이제 삶의 끝과 마지막이 아니라 또 하나의 새로운 삶의 창조로 이어지게 한다.[352] 따라서 한의 절대적인 해체와 한으로부터 완전한 해방을 지향하는 굿은 현실과 타협하려고 하지 않고 현실의 부정적인 것들을 고발한다.

이와 같은 측면에서 무격에게 발견되는 해코지 현상은 비정상적인방법으로 억울한 죽음을 당한 넋들이 나타나서 살아있는 사람들을해롭게 하는 행위로서 현실의 억압구조에 대한 민중의 저항적 의지가 전이된 현상으로 해석될 수 있다. 그리고 이것은 현실에 대한 저항을 바탕으로 하는 굿에 의해 새로운 창조행위를 형상화한다.

2) 무격신앙의 미학적 특징

한국 무격신앙에는 종합예술적인 성격이 함축되어 들어 있다. 이는 굿의 현장에서 쉽게 발견된다. 그리고 그 예술적 특징은 美學으로정립된다. 그렇다면 한국 무격이 갖는 미학적 정체성은 무엇으로 설

---

352) 김진, 「무속신앙과 한의 신학」, 『신학사상』 67, 한신대학교 신학사상연구소, 1989, p.1001.

명할 수 있을까. 이를 '신명풀이'[353]로 논할 수 있다.

무격의 문화가 살아 있는 문화로 꾸준히 전승되는 것은 한국인이 무격의 문화를 선호하고 무격의 문화가 한국인의 정서에 맞기[354] 때문이다. 결국 무격의 문화를 좋아하는 것은 우리의 정서에 맞기 때문이다. 그러나 문제에 답이 있고, 답이 문제가 되는 순환적 질문을 하지 않기 위해서는 무격 문화의 정체성이 무엇인지 해명해야 한다. 무격의 문화가 지속될 수 있는 기반은 무엇이고, 한국인이 굿판을 찾는 이유는 무엇인지, 무격 문화와 다른 종교의 교섭의 이유는 무엇인지, 이를 간단히 말하기는 어렵지만 '신명풀이'로 집약할 수 있을 것이다.

그런데 무격 문화의 신명풀이는 공동체성과 밀접한 관련이 있다. 농경사회 속에서는 노동집약적 경제·사회 구조를 갖게 마련이다. 그러한 사회에서는 공동체의 화합과 단결이 요구된다. 이러한 요구를 충족시키는 것이 '굿'이었다. 그러나 오늘날은 농경사회가 아니기 때문에 노동집약적 사회 구조를 요구치 않는다. 4차 산업혁명을 맞아 기계가 인간의 역할을 대신하는 구조이다. 자유로운 개인이 개인과 관계 맺는 시스템은 국가간의 계약으로까지 확대되어 나타난다. 이러한 자유주의 구조에서는 개인과 개인을 하나로 묶는 공동체성이 부족할 수 밖에 없다. 따라서 굿문화의 확대를 통해 공동체를 재인식하는 계기가 증대되어야 할 것이다. 이것이 4차 산업혁명기에 인간의 가치와 존엄성을 확대시키는 방안이 될 수도 있다.

또한 굿의 현장에는 반드시 노래와 춤이 수반되는데 여기에는 치유가 뒤따른다. 예를 들어, 조선시대의 혜민서와 활인서를 통한 전염

---

353) 신명풀이에 관해서는 다음을 참조. 한양명, 「민속예술을 통해 본 신명풀이의 존재양상과 성격」, 『비교민속학 』22, 비교민속학회, 2002.

354) 탁석산, 『한국인의 정체성 』, 책세상, 2000, p.102.

병 치료가 비교적 적극적인 방법이라고 한다면, 厲祭나 水陸齋 등은 소극적인 치료방법이라고 할 수 있다. 厲祭는 전염병을 일으키는 冤魂을 慰撫하기 위한 것으로 전염병 예방의 성격이 강했던 것으로 1년에 3번 정기적으로 설행되었다. 別厲祭는 전염병이 猖獗하는 지역에서 임시로 행하는 祭祀로 귀신 섬기기에 좋은 날을 택하거나, 급할 경우에는 바로 별여제를 설행하였다. 이를 통하여 귀신의 넋과 한을 달래어 병의 치유를 도모[355] 하기 위한 것이었다.

현대 사회에서 굿의 공동체적 성격은 판소리 시연이나 난장에서도 발견된다. 판소리는 과거지향적이고 K-Pop(Korean Popular Music)과 같은 대중음악은 현대적이며 미래적이라는 인식은 매우 편협한 사고이다. 최근 대중음악 중에서도 일제강점기 일본 엥카의 영향을 받아 형성된 트로트(Trot)가 젊은층에서도 많은 인기를 누리고 있다. 이는 대중의 정서는 언제든지 변화한다는 것을 보여준다. 판소리도 얼마든지 대중적 인기를 누릴 수 있는 가능성이 있다. 특히 판소리 가사는 스토리텔링의 하나로서 충분한 요소가 갖춰져 있는 만큼 우리는 물론이고 세계인들의 지적·감정적 욕구를 충족시킬 수 있다.

판소리의 현장을 경험한 사람들에게서 '신명난다'는 표현을 쉽게 들을 수 있다. 이는 소리 자체는 물론이고 소리가 품고 있는 의미(가사)가 우리의 정서에 맞기 때문에 그 속에서 공동체성을 느낄 수 있다는 것으로 이해할 수 있다. 따라서 굿의 범위를 전통적인 해석으로만 국한하지 말고 미래지향적인 성격으로 확대시킬 필요가 있을 것이다.

---

355) 李圭根,「조선후기 疾病史 연구: 『朝鮮王朝實錄』의 전염병 발생 기록을 중심으로」,『국사관논총』96, 국사편찬위원회, 2001, p.41.

무격 문화의 지속적인 전승기반은 민중생활과의 有機的 관계에서 찾을 수 있다. 제도종교는 독립된 조직과 집단의 재생산 구조를 갖추고 있다. 그러나 무격의 문화는 생활 속에서 성립되고 전승된다. 무속 의례는 공동체적 歲時風俗 절기와 삶의 주요 매듭이 되는 상황 속에서 수행된다. 무속 의례는 별도의 주기적인 集會가 아니라 삶의 필요와 수요에 따라 燕行된다. 그러므로 무속 의례의 정서가 생활 속에 작용하고 생활 속의 수요가 무속 의례를 필요로 하게 된다. 즉, 무속 의례와 생활의 유기적 관련성이 무격의 문화를 지속시켜온 배경이라고 할 수 있다.

먼저 무격의 존재방식을 살펴볼 필요가 있다. 무격은 공동체적 기반 위에서 巫業을 해왔다. 세습무는 世襲巫系에서 무격이 배출되는 까닭에 독자적인 제도를 통해 지위를 공인 받는다. 그들은 '당골판'이라고 부르는 구역을 가지고 당골판을 찾는 사람들로부터 경제적 도움을 받아 무속 의례를 제공하는 相補的 관계 속에서 활동해왔다. 또한 무격은 마을의 제당을 관리하고 마을굿을 전담하면서 개인 집의 당골 무격으로도 활동해왔다.

이와 같은 무격과 공동체의 관계는 降神巫의 경우도 크게 다르지 않다. 강신무라고 해서 개인적인 靈的 카리스마만으로 무격이 되는 것이 아니라, 일정한 공동체성을 담보하고 있다. "강신무가 되기 위한 내림굿은 개인의 관심사만이 아니라 마을공동체의 관심사이기도 했다. 그래서 神이 내린 사람은 내림굿을 하기 전에 마을의 집집마다 돌아다니며 쌀과 쇠를 걸립하여 그것을 가지고 굿 음식을 장만하고 巫具도 만들어 내림굿을 받았다."[356] 강신무 역시 사회적 공인을 받

---

356) 이용범, 「한국 무당의 유형 구분에 대한 고찰」, 『종교연구』27, 한국종교학회, 2002, p.257.

는 과정이 있었던 것이다.

또한 강신무도 세습무권의 '당어매'처럼 마을 제당을 관리하고 마을굿을 주관하는 당주무당이 있고, 혈통 세습이나 사승관계를 통해 계보를 이어왔다. 당주무당의 계보는 공동체와의 관계가 중요하다.[357] 이와 같이 우리나라의 무격은 공동체와의 관계가 일차적인 존재방식이라고 할 수 있다.

무속 의례 중에는 집안 단위로 수행되는 개인의례도 있고 비교적 조용하게 하는 경우도 있다. 그런 경우에도 공동체성이 적용되는가 하는 의문이 들 수 있다. 물론 그 형식은 공동체 의례가 아니다. 하지만 거기에도 공동체적 질서가 있다. 正初의 액막이도 개별적으로 할 뿐 이웃이라 할지라도 들여다보지 않는다. 그렇게 하는 것이 일반화된 문법이다.

무격이 지속적으로 전승될 수 있는 또 다른 토대는 공동체와 생활 간의 유기적 관계에서 발견된다. 그러나 무엇보다도 무격의 독특한 점은 신 내리는 체험에 있다. 무격이 신과 직접적으로 만나지만, 일반인도 가벼운 忘我 상태의 신내림을 체험한다. 이는 마을공동체의 줄다리기, 고싸움, 탈춤, 풍물굿 등과 같은 대동굿에서도 나타나는 현상이다. 특히 무격은 굿을 통해 신과 하나가 되고 그 기운을 사람들에게 전파한다.

신명 체험의 성격은 가무를 비롯한 한국문화의 모든 분야에서 기본적 특성으로 받아들여진다.[358] 특히 굿판에서는 노래와 춤이 어우러진다. 일종의 종합예술의 현장을 방불케 한다. 그러나 신명은 단순

---

357) 홍태한, 『서울굿의 양상과 의미 』, 민속원, 2007, pp.323-324.

358) 조흥윤, 「한국문화와 민속종교」, 『종교연구 』 3, 한국종교학회, 1987, p.252.

한 놀이가 아니다. 외재화된 굿판의 현상들이 그 자체로 신명을 의미하는 것은 아니다. 신명은 접신의 소산이다. 접신된 결과에 의해 광적으로 보이는 신내림이나 흥분된 심적인 상태가 곧 신명이다.[359] 무격과 일반인의 신명은 같지 않다. 무격 중에서도 강신무는 신들림의 전문가이고, 세습무는 직접 신들리지 않고 굿판을 조성하는데 전문가이다. 또한 무격은 신이 내리는 존재이고, 일반인은 신이 내리는 것을 지켜보는 존재이므로 양자를 동일하게 취급할 수 없다.

접신은 무격이 전문적으로 한다. 그렇지만 일반인도 굿 중간에 무복을 입고 간접적인 접신을 할 수 있다. 신명 넘치는 굿판은 굿판에 참여하는 모든 사람들을 하나로 묶는다. 따라서 무격의 신내림과 일반인들이 신나는 것이 크게 다르지 않다. 이를 모두 신명풀이로 이해할 수 있다.

굿판에서 신명이 넘치는 것은 그 속에 '풀이'가 있기 때문이다. 풀이는 모든 영역에서 필요하며 "생산, 치유, 해결의 의미"[360]를 갖는다. 또한 풀이는 응어리진 상태를 바로잡는 치유의 의미도 있다. 굿에서는 바로 그 풀이를 하여 사람들을 치유시킨다. 따라서 '굿은 풀이'다. 무당굿에서는 응어리진 것을 '고'라고 한다. 그리고 이 '고'를 풀어내는 것을 '고풀이'라고 한다. 고를 풀어냄으로써 삶과 죽음을 화해시켜 죽은 자가 제대로 저승길을 가고 산자는 정상적인 생활을 할 수 있게 한다. 바로 이런 점에서 굿은 윤리 도덕적인 삶을 살 수 있게 일상을 정상적으로 되돌리는 긍정적인 역할을 한다.

굿판에는 주술·종교적 풀이와 심리적 풀이가 있다. 질병이나 재앙

---

359) 김열규, 『한국인 그 마음의 근원을 찾는다』, 문학사상사, 1987, pp.109-110.
360) 김열규, 앞의 책, pp.25-26.

으로부터 받는 괴로움 혹은 생과 사에서 나타나는 괴로움을 해소하는 것이 종교적 풀이라면, 심리적 풀이는 사회 관계에서 발생하는 마음의 괴로움과 계층 간 갈등을 해소하는 것이다.[361] 민속에서 주로 행해지는 탈춤은 계층간 발생하는 여러 갈등을 해소하는 풀이가 있고, 씻김굿과 같이 망자의 천도와 생자의 화해를 목표로 한 종교적 풀이도 있다.

그러면 신명풀이가 어떻게 구현되는지 살펴보자. 마을굿과 집안굿은 조금씩 다르고, 재수굿인지 오구굿인지에 따라 조금씩 다른 양상이 나타난다. 신명풀이는 별신굿판에서 난장으로 확대되어 나타나기도 한다.

> "별신굿에는 부녀자들의 열띤 굿판에 때로 씨름·그네·농악 등 군중을 동원하는 대형 놀이들도 전개되고, 도박판이 벌어지고, 밤이면 색주가의 노랫소리에 무녀들의 가무까지 곁들여져서 성적인 해방감마저 감돌았고, 연일 인근 각지의 주민들이 구름같이 모여들었다고 한다. 그래서 취하고 배불리고 더러 싸움판도 만들어지고 해서 이른바 '난장판'이 만들어졌던 것이다."[362]

이는 별신굿의 축제적 난장 장면을 보여주는 내용이다. 마을굿이 벌어지면 무녀들의 가무가 곁들여지고 풍물을 치고 싸움판도 벌어지는 등 마을 전체가 집단적인 난장을 펼친다. 이처럼 난장은 '난리법석의 장'이다. 난장에는 破格이 있기 마련이다. 일상에는 없는 일이 난장에서 벌어지기 때문이다. 숨어 있던 인간의 본능이 분출되는 공

---

361) 위의 책, p.111.

362) 장주근, 『한국의 향토신앙』, 을유문화사, 1975, p.122.

간이 바로 난장이다. 그러나 이 난장에는 놀이가 따르고 그것이 용인된 일탈로 이어지기도 한다. 굿판의 난장은 이런 일탈성의 표현[363]이다. 조선시대의 음사가 이런 난장이었을지도 모르겠다. 현대 일반적인 축제에서는 이와 같은 난장을 보기 어렵다. 그러나 별신굿이나 단오굿판 등에서는 난장의 흔적을 흔히 보게 된다. 전통을 유지하고 발전시켜야 되는 이유가 여기에 있다.

상갓집에서 벌어지는 신명풀이는 '고'를 치유하는 기능을 한다. 우리나라 서남해 지역에서 벌어지는 축제식 상장례에서 이러한 모습을 볼 수 있다. 굳이 서남해 지역을 가지 않더라도 대개의 상가에서는 문상객들을 위해 술과 음식을 대접하고 사람들은 밤을 새우며 생전의 망자를 회상하기도 한다. 그 과정에서 맺힌 '고'가 풀어지기도 한다. 따라서 망자의 명복을 비는 종교적 풀이와 더불어 유족의 아픔을 자신의 아픔과 같이 여기는 심리적 풀이가 함께 한다.

요즘은 쉽게 볼 수 없지만, 과거에는 상여를 매고 매장지까지 가면서 부르는 상여소리를 하고 굿판을 펼치는 등 '상여굿'이 행해졌다. 이것이 바로 굿판의 신명풀이다.[364] 여기서 발생하는 신명은 일상적인 것과는 다르다. 죽음 앞에서 신명을 펼치는 것은 곧 죽음을 부정하고 삶을 긍정하는 것을 의미한다. 이처럼 신명풀이는 맺힌 것을 풀어내는 신바람으로 표출된다.

이와 같이 무격 문화의 신명풀이는 생의 현장에서 확장된다. 이러한 현장에 주목하여 김열규는 한국문화의 원형을 풀이와 신명론에서 찾고 있다. 그는 "한국인은 풀면서 살아온 사람들이다. 맺혀도 풀고 꼬여도 풀며 살아온 사람들이다.", '항상 풀이이기를 소망한 사람

---

363) 김열규, 앞의 책, p.108.

364) 이경엽, 『진도다시래기』, 국립문화재연구소, 2005, p.49.

들'이 곧 한국인이라고 하면서, 한국인에게 어울릴 최종적 상징이 곧 '풀이의 인간'[365] 이라고 했다. 이처럼 무격에서 나온 신명풀이는 일상 생활 속으로 확장되어 나타난다.

신명풀이는 일상생활은 물론이고 예술의 영역에서 더 잘 발견된다. 이것은 무격과 직접적으로 연관된 풍물굿, 탈춤, 무악 등 뿐만 아니라 판소리, 산조, 살풀이 등 만을 말하는 것이 아니다. "忘我境으로의 몰입, 난장, 자유분방, 즉흥성, 興 등의 신명풀이적인 요소가 한국인이 가장 좋아하는 삶의 방식"[366] 이고, 한국적 미의식은 인위적인 격식보다 야성적이고 자유분방함을 추구하는 데 있다. 또한 다른 나라들과는 말할 것도 없고, 동일한 한자문화권에 속해 있는 중국이나 일본의 예술과 다른 우리만의 독특함을 형성하게 된 주 요인을 무격에서 찾을 때,[367] 한국 미의식의 원천은 신명풀이에서 발견할 수 있을 것이다.

신명풀이는 굿을 하는 과정에서 소모되어 없어지는 것이 아니라 생활 속으로 확장된다. 또한 신명풀이는 사람들과의 대면과 사회 관계 속에서 성립되고 극대화된다. 이는 무격의 공동체성과 신명풀이의 유기성에서 비롯된 것이다. 신명풀이는 굿에서 볼 수 있는 춤과 노래를 통해 맺힌 것을 풀고, 회복하고, 공유하는 가운데 발생하는 기운이 사람들에게 작용하는 것이다. 그리고 이런 신명풀이가 우리의 정서에 어느 정도 적합하기 때문에 무격의 전승력으로 작용했다고 보인다. 이런 점에서 신명풀이는 무격의 전통을 통해 형성된 한국문화의 정체성을 대변하는 것이라 하겠다.

---

365) 김열규, 앞의 책, p.37.

366) 최준식, 『한국인은 왜 틀을 거부하는가 』, 소나무, 2002, pp.35-37.

367) 황필호, 앞의 책, p.173.

3) 무격신앙의 종교적 특징

　한국 무격은 고대의 신화와 祭禮로부터 현대의 무속에 이르기까지 일관해서 한국문화 속을 흘러온 역사적 종교현상이다. 한국에서 무격의 종교적 측면에 대한 시각은 기본적으로 1960년대 이후의 사회적 상황에 기인한 바가 크다. 학술계뿐만 아니라 사회적으로도 '한국적인 것', '우리 것'에 대한 관심이 고조되었으며, 민속문화나 전통문화를 존중하는 시각이 나타남으로써 무격 또한 한국종교의 뿌리로서 그 역사성이 평가되는 분위기가 조성되었다. 유동식, 서정범, 박일영 등의 경우[368] 철저하게 무격을 종교로서 인정하는 시각을 보여준다.

　무격신앙의 외형적 특징은 歌舞로써 신을 섬긴다는데 있다. 交靈의 목적은 신령의 영력을 빌어 재액을 물리치고 축복을 초래하자는데 있다. 무격의 종교적 구조는 부정을 매개로 새로운 세계와 인생을 창조하는데 있다. 자아와 역사 곧 세속의 부정을 매개로 사람들은 원초적인 신화적 세계로 퇴행한다. 거기에서 인간은 자유로이 신령과 교제하며 창조를 꿈꾸게 된다. 그 구조에 있어 동북아시아의 샤머니즘과 다를 것이 없다.[369]

　샤머니즘의 구조에 비추어서 무격의 형태는 聖俗辨證法으로 고찰이 가능하다. 무격은 입무의 과정에서 巫病을 앓는데, 이것은 속된 존재로서는 죽고 거룩한 존재와 교제할 수 있는 새로운 존재로 재생한다는 것을 의미한다. 또한 神人融合적 엑스타시를 보여준다. 무격

---

368) 유동식, 『한국 무교의 역사와 구조 』, 연세대학교출판부, 1978.; 서정범, 「샤마니즘과 한국적 문학」, 『현대문학 』 68, 960, pp.126-136.; 박일영, 「종교간의 갈등과 대화: 무속과 그리스도교를 중심으로」, 『종교·신학 연구 』 2, 1989, pp.99-124.

369) 유동식, 위의 책, p.346.

의 특징은 가무에 있고, 샤먼이란 엑스타시의 기술자였다. 이를 통해 무격은 화복을 조절한다. 무격은 엑스타시 속에서 신령과 교제하는 것이며, 이러한 교령을 통해 신의를 알고 영력을 빌려서 禳災招福의 기능을 발휘했다. 신령이 힘에 의해 자연과 인간의 운명을 조절하는 것은 일종의 창조적 행위이다.

무격의 신관은 多神的 自然神觀이란 입장에서 말할 수 있다. 한국의 무신은 273종으로서 이를 다시 천신·자연신·인신·잡귀로 나눌 수 있다.[370] 또한 이를 계통상으로 분류해 보면 자연신 22계통, 인신 11계통, 기타로 분류한다.[371] 이와 같이 신앙대상신이 자연신과 인간신의 두 계통으로 대별 되고 있는데, 이들 신은 대체로 인격을 갖추고 인격적으로 顯現되지만 자연신의 경우는 간혹 자연 그대로의 정령으로 보는 경우도 있다. 그리고 이들 무신은 분담된 직능의 분야에 대해서는 무한한 능력의 창조자로서 전능한 존재로 나타난다. 그러나 이들 무신은 인간에게 고통을 주는 벌로서 신의 의사를 전달시키기 때문에 비록 인간을 수호해 주는 善神일지라도 늘 공포의 대상이 된다.

무격은 우주 삼라만상의 모든 물체에 위대한 정령이 깃들어 있다고 믿어 天·地·水·樹木·岩石 등의 자연물도 모두 신성시한다. 무속에서는 이런 자연물 중에서도 특히 高山·巨木·神竿 등이 신성시되고 이런 산, 수목의 주위가 성역으로 제의 장소가 되며 산이나 수목이 없는 장소에서 제의를 해야 할 경우에는 신간을 세워 임시의 성역으로 설정한다.

또한 무격에 나타난 우주는 天上·地上·地下로 삼분된다. 천상에

---

370) 김태곤, 「한국무교의 종류」, 『국제대학논문집』, 국제대학교, 1969, pp.71-84.

371) 김태곤, 『한국무속연구』, 집문당, 1995, p.285.

는 천신을 비롯한 日神·月神·星神과 시종신들이 살면서 우주의 삼라만상을 지배하며, 지상에는 인간과 금수 그리고 산신을 비롯한 일반 자연신이 살고 지하에는 인간의 死靈과 그 사령을 지배하는 冥府神들이 살고 있는 것이라 믿고 있다.[372] 나아가 무격은 우주의 축이 되는 성역을 통하여 신령들과 영교할 수 있다고 믿고 있다.[373] 이러한 3층구조의 우주관은 시베리아, 퉁구스, 몽고의 샤머니즘에서도 뚜렷하게 나타나고 있는 보편적인 우주관이다.[374]

무격은 인간과 영혼의 결합체로 보고 영혼이 육신의 생존적 原力이라 믿는다. 영혼은 무형의 기운으로 인간 생명의 근원이 된다고 보는 것이다. 무격은 영혼이 육신에서 떠나간 상태를 죽음으로 보아 인간의 생명자체를 영혼의 힘으로 믿는다. 영혼은 또 육신이 죽은 후에도 새로운 사람으로 세상에 다시 태어나거나 내세인 저승으로 들어가서 영생한다고 믿는 불멸의 존재. 인간을 육신과 영혼으로 이분해서 육신은 형상이 있되 일정한 기간에 이르면 死滅하나 영혼은 형상이 없는채 不滅의 영원한 것으로서 육신이 생존하는 근원적 정기로 보는 사실이다.[375] 영에는 善靈과 惡靈이 있다. 선령은 현세에서 유복한 삶을 산 사람들이 되는 것이며, 악령은 현세에서 원한을 품고 고통과 억울한 일을 당한 사람이 되는 것이다.[376] 불교에서 행하고 있는 영혼 구명식은 이렇게 원한을 품고 죽은 사람들을 구원하고자 하는 의도에서 행하고 있다. 그러나 이것은 불교 자체의 요소가 아니

---

372) 김태곤, 위의 책, p.297.

373) 문상희, 『종교란 무엇인가』, 분도출판사, 1976, p.130.

374) 이동직, 『아시아 제민족의 원시종교』, 운문사, 1949, p.39.

375) 김태곤, 『한국무속연구』, 앞의 책, p.300.

376) 김기곤, 「샤마니즘이 한국기독교에 끼친 영향」, 『삼육대학논문집』, 삼육대학교, 1982, p.125.

라 무격신앙의 영향을 받은 것이다. 한국 무격의 영혼은 死靈과 生靈으로 구분해 볼 수 있다. 전자는 사람이 죽은 후에 저승으로 가는 영혼이고, 후자는 살아있는 사람의 몸속에 깃들어 있는 영혼이다.

무격신앙이 불교가 전래되기 전 까지는 민족적 종교의 구실을 해왔고, 그후 유교 · 불교 · 도교 등의 외래종교와 국내의 群小 종교가 교세를 확장해 가는 도중에도 무격은 민간들 속에서 뿌리 깊은 종교적 기반이 되어왔다. 그렇기 때문에 우리가 가지고 있는 죽음과 내세에 대한 사고가 중요한 문제이다.

내세관은 사후인간의 영혼이 어디로 가며 어떻게 존재하느냐 하는 영혼관을 전제로 성립된다. 한국 무격신앙에서는 내세에 대한 관념이 단순하다. 현세를 '이승', 내세를 '저승'으로 표현하며 내세를 極樂으로 보고 이곳은 서쪽에 있는 西方淨土인 西天西域國으로 알고 있다. 이것은 원래 무격의 내세관에는 없던 것이 불교의 영향을 받아 형성된 것이다. 이 저승에 대한 사고는 천국이나 극락과 같이 그 위치가 뚜렷하게 나타나지도 않고 극락적 성격이 강조되지도 않는다. 죽으면 응당 저승으로 가는 것이고 거기서 새로운 삶이 시작되는 것이며, 저승이 천상이나 지상이나 지하라는 한계도 없는 것으로 보인다. 무속의 내세관속에는 미래에 대한 구원관이 없다. 기독교나 불교 등의 고등종교에서는 그들이 생전에 믿는 신앙을 통해서 미래에 대한 구원을 받는다는 내세관을 가지고 있지만 무속에서는 이와 같은 신앙을 통해서가 아니라 죽으면 자연의 법칙에 따라 당연히 저승으로 간다는 자연적 의미를 담고 있는 내세관을 가지고 있다. 이 자연적 의미에는 특별한 상벌이나 구원개념이 들어있지 않다. 그래서 종교적이지 않다는 평을 듣기도 한다.

그러나 무격신앙은 종교적 의미를 충분히 갖추고 있다. 무격을 단지 미신숭배나 되는 것처럼 오인하는 것은 무격을 제대로 파악하지 못한 단순성에서 기인한 것이다. 한국의 무격은 오랜 역사를 거치면서 오늘에 이르기까지 우리 민족의 저변에 깔려있는 민족성은 물론 민중신앙의 대상이 되어 왔다. 또한 생명력을 가지고 있어서 그동안 한국 문화에 들어왔던 불교나 도교, 또는 여타의 다른 종교로부터 적잖은 요소를 받아들였지만 그 본질적인 것은 그대로 지켜온 채 그것을 巫의 것으로 잘 소화하고 있다. 이렇게 볼 때 한국의 무격신앙은 고대로부터 오늘에 이르기까지 면면히 내려오면서 그 나름의 고유한 체계를 가진 종교라고 할 수 있다.

반면 민간신앙인 무격신앙을 종교로 보지 않는 경향도 있다. 그 이유는 무격이 종교로서의 체계나 조직이 없다는 데 있다. 그러나 초월자로서의 신령이 신앙이 되고 신봉자로서 무격이 있으며, 그 둘 사이를 중재하는 사제로서 무격이 존재하기 때문에 무격은 종교가 될 수 있다.[377] 따라서 무격이 종교로서 인식되어 질 때 무격의 올바른 이해를 할 수 있는 것이다. 이때 자주 사용된 개념이 '무교'이다. 무교라는 개념에는 무격의 종교성을 제대로 살피고, 이에 가치를 부여하려는 자세가 반영되어 있다.

여기에 우리가 무격을 바르게 이해해야 할 요소가 있는 것이다. 무

---

377) 조흥윤, 위의 책, p.287. 또한 무속의 종교적 측면에 주목하였던 정진홍은 이러한 시각을 '종교 아닌 종교'로서의 무속 인식이라고 하였다.(정진홍, 『경험과 기억: 종교문화의 틈 읽기 』, 도서출판 당대. 2003, p.175.) 여기서 '종교 아닌 종교'로서의 무속 인식이란 무속을 일부 종교로 인정하는 시각임과 동시에, 무속에는 종교에 요구되는 보편적 가치관이 결여되어 있다고 강조함으로써 결국 무속을 종교의 영역에서 배제하려는 시각을 뜻한다. 이러한 시각이 '종교'개념에 얽매여 있음은 분명하다. 신자토 오시노부, 「종교로서의 한국 무속: 무속 담론에서 '무교' 개념의 형성 과정을 중심으로」, 『종교연구 』78, 한국종교학회, p.186.

격은 귀신을 믿는 것이 아니라 넓은 의미에서 온갖 조상신을 섬긴다. 여기서 조상신이란 하늘신, 땅신, 산신 등의 자연신과 시조신 그리고 조상들이 각기 종횡으로 기능을 담당하는 神界가 있으며 여기에는 외래종교로부터 끼어들어온 신령도 있다. 이들은 종합해서 조상신이라고 한다.[378] 아무튼 무격은 조상과 인간과 무한한 조화를 추구하고 그 조화가운데서 삶의 창조적인 힘을 되찾고 있는 것이다.

---

378) 조흥윤, 『무와 민족문화』, 민족문화사, 1991, p.235.

2. 무격신앙의 과제

1) 무격 불신 역사의 극복

무격은 배제될 대상인가? 시대별로 이러한 질문을 받아 온 것이 사실이다. 고려시대 무속 배척론에 이어 조선의 太宗은 미신타파에도 마음을 써서 인심을 현혹시키는 秘記類를 불사르거나 몰수하기도 하였지만[379] 논의의 중심에 서지는 않았다. 일제강점기대를 거쳐 해방전후 이와 같은 무격 배제의 논리가 본격화되었다.

과학화와 근대화에 대한 노력인 미신타파운동에서 가장 큰 걸림돌이 되는 것이 바로 무속인 집단이었다. 이 집단은 미신의 온상이며 혹세무민하여 조선의 경제를 흔들어대는 집단으로 인식되었다.

"이것이 무슨 마귀의 놀음이냐. 작년 인천에서 굿을 한 횟수는 385회가 되고 소비된 액수는 10,740원이라고 한다. 그런 거금을 수재복구 같은 공익에 쓰면 얼마나 좋은가. 요즘 진남포, 해주 등지에서는 올해는 풍년이지만 돌림병이 돌테니 이불귀솜을 가져다가 떡을 져먹으면 병에 걸리지 않을 것이라는 풍설이 떠돌아 너도 나도 이불귀솜을 얻기 바쁘다. 이런 미신은 어리석은 여자들이나 하는 짓이지만 그걸 말없이 허락하는 남자들이야말로 어리석은 사람이다. 거기다가 훔치교와 같은 미신에 속고 있으니 나라가 망할지경이다. 치열한 경쟁사회에서 미신을 버리자. 그렇지 않으면 死中求

---

379) 국사편찬위원회, 『한국사: 조선-양반관료국가의 성립』9, 국사편찬위원회, 1974, p.86.

生을 얻지 못할 것이다." [380)]

이와 같이 당시 언론에서는 미신을 '마귀의 놀음'으로 인식하고, 미신을 믿는 사람을 '어리석은' 사람으로 보고 있다.

일제강점기에서 1950년대 초반까지의 당시 주요 신문기사를 통해 무격배제(미신타파)에 관한 기사가 얼마나 많이 등장하는지 살펴보면 다음의 표와 같다. [381)]

<표> 일제강점기 신문의 미신타파 기사

번호	신문명	날짜	면수	단수	기사제목
1	동아일보	1920-04-29	03	05	悲慘한 迷信의 一例, 조부가 알는 까닭에 손녀는 강제로 퇴학, 미신의 종노릇 속히 고쳐라
2	동아일보	1920-04-29	01	01	科學의 朝鮮, 理學發達의 必要를 論함
3	동아일보	1920-06-03	03	07	숭신인조합이란 무엇인가?
4	동아일보	1920-06-22	03	07	喪輿를 破壞, 주산을 넘는다고 촌민이 덤벼서
5	동아일보	1920-08-13	03	06	迷信은 亡國의 禍源, 문둥이는 음경을 먹어도 결단코 병은 낫지안는다, 타파하라 속히 미신을!
6	동아일보	1921-04-30	03	05	태을교 두목검거
7	동아일보	1921-05-13	03	03	국권회복을 목적으로 하는 태을교도대검거
8	동아일보	1921-05-17	03	04	火災를 預言하고 하인을 식혀 불을 노아, 가탄할 부녀자의 미신
9	조선일보	1921-06-11	04	02	槐山靑年素人劇
10	동아일보	1921-10-07	03	07	훔치교도의 대공판
11	동아일보	1921-10-09	03	05	神將의 命으로 家宅侵入
12	동아일보	1921-12-19	03	09	태을교도검거

---

380) 「미신을 타파하라」, 《동아일보》 1925. 8. 1. 1면 3단.

381) 신문기사를 통해 무격 배제의 역사를 살펴보려는 시도는 당시 근대적인 학교 및 권력 기관 등과 아울러 미신 또는 미신타파운동이라는 근대담론의 중요한 전달매체 가운데 신문이 가장 여론 형성에 주도적인 역할을 하였기 때문이다.

13	동아일보	1921-12-25	03	05	迷信關係의 犯罪인가?
14	동아일보	1922-01-22	03	08	숭신인의 협잡
15	동아일보	1922-01-25	03	04	兒屍를 江水에 棄却
16	동아일보	1922-02-03	04	07	仁川懿法討論會
17	동아일보	1922-02-21	03	04	계룡산에 車皇帝
18	동아일보	1922-03-11	03	06	미신으로 아녀독살, 남편의 병이 낫는다는 미신으로 자긔딸을 양재물로 죽인 친어미
19	동아일보	1922-04-18	01	01	崇神人組合排斥, 開城靑年의 快擧를 稱頌하는 同時에 全國靑年을 向하여 迷信打破 氣運을 促進할것을 要望
20	동아일보	1922-04-29	03	07	迷信者의 殺人未遂, 치성 후에 자식이 죽었다고 무당 자식을 죽이고자 하여
21	동아일보	1922-05-01	03	08	현상토론회
22	동아일보	1922-05-17	03	09	迷信으로 欺人
23	동아일보	1922-10-11	01	01	泰西洋橫斷의 航空計劃, 科學의 偉力
24	동아일보	1923-01-07	03	06	橋下에 幼兒의 手足, 미신으로 이러난 범죄인가 해주경찰서에서는 대활동
25	동아일보	1923-01-25	03	06	男便의 迷信으로 産婦凍死
26	동아일보	1923-02-14	03	06	兄의 病에 割股한 弟, 오년된 형의 문둥병을 낫고자 십팔세된 소년이 다리살을 베어
27	동아일보	1923-02-19	04	06	天主靑年討論會
28	동아일보	1923-02-22	03	08	종로청년회 강연회
29	동아일보	1923-03-24	03	03	奸惡한 彼輩를 葬하라!
30	동아일보	1923-04-26	07	05	叔父의 迷信으로 神堂에 放火
31	동아일보	1923-06-30	03	09	제2회 과학강연
32	동아일보	1923-07-13	03	06	十日靑年團體가 一堂에 集會하야 무당과 기생의 박멸책을 연구
33	동아일보	1923-08-04	03	08	迷信宣傳者 경찰이 조사중
34	동아일보	1923-08-13	04	04	聯珠에 藥이라고 뱀을 물리고 죽어
35	동아일보	1923-09-26	03	10	暗葬屍體는 기실은 제웅이다
36	동아일보	1923-10-24	01	01	科學과 民族의 運命, 科學에 각성하라
37	동아일보	1923-11-05	04	08	咸興敎會講演會
38	동아일보	1923-12-03	04	09	三浪津基靑討論會
39	동아일보	1923-12-10	02	08	迷信으로 人肉을 구워먹고 경찰서에 잡힌 어리석은 자
40	동아일보	1923-12-13	03	05	靑年講座開講
41	동아일보	1924-01-09	01	01	科學敎育改善의 必要, 敎育者諸氏에게
42	동아일보	1924-01-14	01	01	電燈下의 迷信, 種瓜得瓜種豆得豆
43	동아일보	1924-02-10	01	07	迷信頭上에 一槌
44	동아일보	1924-02-13	03	04	安城片言 迷信의 弊害

45	동아일보	1924-02-18	02	05	유행하는 여러 풍속 경성에서 성풍한 답교 부인네들의 직성푸리와 잣불, 미신의 습관은 버리자
46	동아일보	1924-02-19	02	03	上帝命令이라고 無故殺人한 자, 미신에 취한 어리석은 보천교도
47	동아일보	1924-02-21	02	01	미신의 비극, 진남포의 아해죽인 사건
48	동아일보	1924-04-05	02	01	미신에서 버서나자, 과학문면에 진력하자
49	동아일보	1924-04-14	02	09	령검한 태주 25일 구류에
50	동아일보	1924-05-21	03	06	巫女의 굿판에 노인의 머리가 깨져
51	동아일보	1924-05-23	01	01	迷信의 害毒더욱이 우리 사회에서
52	동아일보	1924-06-18	02	09	버러지먹고 靑年變死
53	동아일보	1924-06-24	03	04	咸興에 矯風會, 迷信打破의 目的
54	동아일보	1924-07-14	02	04	高麗工業會 工業講演, 순전한 과학강연으로는 처음되는 일이다
55	동아일보	1924-07-20	03	07	馬山靑年決議, 迷信을 타파하고 公娼을 폐지할일
56	동아일보	1924-07-24	02	03	迷信과 敎育, 광주부인들의 굴총햇단말을 듯고
57	조선일보	1924-07-26	04	05	咸興矯風活寫會
58	동아일보	1924-08-02	02	01	太乙敎徒가 迷信으로 殺人
59	동아일보	1924-08-02	02	01	信川에는 桃枝打殺, 정신병 고친다고 일주일간은 복숭아나무로 따려죽이었다
60	동아일보	1924-08-03	02	02	迷信을 排斥하라-그리고 제정신으로 사라보자
61	동아일보	1924-08-11	02	03	미신과 빈곤, 자연과학으로 행진하라
62	동아일보	1924-09-19	03	01	飛鳳山에 死人骨, 迷信의 害毒
63	동아일보	1924-09-25	01	01	자연과학의 신발달
64	동아일보	1924-10-10	02	04	迷信으로 求乞, 자다가 죽는 병과 기괴한 미신
65	동아일보	1924-10-31	02	09	魔鬼같은 吳貞洛鬼
66	동아일보	1924-11-14	02	05	독갑이 初冬試演, 독갑이 작난으로 살수업서 이사를 해, 개명한 시대에 미신이나마 알어보자
67	동아일보	1924-12-31	02	07	宗敎的 迷信으로 轢殺, 정신이상이 생긴 천도교인
68	동아일보	1925-02-19	03	02	훔치의 밋친수작
69	동아일보	1925-02-26	03	06	民風振興會, 消費節約迷信打破(定平)
70	조선일보	1925-03-09	02	07	平原一帶 훔치討伐, 미신을 선던한 최모외 삼명을 테포
71	조선일보	1925-03-23	02	01	豊川公普에 新入生七名! 훔치교도의 미신선전으로 일학년 지원자가 일곱명 뿐
72	동아일보	1925-04-14	02	04	迷信으로 火傷, 우의입고 떡찌다가 불이 몸에 붙어

73	동아일보	1925-05-12	02	08	迷信으로 竊盜, 점쟁이 말 듣고 돈을 훔치고 징역
74	동아일보	1925-06-01	02	09	巫女로 一村騷動, 황당한 무녀에 어리석은 부인, 살아있는 아들을 죽었다 야단
75	조선일보	1925-06-26	02	06	迷信! 怨恨! 이 두가지는 조선인 가슴에 깁흔씨를 박고 잇는가보다
76	조선일보	1925-06-26	02	08	普天敎徒의 悖行, 일반은 극력성토
77	동아일보	1925-08-01	01	03	迷信을 打破하라
78	동아일보	1925-09-13	03	06	붓튼 귀신 뗀다고 精神病者를 打殺
79	동아일보	1925-10-17	02	07	巫女占卦가 殺人
80	동아일보	1925-12-23	04	04	迷信의 害毒
81	동아일보	1925-12-27	05	05	愛妻일흔 憤寃으로 傀儡만들어 咀呪
82	동아일보	1926-03-04	04	03	花石 靑年演劇 迷信打破 目的으로(新院)
83	조선일보	1926-03-04	01	01	「시평」萬歲橋와 迷信(1)
84	조선일보	1926-03-04	01	02	「시평」萬歲橋와 迷信(2)
85	동아일보	1926-04-25	04	08	迷信撲滅計劃, 重遠靑年會서
86	동아일보	1926-05-11	02	02	間島에 石佛迷信, 석불이 약을 준다고 너도나도 치성
87	동아일보	1926-05-18	05	05	平壤巫女跋扈, 일반은 경찰의 태도를 비난중
88	동아일보	1926-05-28	04	05	衛北靑委員檢擧 張昌化告訴事件, 迷信打破運動으로(安邊)
89	동아일보	1926-06-22	05	08	迷信으로 犯罪, 아들병 곳치고저
90	동아일보	1925-06-25	01	01	祈雨祭, 早魃과 迷信
91	동아일보	1926-06-29	03	01	蘇俄의 非宗敎運動 農民의 迷信打破는 强制보다 說服으로
92	동아일보	1926-07-04	04	01	迷信을 打破하자
93	조선일보	1926-08-03	04	02	夏季藝術講演, 安東靑盟主催
94	동아일보	1926-09-13	02	07	鎌子 가진 一家族이 乞人陰莖을 割取, 癲癎病과 迷信的犯行
95	동아일보	1926-11-04	04	01	社會問題 大講演, 三團體聯合 主催로 三日間 義州에서 開催: 愛와 警의 差異(金成玉), 社會의 進化와 抽象(李載昫), 農村改革의 一面(朴潤元), 迷信打破에 關하야(白世明), 社會를 爲하야 할일 靑年은(吳祥玉)
96	동아일보	1926-11-16	02	04	三男妹 일은 後 自家에 四次放火, 귀신이 들어와 아희를 죽인다고
97	동아일보	1926-12-27	04	03	禁止된 集會, 迷信打破講演
98	조선일보	1927-02-27	02	05	發靷門前엔 爆彈爆發, 葬地엔 萬餘名 接戰, 迷信으로 이러난 派戰
99	동아일보	1927-03-04	05	02	迷信打破勸告한 靑年을 警察이 檢擧(開城)
100	동아일보	1927-03-06	04	04	迷信打破演說, 會寧靑年主催로

101	동아일보	1927-03-11	05	07	屍頭를 破碎 腦漿을 搾出
102	동아일보	1927-03-18	04	01	疾病과 巫女
103	동아일보	1927-04-11	04	01	南浦各團體에서 迷信打破運動, 全國的으로 撲滅을 計劃, 十八團體聯合會議
104	동아일보	1927-04-18	04	03	安州市民大會, 農校 昇格 栗山市場 迷信打破 春季運動 卽席에서 實行委員까지 選定
105	동아일보	1927-05-10	04	10	迷信打破데이, 準備關係로 延期(鎭南浦)
106	동아일보	1927-05-14	04	09	迷信打破데이 卄八日로 決定, 根本的撲滅(鎭南浦)
107	동아일보	1927-05-20	02	06	夫情回復코저 미신으로 방화
108	동아일보	1927-06-01	04	02	南浦迷信打破, 十八團體 聯合으로 二十八日에 示威行列//講演會도 盛況
109	동아일보	1927-06-16	05	04	「굿」은 結局解散 사회단테가 련합하야 반대, 安州靑年 迷信打破講演會開催
110	동아일보	1927-06-24	05	06	戰慄할 迷信 기도로 병고친다는 광녀 우매한 각부녀를 막속여
111	조선일보	1927-07-22	01	01	미신과 과학
112	동아일보	1927-08-01	03	01	迷信에 대하야(1)
113	동아일보	1927-08-02	03	01	迷信에 대하야(2)
114	동아일보	1927-08-03	03	01	迷信에 대하야(3)
115	동아일보	1927-08-05	02	06	人命을 咀呪하는 可驚할 迷信
116	조선일보	1927-08-12	01	01	「시평」宗敎와 迷信
117	동아일보	1927-08-17	02	03	迷信 끝에 被訴, 물방아 부수고
118	동아일보	1927-09-18	03	01	과학과 미신
119	동아일보	1927-10-01	03	01	斷指의 可否, 迷信에 不過
120	조선일보	1927-10-18	05	03	敬神敎外交員, 殺人募集타가 被促, 무당판수들을 속혀먹으랴다, 幹部는 大部分日本人
121	동아일보	1927-11-24	03	01	여자의 해산에 대한 미신을 타파하라
122	동아일보	1927-11-29	03	01	미신으로 인하야 부부가 생리별
123	동아일보	1928-01-22	04	05	迷信打破에 努力(長城)
124	동아일보	1928-02-07	04	02	迷信打破演說: 迷信網中의 朝鮮人(朴鎭夏), 迷信의 本質과 退治策(韓昌桓)
125	동아일보	1928-02-17	02	08	迷信으로 自家放火 발진염병 나으라고 불놔
126	동아일보	1928-04-19	04	04	迷信打破 演說 水陸齋場에서: 黃義哲 朴鍾基 鄭淳(裡里)
127	동아일보	1928-05-15	02	08	靑春少婦食人鬼 7歲女兒를 壓殺烹食
128	동아일보	1928-05-21	02	06	前郡守의 妻가 迷信으로 騙財
129	동아일보	1928-05-22	03	01	여자들의 미신

130	동아일보	1928-06-21	03	07	中和龍山靑年의 迷信打破運動, 「성황당」等 偶像을 破壞하고 巫卜神祀絶對反對(兼二浦)
131	동아일보	1928-07-11	07	05	迷信이 나흔 癩病者의 醒醒
132	동아일보	1928-07-21	05	04	17세된 處女 4세 幼兒慘殺
133	동아일보	1928-07-23	02	08	和順의 癩病者 幼兒를 慘殺, 문둥병이 낫는다고 아이를 먹어, 못된 迷信의 所致
134	동아일보	1928-07-28	05	03	癩癎病治療코저 婦女가 墳墓鑿掘
135	동아일보	1928-07-28	03	01	癩病者橫行 小兒拉去 頻頻
136	동아일보	1928-08-30	02	09	病治療한다고 棍棒으로 打殺
137	동아일보	1928-10-24	05	06	迷信이 殺人 정신병자 타살
138	동아일보	1929-01-19	07	05	靈驗잇는 鐵佛에 腹臟同參祝願 부처님 빈 배를 채우면 복받는다고 수백부녀를 속여 금품을 편취해
139	동아일보	1929-01-29	03	01	女性과 迷信
140	동아일보	1929-02-07	04	04	迷信打破講演, 海州新幹主催
141	동아일보	1929-02-10	04	03	迷信打破하면서 祈神을 許可 新倉洞約會處事(楊市)
142	동아일보	1929-02-14	04	01	迷信打破運動, 特히 警察當局에 一言(海州 一記者)
143	동아일보	1929-02-20	03	01	疾病과 迷信
144	동아일보	1929-02-23	02	07	樂隊를 先頭로 迷信打破行列, 밤에는 강연을 개최할 예뎡, 新幹京西支會에서
145	조선일보	1929-02-25	01	01	迷信打破
146	동아일보	1929-02-27	07	01	毒感流行을 奇貨로 迷信利用한 詐欺
147	동아일보	1929-03-03	04	01	迷信打破講演 海州에서 盛況
148	동아일보	1929-03-21	07	05	神火를 憑藉하고 굿하려고 放火
149	조선일보	1929-05-02	03	01	판수, 무당, 태주 구가정과 미신
150	동아일보	1929-05-17	07	05	坡州에 毒感流行 巫女輩大跋扈
151	동아일보	1929-05-27	07	05	癩病患者가 殺兒未遂 병고친다는 迷信을 믿고
152	동아일보	1929-08-12	04	01	軍警面員 總出動 五十餘墳塚堀破, 기우제 시장이전 끝에 묘까지 파, 淳昌旱魃과 迷信騷動
153	동아일보	1929-09-03	05	02	火食 안먹는 天使 兩月間 無錢取食, 한우님의 직접명령을 바닷다고 엉터리업는 거짓말로 무전취식, 迷信을 이용한 詐欺
154	동아일보	1929-11-07	07	01	可驚할 迷信의 犯罪 屍頭를 切取供藥, 폐병을 고친다는 것이 반대결과
155	동아일보	1929-12-25	02	06	結縛해노코 桃枝로 난타 3명 殺害, 6명 重傷, 60老翁客의 奇怪한 犯行, 迷信이 낳은 慘酷한 事實

156	동아일보	1930-02-11	07	04	災禍를 根絶한다고 所生女를 殺害, 딸 낳은 후에 재앙이 많다고, 迷信이 낳은 務安慘事
157	동아일보	1930-02-20	03	03	迷信的避姙, 태를 내버려
158	동아일보	1930-02-22	07	03	孟山天道敎靑年黨서 生活改善 宣傳, 미신타파 문맹퇴치 등 선전, 一般에게 歡迎바더
159	조선일보	1930-08-13	06	04	迷信打破講演도 不穩타고 禁止
160	동아일보	1930-10-09	06	03	葬禮式行列沮止타가 數百群衆亂鬪, 미신으로 일어난 싸움
161	동아일보	1930-12-22	03	02	主要都市巡廻座談; 第十六 安城篇(五) 衛生問題 미신타파가 급무
162	동아일보	1930-12-27	07	05	屍體를 投水, 미신으로 시체투기
163	동아일보	1931-02-05	05	06	迷信打破斷行, 龜城全郡洞서
164	동아일보	1931-02-14	03	01	迷信打破運動 特히 警察에 一言(海州 一記者)
165	동아일보	1931-02-20	03	11	迷信打破等 북창서 대선전
166	동아일보	1931-02-21	05	04	新東 蠶室里서 共助會組織 근검저축과 산업개발을 목적해 제승긔를 구입해 무직자에 공급 먼저 迷信打破부터(始興)
167	동아일보	1932-03-08	03	09	迷信打破를 敎導하는 寧邊農校서 「굿」 학생이 자살하얏다 하야 一般社會의 非難꺼리//責任지라고 學校에 質問 寧邊學校 또 縊死事件
168	동아일보	1932-03-29	02	09	靑年?餘名이 靑林敎徒襲擊, 神位와 器具 等을 破棄 迷信打破를 絶叫(永川)
169	동아일보	1932-04-19	04	04	迷信打破演劇 安谷野光會서(安岳)
170	동아일보	1932-08-02	03	09	文友會創立 동래청년들이 文化生活向上 文盲退治 科學知識普及 迷信打破 等을 目的
171	동아일보	1933-07-04	03	10	農村問題講演과 田園劇音樂會, 六七 양일간 엡윗청년회서: 農村經濟(李勳求), 迷信打破(蔡弼近)(鎭南浦)
172	동아일보	1933-08-28	04	01	海州時話; 迷信打破//麻雀取締(海州 一記者)
173	동아일보	1934-06-05	05	01	大邱癩病團體聯合 迷信打破宣傳, 흉악한 일이 없어지도록 各方에 注意를 喚起
174	동아일보	1934-09-27	03	06	巫女 불러 굿하면 洞里 사람들이 絶交 면장이 일일이 지적키로 하고 大同郡下 迷信打破策
175	동아일보	1934-10-16	03	05	退潮迷信打破
176	동아일보	1934-10-26	06	06	迷信打破運動, 영흥군 古寧 鎭坪 양면에서 神具를 全部 모아 燒却(永興)

177	동아일보	1934-12-10	03	09	谷山迷信打破
178	동아일보	1935-02-20	03	04	迷信打破 素人劇(博川)
179	동아일보	1936-04-18	03	01	迷信打破와 警察當局[社說]
180	동아일보	1938-03-04	07	07	朴永夏 朴辛苗氏 表彰式擧行, 미신타파에 철저하였으므로
181	동아일보	1938-06-25	04	05	博川地方에 迷信行爲盛行 迷信打破聲은 虛飾(孟中里)
182	동아일보	1938-12-13	04	04	내 地方 새 課題; 無爲靑少年 敎義 迷信打破와 通信調定도 緊急 方峴地方 當面問題(方峴一記者)
183	동아일보	1939-09-05	04	03	平南价川署에서 巫黨輩를 打盡 迷信打破에 積極進出
184	동아일보	1940-08-07	02	08	迷信打破要望[極洞]
185	동아일보	1949-09-25	02	03	자취 감출 觀相쟁이들 十月 十日부터 迷信打破週間[寫]
186	동아일보	1949-09-30	02	09	迷信打破에 實態를 調査
187	동아일보	1949-10-10	02	08	科學으로 生活하자 오늘부터 迷信打破週間
188	동아일보	1949-10-14	02	07	迷信打破 어디로 結局龍頭蛇尾? 街頭의 占쟁이 모른 채[寫]
189	동아일보	1949-10-15	02	06	迷信打破週間 異彩로운 座談會 卜術이란 무엇? 盲人들이 말하는 正體
190	동아일보	1949-12-30	02	07	宣傳費만 없애고 迷信打破는 口號뿐 [新生活篇]
191	동아일보	1950-02-09	02	10	迷信打破週間 舊正契機로 十七日부터
192	동아일보	1951-06-13	02	09	傳道婦人(對)老易士 지나친 迷信打破에 告訴騷動

이와 같이 《동아일보》와 《조선일보》 1922년 4월 18일자 기사에서부터 1951년 6월 13일자 기사까지 미신과 관련된 기사가 192건이 발견된다. 이중 《조선일보》에 16건, 《동아일보》에 176건으로 《동아일보》에서 압도적으로 많은 미신 타파 관련 기사를 싣고 있다.[382] 특히 1920년대의 기사가 155건으로 압도적으로 많다. 특히 이때는 일제가 미신타파 운동을 조장하던 때이기 때문에 사회적으로

---

382) 이 밖에도 경남계열신문 18건, 부산일보 3건, 시대일보 2건, 자유신문 3건, 조선 중앙일보 5건, 중외일보 9건 등 여러 곳에서 미신타파의 문제를 다루고 있다.

강력한 범죄나 태을교와 같은 신종교 집단에 대한 내용과 미신타파 강연회를 열었다는 등의 기사를 싣고 있다.

1930년대는 28건의 기사가 보이는데, 딸 낳은 후에 재앙이 많다고 하여 딸을 살해 했다거나, 미신적인 피임, 미신으로 시체를 투기 했다거나 하는 사회범죄는 물론이고 1920년대에 이어 미신타파 강연회를 열었다는 내용이 중심이 된다. 1940년대와 1950년대 초반은 기사의 양도 적고 그다지 중요한 내용은 없다.

여기서 눈에 띄는 몇 건의 기사 내용을 살펴보면, 먼저 1927년 3월 4일자 기사의 내용을 정리해 보겠다.

개성시에서 대대로 대동굿을 3년에 한번씩 무녀를 불러 하는 관례가 있다. 당시 대동굿을 낮부터 크게 벌리고 있는 것을 개성시 松都青年會에서 대동굿을 하지 말라고 권고하였다. 굿을 연 주체자들도 자기가 어리석은 줄은 알지만 금번에는 이미 준비가 다 된 일이니 지금 중지하면 곤란하다고 답변하자 송도청년회에서 다시 현장을 찾아가서 굿을 하지 말 것을 권고하려고 하였다. 이에 송도 경찰서에서 남의 자유를 방해한다는 이유로 청년회원 중 張瑛씨를 3일간 검속 처분하였다[383] 는 내용이다. 이와 같이 마을굿인 대동굿을 여는 것도 미신으로 여기고 있었음이 드러난다.

대동굿의 명칭은 지방에 따라 대동제로도 불리고 곶창굿·원당굿 등 그 마을만의 고유 명칭으로 사용하기도 한다.[384] 대동굿은 마을굿[385] 과 두레굿을 포괄하는 기층민중들의 사회경제사적·문화사적 諸

---

383) 「迷信打破 勸告한 靑年을 警察이 檢擧(開城)」, 《동아일보》 1927년 3월 4일자 5면 2단.

384) 「서해안배연신굿 및 대동굿」, 『한국민속대백과사전 』(http://folkency. nfm.go.kr/kr/topic/detail/4218), 최종검색: 2020.01.07.

385) 朴桂弘은 마을굿의 명칭을 지역적으로 개관하여 소개한 바 있다. 朴桂弘, 『韓國の村祭 』, 東京: 國書刊行會, 1982, pp.267-276.

공동체 문화의 한국적인 한 형태이다. 즉, 공동체 문화를 이해하기 위해서는 반드시 탐색해야 할 주제인 것이다. 이러한 공동체 문화마저 부정히고 있는 것이 과연 옳은 일인지 당시에는 논의되지 않은 듯하다.

또한 동년 6월 16일자 기사를 보면 평남 안주군 休岩寺에서 오월 단오를 맞아 각처 무녀들이 모여 대대적인 단오굿을 계획하였는데, 각 사회단체가 연합하여 이를 반대해서 결국 굿이 열리지 못했다[386]는 내용이 보인다. 우리의 전통 세시풍속인 단오절날 열리는 단오굿도 迷信[387]으로 취급하고 있는 지경이다.

전북 익산(당시 이리)의 경우 익산의 黃龍寺에서 주최하여 腰橋湖水 수륙재 거행에 대해 이리 각 사회 단체에서 수륙재를 미신적 관습으로 보고 여러 가지 방지책을 만드는 과정에서 미신타파 연설을 하였다[388]는 내용이다. 고려대부터 수륙재는 국가의 큰 재로서 여겨질 정도로 역사성이 인정되는 齋임에도 불구하고 당시에는 이러한 재의식 조차도 미신으로 취급되었던 것이다.

무엇보다도 1949년 10월 10일부터 시작된 '미신타파주간'은 1950년대에 이루어진 다른 조직적 운동과 비교할 때 체계적이고 대대적인 것이었다.

당시 《동아일보》 기사 제목이 「科學으로 生活하자 오늘부터 迷信打破週間」이었다는 점이 이를 증명한다. 그 내용을 소개해 보겠다.

---

386) 「「굿」은 結局解散 사회단테가 련합하야 반대, 安州靑年 迷信打破講演會開催」, 《동아일보》 1927년 6월 16일자 5면 4단.

387) 俗信을 부정적으로 취급하기 위해 미신이라는 말을 쓰기 시작했는데, "조선총독부에서 우리 민속 신앙을 타파하고 그 대신 일본의 신도를 보급하기 위한 식민지 정책의 일환으로 사용하기 시작했다." 임재해, 「식민시기 민속학의 자주성과 현단계 민속학의 식민성 극복」, 『민속연구』 34, 안동대학교 민속학연구소, 2017, pp.189-190.

388) 「迷信打破 演說 水陸齋場에서: 黃義哲 朴鍾基 鄭淳(裡里)」, 《동아일보》 1928년 4월 19일자 4면 4단.

"미신에 현혹되지 말고 건실한 신생활을 이룩하자함은 현대 문화

인으로서 한 개의 평범한 상식이 되어 있거니와 우리나라에서는

아직도 우매한 민중들이 미신의 요술에 유혹되어 있음에 미치어

조속한 타파가 요청되고 있었던 바 ….."[389]

이어 동년 10월 15일에는 座談會까지 열려 盲人들이 자신의 정체성을 드러내고자 하는 시도[390]까지 있었다.

무격에 대한 통제는 시기별로 차이를 보인다. 무단통치기에는 일본이 자국내 유사종교를 단속하기 위해 제정하였던 <경찰범처벌규칙>(1912년 3월 25일 제정)을 근거로 경찰력을 동원하여 통제하였고[391], 3 · 1운동 이후인 문화통치기에는 '숭신인조합' 등 무속인조합을 허가하는 등 완화된 방식으로 통제하였으며,

<그림> 동아일보「迷信打破週間」기사

황민화정책을 강화하면서부터는 이를 신사신앙을 퍼뜨리기 위한 수단으로 삼았다. 그러나 전 시기에 걸쳐 <경찰범처벌규칙>은 계속 적용되었으며, 일제는 물론 조선인 단체에서도 미신타파라는 명분으

---

389) 「科學으로 生活하자 오늘부터 迷信打破週間」, 《동아일보》 1949년 10월
　　　10일자 2면 8단.

390) 「迷信打破週間 異彩로운 座談會 卜術이란 무엇? 盲人들이 말하는 正體」,
　　　《동아일보》 1949년 10월 15일 2면 6단.

391) 최석영, 『일제하 무속론과 식민지권력 』, 서경문화사, 1999, p.87.

로 무속에 대한 탄압을 정당화하였다.

'숭신인조합'은 일제가 천도교도 등 독립운동세력에 대항시킬 목적으로 합법화시킨 단체였지만, 무격들의 입장에서는 생계유지를 위해서도 일제가 허가한 이 조합에 가입하지 않을 수 없었다.

1930년대에는 무속이 조선 전통의 신앙임을 인정하고 이를 토대로 신사신앙에 의한 조선인의 '일본인화'를 꾀하려는 정책이 시도되었다. 그래서 무격들로 하여금 일본신도의 天照大神을 자신들이 모시는 다른 신령들보다 윗자리에 올려놓게 하였고, 또 그것을 전제로 巫業을 허가하기도 하였다.[392] 또한 미신타파에 관한 강연회나 토론회는 주로 독립협회나 각 지역의 청년단체 등이 주도하였다.

특히 독립협회의 토론회는 1897년 8월 29일 제1회부터 1989년 12월 3일까지 총 34회의 토론회를 개최하였는데 그 중 미신타파에 관한 토론회가 총3회에 달했다.[393] 이러한 토론회는 전통적인 조선사회에 근대적 정치의식을 계발하는데 적지 않은 기여를 하였다.

洞神信仰은 마을 주민 공동의 신이며 마을 전체의 안녕과 보호를 주관하는 수호신이다. 마을의 수호신을 神堂에 모시거나 지정하여 액을 물리치고 복을 비는 신앙을 의미하는데, 이를 일본 학자들이 部落神으로 혹은 部落祭라는 이름을 붙였고 오늘날까지 두 가지로 호

---

392) 국사편찬위원회, 『한국사 · 51 : 민족문화의 수호와 발전 』, 국사편찬위원회, 2001, pp.391-392.

393) 토론회 주제를 내용별로 분류해 보면 대체로 다음과 같다. 신교육진흥에 관한 것 3회, 산업개발 주장 5회, 민족문화 창달에 관한 것 1회, 미신타파 3회, 위생과 치안에 관한 것 3회, 자주독립 3회, 신문보급에 관한 것 1회, 대외정책에 관한 것 1회, 수구파 비판 2회, 이권 반대 2회, 자유 민권에 관한 것 5회, 의회설립 주장 1회, 독립협회 지회설치 1회였다. 愼鏞廈, 「대한제국 초기의 동북아정세와 자강운동」, 『한민족독립운동사 』 11, 국사편찬위원회, 1992, pp.263-267.

칭되고 있다.

　이들 신령들은 주로 자연물에 의존하여 자연신에 속하기도 하며 인간에 의해 만들어지기도 한다. 즉 山神堂, 龍神堂, 서낭당 등이 있고 神樹나 神石을 지목하여 섬기기도 하였다. 이는 그 지역의 생계수단, 지리적 조건, 역사적 전설에 따라서 깊은 관계를 맺고 있으며 마을의 공동 수호신으로서 신봉되며, 제의절차와 진행은 공동의 여론 수렴에 의해서 이루어진다.[394] 더욱이 같은 신을 신봉하는 마을주민들은 신령에 의해서 생활수단이 해결되고 마을의 안녕과 질병을 막고 행복을 가져올 것으로 믿었다. 마을 공동의 이익 추구이기에 제사에 들어가는 비용도 상하민의 신분 구별 없이 출자하였고, 이미 비축하였던 農契에 의해서도 출자하였다. 이때의 집례는 대체로 巫를 데려다가 행하도록 하였다.

　그러므로 일제는 이를 방해하기 위하여 무녀취재법규를 제정하여 강력하게 단속하였다. 그들은 무녀들을 敬神團體에 강제로 가입시키고, 그들의 허락 없이 어떠한 무의식도 행할 수 없도록 禁壓規制하였다.[395] 이러한 동신신앙 중에 대표적인 것이라 할 수 있는 것이 바로 '서낭당'[396] 신앙이다. 서낭당 신앙은 神木밑에 잡석을 모아서 놓

---

394) 이은순, 「일제하 농촌여성의 생활과 민간신앙」, 『국사관논총』83, 국사편찬위원회, 1999, p.228.

395) 일제는 조선에 古禮와 관혼상제 및 기타의 사회관습, 국민정신에 관한 의례준칙을 제정 발표하였다. 그리하여 中樞院에 施政研究會를 두고, 제14회 중추원연구회의에서 경제산업, 학예, 사회분야의 세세한 규제법규를 제정하였는데, 그중에 巫子取締法規를 제정시켰다. 1934년 11월 10일 반포됨(『朝鮮總督府 施政年報』, 조선총독부, 1935).

396) 서낭당의 명칭에 대해서 星湖 李翼은 "서낭은 중국의 城隍神仰에서 연유한 것"이라 했고, 李圭景 역시 '仙王堂'이 중국의 城隍堂이라 했다. 이에 이의를 제기한 것으로는 '天王堂'이 음운변화를 일으켜 '선낭당'이 되었다고 주장하는 이도 있다. 金泰坤, 『한국민간신앙연구』, 집문당, 1982, pp.92-125 참조.

거나 혹은 두어칸의 당집을 복합시키기도 하였다. 동구입구나 길가 산록에 위치하고 이는 우리나라 도처에서 볼 수 있다. 일제는 이러한 동신신앙을 미신으로 몰아서 벌금을 내리는 등 민간신앙의 금제를 위해 노력하였다.

이러한 민간신앙을 미신타파라는 명분으로 규제·탄압한 경우는 조선시대부터 정치적으로 시행되었으나 꾸준히 여성들의 신앙 활동에 의해 전승되었다. 개화기와 일제강점기대를 거치는 동안 일본 유학생들과 개신교의 선교활동에 의해 문명개화를 본보기로 하여 미신으로 규정 타파하여야 한다고 하였다. 이는 신문학 사조에서 미신타파가 중요한 주제가 되었던 것으로도 잘 알 수 있다.

특히 한일합방 후에는 일제의 관리들에 의해 계몽의 대상이 되어 문화정책 속에 흡수되었다. 일제의 미신타파 정책은 학무국이 주도되어 신사, 신도정책이 주류이고 이를 경찰국이 중심이 되어 행정적으로 규제 통제한 사회교화 운동이다. 이러한 정책의 뒷받침은 조선총독부 중추원에서 조사, 발행되는 방대한 자료에 의했으며 강력한 경찰행정으로 완전히 관이 주도한 것이다.

이에 대하여 李能和는 일반적 생활상태에서 의식주의 기본생활 실상을 설명하고 있는데, 그중에서도 신앙생활에 대하여서는 '迷信'이라는 용어를 쓰면서 다음과 같이 서술하였다.

> "몽매한 영역을 벗어나지 못한 여자는 일상생활에서 편안과 안도를 얻기 위하여 강한 宗敎나 迷信에 의존할 필요가 절실했고, 불교신자들이었으나 巫佛이 쩝합한 후에는 무속을 신봉했다. … 無知文盲하여 理性이 不健全한 그들은 위대한 귀신의 존재를 확신하고, 신령의 위력에 경외로움을 느끼며, 一家一身에 병이 있으면 귀신을 숭모하

여 신령에 의해서만이 고통에서 벗어날 수 있다고 믿었다."[397]

　이러한 신앙생활이 나날이 번창하고 심화되어 전국적으로 확산되었다. 그리하여 이능화는 무지한 양민을 기만시키고 사회에 심대한 해악을 끼친바가 크다고 역설하면서 일제의 미신타파는 적절하다고 하였다. 즉 우각기(宇垣) 총독의 조선 부녀들의 미신타파는 누습을 타파하기 위한 적절한 조치였다고 논평한 것이다. 일제의 전통문화 말살을 위한 식민지 문화정책을 찬동한 것으로 해석할 수도 있다. 그들은 우리의 문화를 조직적으로 파괴 제거하는데 전력을 기울였으며 근대화를 위한 계몽이라는 명분론하에서 민속신앙을 단절시키고자 했던 것이다. 이상과 같이 무격의 배제는 주로 미신타파라는 명목하에 진행되었다.

　오늘날 지식인은 지식자본을 무기화하고 있다. 즉, 지식을 권력의 도구로 삼는다. 그 지식은 중국의 유학, 일제강점기의 일본의 신문화, 해방 후의 서구지식이라는 점을 지적한 것이다. 그리고 미신타파를 외치는 선두에 바로 식민지 지식인들이 역할하고 있다. 이는 당시 시대에만 국한된 것이 아니고, 서구학문을 우상화하고 있는 현대의 사대주의 학문(학문의 식민성)까지도 비판의 대상이 된다는 점에서 성찰이 요구된다.

　이상에서 살펴본 바와 같이 일제강점기라는 식민시기의 시간적 한계는 되돌릴 수 없지만, 미래 지향적인 사고를 강조하는 현 시대와 미래 시대에서 과연 얼마나 식민사관의 극복을 위해 노력하고 있는지 점검해 봐야 한다. 문화는 사람의 노력에 의해 얼마든지 변화되는

---

397) 李能和, 「朝鮮婦人의 生活內容」, 『朝鮮 』 제257호, 朝鮮總督府, 1936. 10, p.27.

것이므로 발전적 변화를 가져오기 위해서는 반드시 극복해야 할 과제가 바로 식민시기의 한계를 극복하는 것이라 할 수 있다. 기득권을 포기하지 않는 사대주의적 지식인들의 오류를 포착해 내고 그것을 올바른 방향으로 선회시키기 위한 연구가 절실하다.

미신은 혹세무민하는 것으로 파악되어온 역사는 조선시대 이후 계속되어온 현상임이 주지의 사실이다. 그러나 앞에서 살펴본 바와 같이 수륙재와 같은 전통 의례까지도 부정하는 현상은 바람직하지 않다. 무격이 사회에 폐악을 저지르고 사회악적인 영향을 미쳤다고 하는 구체적인 근거를 제시하기보다 위정자들의 입맛에 맞지 않고, 사람들이 많이 모이는 곳은 통치체제에 위험 요소가 되기 때문에 배제의 대상으로 삼았던 역사는 재고되어야 할 것이다.

2) 기복신앙 극복

대한역술인협회, 대한경신연합회, 한국무속협동조합의 발표에 따르면 현재 우리나라의 점술가는 역술인 30만명, 무속인 23만명으로 총 53만명(노점 점술가 제외)에 이르는 것으로 추산된다. 무속인 점집을 찾는 경우 복채 이외에도 기도, 부적, 굿 등의 추가 비용이 소요되기도 한다. 기도 비용은 30만원-50만원, 복사본 부적을 제외한 부적 비용은 30만-80만원, 굿 비용으로는 350만원-1000만원이 드는 것으로 조사됐다.[398] 이와 같이 많은 비용을 들여서까지 점을 보려는 사람들의 심리속에는 자신의 복을 기원하는 마음이 담겨 있을 수 밖에 없다.

---

398) 유시혁, 「점 보는 데 얼마 들까?」, 《일요시사》 2015. 03. 02.

무격에 대한 논의는 크게 종교적인 영역과 문화적인 영역으로 구분할 수 있다. 기복신앙 혹은 미신론의 차원은 곧 종교적인 영역에 속한 것으로 이해된다. 문화적인 영역은 보다 개방적이며 사람들이 눈이나 귀로 즐길 수 있는 것으로 상정된다. 여기서 우리는 문화적인 영역에 대해서는 부정적 시각을 가지고 있지 않다. 따라서 부정적 시각인 미신 혹은 기복신앙의 차원에서만 언급하고자 한다.

앞서 살펴본 바와 같이 미신론에 대한 언급은 일제강점기에 집중되어 있다. 이 시대는 일제에 의해 한국문화가 부정적으로 취급된 시대이다. 일제강점기대에 제기된 미신 비판의 논리를 몇 가지 살펴보면, 양력과 음력 정월을 아울러 휴일로 설정하는 것은 지나친 낭비이므로 세계의 추세에 맞춰 양력에 따라 생활해야 한다는 二重過歲의 논리가 있었다.[399] 음력 정월에는 무당이나 점쟁이 등 미신업자가 성행해지기 때문에 설을 폐지해야 하며, 부락제나 안택, 고사도 미신이 개입되어 있기 때문에 없애야 한다는 주장도 있었다. 즉 경제적 손실[400]과 미신의 조장 등이 부락제 비판의 주요한 주제였다. 반면 무라야마 지준은 다음과 같이 부락제를 긍정적으로 평가하였다.

"이 부락제에는 많은 사회 공동적 정신이 흘러 몇몇의 아름다운 전통 문화가 보지되어 있음을 알고, 또한 부락제를 진지하게 거행하

---

399) 이중과세에 대해 당시 《동아일보》에서는 "해마다 설은 하나로 하자. 음력 설을 고만하고 양력설로 지내자"라는 목소리를 내기도 했다. 「음력성명절과 곳쳐야 하 풍속(一)」, 《동아일보》 1927년 1월 30일자. 결국 1941년에 일본의 東京에서는 달력에서 음력 표기를 지워버리기까지 하였다. 「〈미신타파〉 달력에서 음력을 지워버리다; 달력 출판을 단속하다(동경)」, 《부산일보》 1941년 5월 3일자.

400) 이에 대해서는 이용범, 「무속에 대한 근대 한국사회의 부정적 시각에 대한 고찰」, 『한국무속학』9, 한국무속학회, 2005, p.161 참조.

고 있는 부락이 대개 건전한 부락 생활을 행하고 있음을 이해하면,
부락제에 대한 시각을 改更하여 그 인식을 깊게 하는 필요가 있음
에 想到할 것이다."[401]

이와 같이 일본인의 시각에서도 부락제는 아름다운 전통문화가 보
존되어 있는 것으로 비쳐졌던 것이다.[402] 여기서 '아름다운 전통문
화'는 역사적 맥락에서의 이해이며, '건전한 부락 생활'은 사회적 맥
락에서의 이해를 요구한다.

무속신앙의 전개과정에서 발견되는 기복신앙적 사유는 사회구조
적 모순 관계에서 빚어진 민중의 희망의식과 관련해서 평가되어야
한다. 또한 우리는 무격의 역사적 전개과정[403] 속에서 하나의 현상으
로 나타났던 소유와 축복, 그리고 부귀와 같은 기복행위들을 어떻게
해석하고 평가해야 할 것인지에 대한 비판적 숙고를 해야 한다. 그와
같은 현상들은 단순히 부정적이기 보다 어떤 종교에서나 찾아볼 수
있는 현상이기 때문이다. 종교가 사회의식의 단면을 반영해 주는 것
이라면 우리는 모든 종교가 현실적으로 기복적 요소에 기초하고 있
음을 인정하지 않을 수 없다. 따라서 무격의 전개과정에서 발견되는
기복신앙의 문제는 사회구조적 모순 관계에서 발로된 의식이라고 보
는 것이 일견 타당하다고 판단된다.

대개의 경우 무격은 다른 사람의 恨을 풀어주고, 또 그 사람 대신
기복의 의례를 행하는 자로만 알고 있다. 그러나 무엇보다 무격 자

---

401) 村山智順, 『部落祭』, 조선총독부, 1937, p.3.

402) 물론, 무라야마 지준의 이와 같은 지적에 대해 통치를 원활하게 하려는 지배
    자 의식의 표출이라는 비판도 할 수도 있다. 그러나 적어도 그의 서술이 이후
    의 논의를 앞서는 것이었음은 인정해야 할 것이다.

403) 김열규, 앞의 책, pp.25-26.

신이 한이 결집된 삶을 살아간다. 무격은 빈곤이나 사회계층적 갈등, 인간관계의 파멸, 견디기 어려운 불행 등으로 인한 우울증, 슬픔, 고민, 갈등 등이 결국은 한이 되고, 그 한이 개인의 기질과 맺어짐으로써 接神의 경험을 낳고 내림굿을 하여 무격이 되는 경우가 많기 때문이다. 이를 억압된 심리의 투사현상으로 보는 견해도 있다. 그리고 이런 현상은 자력으로는 해결 불가능한 심리적 억압 기제를 초인적 신령들의 힘을 빌려 풀려는 '願意의 발로'[404] 라고 보았다.

따라서 한을 겪고 푸는 것이 한국 무격의 특징으로 볼 수 있다. 그리고 그 과정에서 기복신앙이 자연스럽게 등장하게 된다. 이를 부정적인 것으로만 보는 시각은 무격 자체를 부정하는 결과를 낳게 되어 '기복신앙=무속신앙' 이라는 등식이 사회에 만연해 있다. 그러나 무격을 기복신앙의 극복 대상으로만 보려는 시각에는 개선이 필요하다. 이 문제를 해결하기 위해 먼저 기복신앙에 대해 살펴보고, 무격의 기복신앙적인 요소를 극복하기 위한 시도를 점검해 보도록 하겠다.

무격의 기복신앙에 대한 문제를 검토하기 전에 무격이 기복적인 신앙형태를 취하게 된 원인을 살펴보는 것이 순서이다. 무격은 세상에 대한 관심, 육체에 대한 관심, 현재에 대한 관심에 집중하고 있다. 그것은 내세적이거나 영적인 세계와 미래적인 전망이 없으며, 현세적, 공리주의적인 체계를 보여준다. 아울러 신과 자기와의 수직적인 관계가 있을 뿐이고 인간관계에 대한 지극한 관심이나 횡적인 사회관계에 대한 관심이 결여 되어 있다.

나아가 가족이나 마을공동체는 자기의 연장과 확대에 불과하며 따라서 자신까지도 객관화할 공동사회 관념이 결여되어 있기 때문에

---

404) 김광일, 『한국전통문화의 정신분석: 신화, 무속, 종교체험 』, 시인사, 1984, pp.204-225.

공동사회를 전제로 한 윤리 관념이 결여되어 있다.[405] 이러한 부정적이고 비판적인 분석경향에 대해 김태곤은 한편으로는 그 타당성을 인정하면서도 다른 면에서는 이러한 부정적인 시각을 '굴절된 민간상'으로 단정하면서 우리의 무격이 "현실에 대한 객관적인 입장"에서 파악[406] 되기를 바라고 있다. 자연적 상황에 밀착되어 있는 민간을 자연적 상황과 유리된 현대문명의 합리적인 입장에서 파악할 경우 그들의 삶과 종교가 비과학적이고 비논리적으로 보일 수밖에 없는 것은 기정사실이라고 본다. 즉 현대적인 가치체계에 입각한 합리적, 과학적 분석만으로는 무속신앙의 원본적 사유체계를 파악할 수 없다는 입장이다.

또한 민간사고의 원본을 미분화된 혼돈의 카오스와 질서화 된 코스모스에서 특히 카오스적인 미분성, 순환성, 지속성을 기반으로 이해한다. 그의 해석에 의하면 이성과 윤리, 역사와 사회의식, 책임의식, 독립심은 코스모스 쪽의 가치체계이므로 카오스에 이중을 두고 있는 민간사고와는 반대된다는 것이다. 그리고 이러한 미분성 속에는 민간들의 융화와 유대, 협동과 같은 순기능적인 측면도 발굴할 수 있다는 것이다. 이러한 미분성은 민간사고의 순환성 및 지속성과 더불어 당시 사회의 결속을 가능하게 했던 종교적 생산기능으로 파악해도 좋은 것이다.

이와 같은 미분적 사유체계는 지속성이라는 무격의 원형사고와 밀접한 관련을 맺고 있다. 지속성은 미분적인 사유지평 속에서 현실적인 것의 영원으로의 회귀, 영혼윤회설, 또는 변신설화에 나타난다.

---

405) 김진, 「무속신앙과 한의 신학」, 『신학사상 』67, 한신대학교 신학사상연구소, 1989, p.997.

406) 김태곤, 『한국무속연구 』, 앞의 책, p.480.

이는 고난과 행복의 교체현상에서와 같이 삶에 대한 지속적 성향을 표현한다.

무격의 지속적인 사유체계는 영원한 반복과 순환 속에서 유지된다. 이러한 순환성은 민간의 인내심과 내일을 기다리며 희망을 갖고 조급하게 굴지 않는 여유와 낙천성으로 이어진다.[407] 따라서 무속신앙이 일반적으로 현실적인 욕망구조만을 가지고 있으며, 무속신앙에는 종말론적 의미나 미래지향적 지평이 도저히 발견될 수 없다는 기존의 이해를 넘어서서 무속신앙에도 희망의 자리가 있다고 본다. 즉, 순환성이 무속적 가치체계 속에 살고 있는 민중의 희망을 받아들일 수 있는 영역인 것이다.

실제로 무속신앙에는 서구적인 종말론의 구조는 없다. 그것은 무속신앙의 시간관이 서구의 사고방식처럼 직선적이지 않는 미분적인 순환성에 바탕하고 있기 때문이다. 무속의 개방성 역시 순환성이라는 지평 위에 드러나는 개념이다. 순환성은 무속적인 가치체계 속에 살고 있는 민중의 희망을 반영할 수 있는 고유의 자리이다.

무속신앙은 집단적인 聯隊意識이나 국가의식과 결코 상반되어 있지 않다. 특히 수많은 외침을 당해 온 우리 민족은 전쟁의 충격 속에서 살아가야 했다. 민중들은 국가나 가정 등 그들이 속한 공동체가 경제생활을 보장해 주지 못하는 상황에서 자신의 생존 문제에 매달려야 했다. 그 과정에서 삶의 기본적이고도 복잡한 문제들을 해결하도록 도와주는 무격에 대해 의존적 성향을 보일 수 밖에 없었다.[408] 그것을 기복신앙이라고 한다면 우리 민중들의 삶 자체가 기복적일

---

407) 김태곤, 앞의 책, p.490.

408) 김흥수, 「한국전쟁 이후의 기독교 신앙형태」, 『한국기독교역사연구소소식』 37, 한국기독교역사연구소, 1999, pp.3-4.

수 밖에 없게 된다. 따라서 특수한 상황하에서 살아온 민중들의 생존 동기가 인간에게 결핍된 필요를 채우려는 기복신앙의 확산으로 나타 났으며 그 신앙을 가진 자들에게 무격은 그들의 필요와 욕망을 만족 시킬 수 있는 존재로 부각되어 왔던 것이다.

삼국시대의 말기나 고려시대의 말기의 혼란기와 조선시대 말기의 鄭鑑錄信仰이나 彌勒信仰에 무격이 대응하고 있는 등 정치적으로 어려운 시기에 무격에 대한 요구가 급증했다. 이 말은 무격이 민중 의 희망의식을 잘 대변해 주고 있음을 증명한다. 어려운 시기에 국가 사회적 가치체계가 몰락하고 국가에 대한 기대감의 상실로 인해 무 격이 개인적인 기복신앙의 형태로 민중들에 의해서 절실하게 요청되 었다면, 그것은 바로 국가가 할 수 없었던 정치사회적 기능을 무격이 대신한 것이라고 해석해도 지나친 것은 아닐 것이다.

혼란시기의 사회는 국가가 물질적인 것에 대한 민중의 도덕적인 욕구를 만족시켜 줄 수 없는 형편이라면, 그와 같은 민중의 도덕적이 고 정상적인 요구는 결국 정치적인 혁명을 통해서 달성되든가 아니 면 종교 안에서 형상화 될 수 밖에 없다.[409] 따라서 우리는 무속신앙 의 기복신앙적 성격이 갖는 부정적 이미지를 死靈咀呪와 같은 黑呪 術처럼 무격의 惡魔化 현상 속에서 찾아야 한다.[410] 무격의 사령저 주 현상은 민중의 희망 보다는 정치적인 음모와 책략, 그리고 특정지 배계층의 욕구 구조를 반영하고 있고, 현실과 이상을 매개 하려는 무 속 신앙의 종교적 기능이 근본적으로 왜곡된 형태이다. 그러나 '푸닥 거리'나 사령제는 맺힌 병과 한을 풀어 주는 치료적인 기능을 수행해 왔다.

---

409) 김진, 앞의 논문, p.1000.

410) 유동식, 『한국 무교의 역사와 구조 』, 연세대학교출판부, 1975, p.210.

현실 속에서 민중의 삶을 차단하고 있는 것들, 그리고 죽은 영혼까지를 붙들고 있는 억울한 사실들을 풀어 해체하는 것이 무격의 본래적인 기능임을 잊어서는 안될 것이다. 그리하여 무격은 적극적으로 민중의 한을 풀려는 희망의식에서 출발한다. 한의 해체가 무격의 긍정적 기능이라면 한을 조장하는 것은 무격의 부정적 기능이다. 바로이 무격의 부정적 기능을 현대 사회에서는 기복신앙으로 파악하고 그것을 없애야 할 것으로 주문하고 있다.

3) 저주와 주술적 이미지 극복

무격에 대한 일반 사람들의 인식도를 정밀하게 분석하지는 못했지만, 그리 긍정적인 인식을 가지고 있지는 않은 것 같다. 왜냐하면 대부분의 연구에서 무격의 긍정적이고 밝은 면을 소개하고 있는 것으로 보아 역설적으로 그 이면에는 부정적 측면이 강하게 자리하고 있다고 보이기 때문이다. 특히 전근대의 무당은 괄시와 천대의 대상이었다. 다행히 한국전쟁을 거치면서 사회전반에 신분의 차별이 어느정도 해소되어 신분에 따른 괄시는 줄어든게 사실이다.

그러나 일반적으로 우리에게 무격은 항상 부정적인 것, 또는 극복되어야 할 대상으로 금기시되고 있다. 무격을 비판적인 시각에서 바라보는 학문적 경향은 여러 저술 속에서도 쉽게 찾아볼 수 있다. 문상희는 한국인의 이성이 무속으로 마비되고 윤리의식과 역사의식의 결여로 체념과 나태심, 요행의식을 낳게 하는 주술신앙과의 혼합주의임을 강조한다.[411] 김인회는 무속신앙의 기능적 측면을 분류·고찰

---

411) 문상희, 『한국의 샤머니즘 』, 분도출판사, 1975, pp.182-187.

하면서 "책임감의 결여 및 의타주의, 자기반성의 결여, 도덕적 자기 합리화 등과 같은 수많은 종류의 역기능을 무격의 탓"[412] 으로 돌리고 있다. 그 이면에는 과거 역사전개 과정에서 드러난 무격의 저주와 반역의 이미지가 크게 자리하고 있다.

무격의 '저주와 반역'의 이미지는 분명 밝지만은 않다. 그 반대는 '축원과 호국'의 이미지라 하겠다.[413] 전자가 근대 이전의 무격에 대한 이미지라면, 후자는 현대 이후 미래적 이미지이다. 즉, 이러한 시각은 무격에 대한 사람들의 시각이 시대에 따라 변화가 있음을 의미한다. 미래를 준비하는 입장에서는 과거의 어두운 이미지와 현대의 밝은 이미지 모두에 대한 학문적 분석이 요구되지만,[414] 여기서는 과거에 초점을 두고 논의를 진행코자 한다.

근대 이후 특히 일제강점기하에서 무격은 미신론의 통념에 갇혀 있었다. 고려시대와 조선시대를 거치면서 무격은 淫祀로 취급되면서 괄시의 대상이었던 것에 비하면, 근대 이후는 그나마 조금 나아진 형편이다. 최남선은 반자로프의 설[415] 을 받아들여 무격의 기능을 '사제, 치료자, 점복자'로 구분[416] 하였다. 이후 대부분 이러한 무격의 기

---

412) 김진,「무속신앙과 한의 신학」, 『신학사상 』67, 한신대학교 신학사상연구소, 1989, pp.991-992. 재인용.

413) 최종성,「어둠속의 무속」, 『한국무속학 』27, 한국무속학회, 2013, p.8.

414) 특히 무속의 부정적인 관점에 대해서는, 이용범,「무속에 대한 근대 한국사회의 부정적 시각에 대한 고찰」, 『한국무속학 』9, 한국무속학회, 2005, pp.151-180 참조. 그 밖에 일제강점기 무속에 대해서는 김성례,「일제시대 무속담론의 형성과 식민적 재현의 정치학」, 『한국무속학 』24, 한국무속학회, 2012, pp.7-42 참조.

415) 白鳥庫吉 譯,「黑敎或ひは蒙古人に於けるシャマン敎」, 『シャーマニズムの研究 』, 新時代社, 1971, p.49.

416) 최남선,「薩滿敎箚記」, 『啓明 』19호, 계명구락부, 1927, p.8.

능에 동의하고 있어서 모두 밝은 면을 다루고 있음을 알 수 있다. 단지, 신종원은 최남선의 분류와 공통되기도 하지만 예언자의 직능을 '탐색자'와 '천문가'로 세분화하여 '의사', '제사장', '탐색자', '천문가' 등 4가지의 종교적 직능에 주목하였으며,[417] 조흥윤은 사제, 치병, 예언점복의 기능 이외에도 가무·오락이나 전통문화 계승의 기능을 추가하였다.[418] 이외에도 손진태는 巫의 사회적 기능에 주목하면서 치병자, 생산보호자, 선지자나 예언자, 초복양재자, 운명점복자, 신이나 관리로서의 巫 등에 주목하고 있다. 이러한 점에서 최남선의 說을 공유하면서도 무당의 기능을 확대하고 있다.[419] 한편 임동권은 무격이 의례의 담당자보다는 왕의 측근으로서 국정 보좌의 기능에 주목하여 '醫巫', '占卜巫', '司政巫' 등으로 무격의 기능을 구분하기도 했다.[420] 이와 같이 인간의 애환과 고통을 어루만지는 신통하고 영험한 무격에 주목하여 특정한 시대적 조건과 환경에서 등장 했던 무격의 어두운 면은 주요 기능으로 소개되지 않았다.

무격은 개인만이 아니라 왕실의 욕구에 부응하기도 한다. 왕실의 기복을 책임진 國巫가 그것을 대표했다. 그러나 잊지 말아야 할 점은 勤王과 護國의 염원으로 왕실에 봉사한 무격과는 달리 왕조의 권위를 침해하거나 그것에 기여한 반역과 역모에 가담한 무격도 있었다.

반역은 물론 咀呪도 법이 명시하고 있는 범죄행위이다. 그것도 斬刑에 처해질 수 있는 강력한 제재의 대상이었다. 역대로 저주와 반역

---

417) 신종원, 「古代 日官의 性格」, 『한국민속학 』 12, 한국민속학회, 1980, pp.137-139.

418) 조흥윤, 『巫 한국무의 역사와 현상 』, 민족사, 1997, pp.21-22.

419) 손진태, 「中華民族의 巫에 關한 硏究」, 『손진태선생전집 』, 태학사, 1981, pp.339-355.

420) 임동권, 『韓國民俗學論攷 』, 집문당, 1991, pp.289-300.

에 얽혔다고 의심받은 무격이 죽임을 당했던 것도 이 때문이었다.

중국의 경우에서도 저주하는 일은 오래전부터 행해져 왔다. "唐나라의 孔穎達은 귀신에게 재앙을 내려 주도록 청하는 것을 '詛'라고하고, 말로 귀신에게 고하는 것을 '祝'이라 한다고 하였다. 따라서 저주란 대개 어떤 사람을 그지없이 원망한 나머지 귀신에게 고하여 재앙을 내려 주도록 원하는 것을 뜻한다."[421] 이와 같이 저주는 인간의욕망이 잘못 드러난 문화적 양식이라고 할 수 있다. 저주가 지닌 비밀성과 공격성은 전문성과 연관되어 샤머니즘과 만나기도 한다. 물론샤먼만이 저주의 기술자는 아니다. 浦慕州는 다음과 같이 말하였다.

> "예를 들어 에반스 프리차드가 소개한 바 있는 아프리카 아잔데 사회에서는 저주가 동일한 성의 부모에게서 유전된다고 여긴다. 그러므로 모든 사람이 자기도 모르는 사이 마법의 행위자가 될 수도있다. 이 경우 저주술 자체보다 마법자를 선별하는 신탁의 과정에서 전문성이 드러나게 된다. 그러나 중국문화권의 저주술을 총칭하는 용어인 '巫蠱'라는 표현 자체가 '巫術'과 '蠱'의 결합으로 그것자체에 이미 저주(蠱)와 巫의 친연성을 암시하고 있음을 유념할 필요가 있다."[422]

비밀스럽게 인간의 어두운 욕망을 성취하는 일이나 그러한 욕망의뿌리를 찾아내어 제거하는 일은 전문적인 직능자의 몫이다. 저주에관한 세계관이 뒷받침되고 저주를 행하는 무격이 결부될 때 무격의

---

421) "唐孔氏曰 請神加殃 謂之詛 以言告神 謂之祝 蓋怨人之甚 至於告神而欲其加殃也.", 『谿谷漫筆·1卷,「漫筆·詛呪之事」

422) 浦慕州,「巫蠱之禍的政治意義」, 『歷史語言研究所集刊』57-3, 中央研究院, 1986, p.515.

저주가 사회에 표출될 수 있다는 말이다.

대개 무격은 치유와 저주의 이중적 능력을 가졌다. 물론 무격의 양면성을 인정한다 하더라도 변화무쌍한 저주의 동기, 과정, 상징, 사회 기제를 고려해야 한다. 우리의 경우 무격은 치료자로서의 권능으로 인해 '巫醫'라고 불리기도 했고, 병과 죽음을 초래하는 반치료자로서 '巫蠱'의 전문가로 지목되기도 했다.

『谿谷漫筆 』에서는 "漢武帝 때에는 궁중에 한 번 巫蠱의 변이 일어나자, 諸侯王을 비롯해서 상을 저주했다는 데에 연좌되어 不道罪로 처형된 자들이 史冊에 끊일 사이 없이 기재되어 있기도 하다."423)고 하였다. 저주의 양식이 醫書와 法典에 등장하는 것도 저주문화가 사회적 통제에 직접 관계되고 있음을 보여준다. 무격은 유독물질의 전이, 영혼의 개입, 공격적인 이미지와 상징물의 동원으로 인간의 욕망에 부응해왔다.

이를 조금 자세히 살펴보면, 조선시대 '蠱毒'과 관련된 처벌조항의 중심이 된 『大明律直解 』의 '造畜蠱毒殺人'조에서는 "고독을 만들어 살인하거나 이를 사주한 자는 참형에 처한다"424)고 하여 독소의 제조와 활용을 엄격히 규제하였다. '고독'에 대해서는 『鄕藥集成方 』의 다음 내용을 살펴보자.

"무릇 고독에는 여러 종류가 있는데 모두 조화의 힘이 있다. 사람에게 變이 생기면 그것을 만든다. 많은 벌레나 뱀을 잡아 그릇에 넣어두고 서로 잡아먹도록 놔둔다. 오직 마지막에 홀로 남은 한 마

---

423) "漢武帝宮中旣有巫蠱之變 而諸侯王坐詛祝上 不道誅死者 史不絶書.", 『谿谷漫筆 』1卷,「漫筆 · 詛呪之事」

424) "凡造畜蠱毒堪以殺人 及敎令者斬.", 中樞院調査課 編, 『大明律直解 』 卷19,「刑律 · 造畜蠱毒殺人」

리를 蠱라 이른다. 이것이 능히 조화를 부릴 수 있게 된다. 고독이
섞인 술이나 음식을 먹으면 병이 생긴다. 다른 사람에게 병이 생기
면 고를 행한 주체에게 이로움이 따른다. 그리하여 고의 제조를 막
지 못하는 것이다. 한편 날아다니는 고가 오고 가기도 한다. 그런
데 그 병상의 원인을 찾지 못하고 점점 병상만 드러나 마치 귀신이
든 것만 같을 뿐이다. 고에 걸리면 갑자기 위중하게 된다. 고독에
중독되어 병에 걸리면 대개 죽게 된다. 그 독의 폐해가 심하기 때
문에 고독이라 한 것이다."[425]

'蠱'는 그릇 안에 벌레를 넣고 오랫동안 놔두고 서로가 서로를 잡아
먹게 한 후 최후까지 살아남은 벌레가 품고 있는 독을 저주에 이용하
는 방식이다.[426] 동료를 잡아먹는 생명력이 있음에도 결국 분말로 만
들어지는 분노가 고에 내재된 독성의 원천이다. 이러한 독기가 타인
에게 질병과 죽음을 일으키는 저주의 원천이 된다.
　또한 조선시대 궁중에서는 무격이 쥐나 개, 고양이 등의 사체와 뼈
를 매장하는 '埋兇'이 사회 문제로 거론 된 바 있다.[427] 이는 저주의

---

425) "凡蠱毒有數種 皆是變惑之氣 人有故造作之 多取蟲蛇之類 以器皿盛貯
　　令其自相噉食 唯有一物獨在者 卽謂之爲蠱 便能變惑 隨逐酒食爲人患禍
　　患禍於他 則蠱主吉利 所以不羈之 徒而畜事之 又有飛蠱去來 無由漸狀
　　如鬼氣者 得之卒重 凡中蠱病 多趨於死 以其毒害勢甚 故云蠱毒.", 『鄕
　　藥集成方』「巢氏諸病源候總論」卷25, '蠱毒'.

426) 여기에 대해서는 다음을 참조. "蠱有多種 罕能究悉 事關左道 不可備知 或
　　集合諸蟲 置於一器之內 久而相食 諸蟲皆盡 蛇在卽爲蛇蠱之類.", 『唐
　　律疏議』(國學基本叢書)卷18,「賊盜」2.

427) 『仁祖實錄』47卷, 仁祖 24年 3月 21日, 동 4月 25日, 동 49卷 26年 윤3月
　　23日, 동 50卷 부록(仁祖大王 行狀);『孝宗實錄』2卷, 孝宗 즉위년 9月 1
　　日, 동 7卷 2年 12月 13日, 동 12月 14日, 동 8卷 3年 2月 27日, 동 13卷 5年
　　7月 7日;『顯宗實錄』19卷, 顯宗 12年 8月 19日;『肅宗實錄』9卷, 肅宗
　　6年 7月 3日, 동 30卷 22年 4月 29日, 동 35卷 27年 10月 21日 기사 참조.

힘을 간직한 고독을 묻는 양식이다. 張維(1587-1638)는 이 매흉에 대해 『谿谷漫筆』에서 다음과 같이 말하고 있다.

> "우리나라의 경우는 이런 풍습이 더욱 치성해서, 人家의 奴僕이나 婢妾 중 약간이라도 원한을 갖는 일이 있으면, 새나 짐승을 비롯해서 해골, 허수아비 등의 물건으로 술법을 부려 墙屋(담이나 지붕 등 집의 바깥 부분)이나 굴뚝에 파묻어 사람에게 몹쓸 병이 옮기게 하곤 한다. 따라서 조속히 치료 하지 않으면 죽게 되기도 하고, 尸疰病처럼 다른 사람에게 옮기기도 한다. 이러한 일이 들켜 같이 처형 되는 이들이 계속되는데도 줄어들지 않는다."[428]

이렇듯 매흉과 같은 원한을 푸는 저주가 민간에서 종종 일어나고 있었음을 알 수 있다. 그러나 반대로 그 저주를 잘 퇴치하는 무격이 人家에 들어가면 저주물이 어디에 있는지 바로 알아내어 그것을 꺼내서 버리기도 하고, 범인의 성명도 알아맞추기[429] 까지 하는 등 무격은 저주를 해소하는 역할도 하였다.

다음으로 '鬼魅'가 있다. 귀매는 도깨비로 인식된다. 그러나 영적인 존재가 개입되거나 가탁을 통해 저주의 기법을 강화한 방식이다.[430] 주로 생명체의 신령을 유도하여 질병과 죽음을 이끌어 낸다. 경우에

---

428) "我國此風尤熾 人家臧獲僕妾 略有怨恨 輒用鳥獸及骸骨偶人等物 作法埋藏于墙屋竈突 便令人染病 不急治 往往至死 或傳注他人 如尸疰病 事發坐死者相繼 而猶不衰息.", 『谿谷漫筆』1卷,「漫筆·詛呪之事」

429) "巫覡能治詛呪者入人家 便知凶物所在 發而去之 又能言其犯人主名.", 『谿谷漫筆』1卷,「漫筆·詛呪之事」

430) "魅者或假託鬼神 或妄行左道之類.", 『唐律疏議』(國學基本叢書)卷18「賊盜」2.

따라 잔혹함의 극치를 보여주는데, 이는 인간의 영혼을 이용하기 때문이다. 李瀷의 『星湖僿說』에서 귀매에 의한 저주 내용을 살펴보면 다음과 같다. 내용이 조금 길지만 귀매의 저주 내용이 상세하게 나와 있으므로 그대로 옮겨 본다.

> "남의 집 어린애를 몰래 데려와 고의적으로 굶겨 겨우 죽지 않을 정도만 먹인다. 간간히 맛있는 음식만 조금씩 준다. 그 아이는 살이 빠지고 바짝 말라서 죽을 지경에 이른다. 그러므로 먹을 것을 보면 빨리 먹으려고 한다. 그 후 죽통에 좋은 반찬을 넣어 놓고 아이를 꾀어 대통 속으로 들어가도록 한다. 아이는 맛있는 반찬을 보고 배부르게 먹을 생각을 하며 발버둥치고 죽통으로 들어가려 한다. 이럴 때 애리한 칼로 아이를 번개처럼 찔러 죽인다. 아이의 精魂이 죽통 속으로 뛰어든 후에는 죽통의 주둥이를 막아 그 속에 들어간 아이의 정혼이 밖으로 나오지 못하게 한다. 그런 후에 그 죽통을 가지고 부자 집들을 찾아다니면서 맛있는 음식으로 아이 귀신을 유인해서 많은 사람이 병에 걸리도록 한다. 아이의 귀신이 침범하면 머리도 아프고 배도 아프게 된다. 모든 병자들이 낫게 해달라고 요구한 다음에야 아이 귀신에게 머리와 배를 낫도록 유인한다. 그 대가로 받은 돈과 곡식을 자기의 이득으로 삼는다."[431]

이와 같이 아이의 굶주림에 따른 고통과 식욕을 이용하여 저주를

---

431) "掠取人家小兒 故令饑餒之僅不死時 以滋味略與之啗至兒枯槁將死 猶見食物則勔勤欲 吞扲是以竹筒置美饌誘 兒令入筒中兒竭心竭力惟欲鑽入扲 是以利刀電斫兒殺之 兒之精魂跳入筒中 然後塞其口令不出過 豪富家輒以 美味誘令兒鬼 作祟人則痛 頭痛腹惟其所誘待 其困迫求療 然後從而誘止遂以利己.", 『星湖僿說』第5卷,「萬物門·魔魅蠱毒」

행한 점에서는 앞서 살펴본 고독과 유사한 측면이 있다. 그러나 영혼의 개입에 의존하고 영혼의 힘을 조정한다는 점에서는 고독과 차이가 난다.

또한 동물의 혼령을 조정하는 귀매도 있다. 일본에서는 고양이에게 생선을 보여주기만 하고 7일 이상 굶겨 고양이의 欲念이 양 눈에 모일 때 그 머리를 자르고 상자에 머리를 넣은 다음 주술에 응용[432]하기도 하였다. 개는 머리를 제외한 몸 전체를 땅에 묻은 후 그 앞에 음식을 두고 개의 식욕이 극에 달했을 때 머리를 잘라 태워서 재를 만든다.[433] 이상과 같이 무격의 저주가 '반치료적 행위'라면, 무격의 반역은 국가의 정치적 질서를 거스르는 '반사회적 행위'이다.

특히 조선시대 무격의 권위는 왕조의 권위로 인정되기도 하였다. 왕실의 요구에 응한 무격은 護國과 勤王을 뒷받침하는 祈福뿐만 아니라, 반역의 기반이 될 수도 있기 때문이다.

간혹 무격은 저항과 변혁적인 실체로 취급되기도 했다. 바로 무격의 逆謀와 관련된 반역 이라 할 수 있다. 종종 저주의 무격은 반역의 무격과 밀접한 연관을 가지고 병행되기도 하였다. 무격의 저주는 그 자체가 반치료적인 행위이다. 그것이 국가와 관련되는 순간 반역의 무격으로 비화되어 반사회적인 것이 될 수도 있다. 가령 "안으로는 자객을 궁중에 들이고 밖으로는 저주 埋兇, 圖畵, 射天의 흉계를 꾀한다"[434] 는 것은 사실 여부와 관계 없이 저주와 반역의 결합을 강조하는 것이다.

또한 巫醫의 치료와 무격의 저주는 기본적으로 주술의 의도와 방

---

432) 中山太郎, 『日本巫女史』, 東京: 大岡山書店, 1930, p.544.

433) 위의 책, p.545.

434) "內而刺客之入於禁中 外而咀呪埋凶圖畵射天之凶計.", 『逆賊興文等推案』, 丁酉 八月十三日, 介連의 結案.

향이 다를 뿐 방법과 원리는 유사하다. 무의의 의례적 치료 방법으로 거론되는 厭勝과 저주는 巫蠱의 주술과 다르지 않다는 것이다. 염승과 저주로 병의 원인을 없앨 수도 있고, 빌미를 제공할 수도 있다. 따라서 무의의 치료와 저주는 외형적으로 구분하기 쉽지 않다.

　저주는 주로 이권을 차지하기 위한 다툼이나 권력의 분쟁관계에서 빚어진다. 즉, 갈등이 있는 상대방이 불행하게 되기를 바라면서 하는 행위이다. 그리고 그 결과 저주를 받은 상대방을 상하게 하거나 죽게 할 수도 있다고 믿었다. 국가에서도 저주를 살인과 같은 범죄로 보고 강력한 처벌을 가했다. 여기서 주목할 것은 '저주를 살인과 같은' 것으로 다뤘다는 사실이다. 이는 곧 국가적으로도 저주의 효험을 믿었다는 반증이고, 또 그만큼 무격에 대한 신뢰와 두려움을 동시에 가지고 있었다는 결론에 도출하게 된다.

　　"의금부에서 '남자 무당 양인 맹손이 죽은 사람의 해골을 魚有沼의 집에 묻어 놓고 재앙 없기를 빈 죄는, 律이 絞待에 해당합니다.' 하니, 領敦寧 이상에게 의논하도록 명하였다. 沈澮가 의논하기를, '맹손의 祈禳은 사람들을 해롭게 하는 술책은 아니니, 만일 그의 실정을 따져 본다면 교형에 처하는 것은 과중할 듯합니다. 사형을 감하여 전 가족을 먼 변방으로 옮기게 하소서.' 하고, 尹弼商은 의논하기를, '맹손은 사형을 감하는 것이 어떠하겠습니까?' 하고, 洪應은 의논하기를, '대저 사람들이 집에 재앙이나 괴이한 일이 있으면 문득 기양하는 것이 常事입니다. 교형에 처함은 과중한 듯하니, 末減 하는 것이 어떻겠습니까?' 하고, 盧思愼은 의논하기를, '세속이 재앙 없기를 비는 것은 옛부터이지만, 사람의 해골을 사용하였으니 이는 죄줄 만합니다. 율에 한 말도 '사람들을 선동하여 현혹시킨 자에 있어서는 바로 교형한다.'고 했습니다. 이는 비록 左道

이기는 합니다마는 단지 한집에서만 사용한 것이니 교형에 처함은
과중한 듯합니다.' 하고, 尹壕는 의논하기를, '맹손은 무지한 사람
으로 잘못하여 범한 죄이니, 絞刑에 처함은 과중한 듯합니다.' 하
고, 孫舜孝는 의논하기를, '맹손의 죄는 응당 사형해야 합니다. 다
만 무지한 사람이 무당을 생업으로 그런 짓을 한 것이고 사람을 죽
이려고 꾀한 것은 아니니, 사형을 감하여 먼 변방에 살게 하시기
바랍니다.' 하니, 전교하기를, '帝王은 마땅히 살리기를 좋아하고
죽이는 것을 싫어해야 하는 법이다. 내가 어찌 사람을 사형에 처하
려고 하겠는가? 맹손은 사형을 감하라.'하였다."[435]

이와 같이 무격인 맹손이 죽은 사람의 해골을 魚有沼의 집에 묻어
놓고 재앙 없기를 빈 죄에 대해 沈澮, 尹弼商, 洪應, 盧思愼, 尹壕,
孫舜孝 등의 의견의 일치를 보이고 있다. 위의 기록대로라면 분명 재
앙을 없애기 위한 무격 의례가 맞는다고 볼 수 있지만, 그것이 진실
이었는지에 대해서는 의문이 남는다. 저주는 겉으로 보아서는 액막
이와 구별해 내는 것이 어렵다. 또한 주술적 방법이 같다. 위의 인용
문과 같이 죽은 사람의 해골이 재료로 사용됐다는 점도 그 행위가 저
주일 가능성을 높여준다.

---

435) "義禁府啓 男巫良人孟孫以死人頭骨, 埋魚有沼家, 禳災罪, 律該絞待. 命
議于領敦寧以上. 沈澮議 孟孫祈禳, 非害人之術, 若原其情, 則處絞似重.
減死 全家徙極邊. 尹弼商議 孟孫減死何如. 洪應議 大抵人家有災怪, 輒
祈禳, 常事. 處絞似過, 未減何如. 盧思愼議 世俗禳災, 古也, 而用人頭骨,
此爲可罪. 律所云 至於扇惑人民者乃絞. 此雖左道, 只用於一家, 處絞恐
爲過重. 尹壕議 孟孫無知之人, 誤犯之罪, 處絞恐過重. 孫舜孝議 孟孫之
罪應死. 但無知之人, 業巫行術, 非所以謀殺人也. 請減死, 置之極邊. 傳曰
帝王當好生惡殺, 予豈欲置人於死哉. 孟孫減死.", 『成宗實錄』, 成宗 20
年 11月 26日 庚辰.

다음의 명종 즉위년(1545)대의 기사를 살펴보자.

"그 아비가 죽었을 때 광준은 대사간으로 상중에 있었는데, 마침 그 형이 병사하자 형의 아내를 시켜 관에 거짓 고소하기를, '庶母와 시동생들이 요사스러운 술책으로 우리 남편을 죽게 했으니 잡아다가 죄를 다스리소서' 하였다."[436]

이와 같이 이복동생에게 불만을 품은 형제가 형의 아내를 시켜 '요사스런 술책(저주)'에 대한 거짓 고소를 하게 함으로써 죄를 묻게 한 사건이 있었던 것이다.

또한 명종의 謝恩使로 중국에 갔다 돌아오던 중 죽음을 맞이한 林百齡(?-1546)에 관한 다음의 기록은 두 가지 측면에서 해석해 볼 수 있다.

"을사년 가을에 이기·정순붕·윤원형 등과 결탁하여 밀지를 이용해 옥사를 빚어냄으로써 大臣이 죽임을 당하고 일시의 賢類가 일망타진 되었으므로, 모두가 다 지적하였다. 이때 도중에서 병에 걸려 죽게 되자, 억지로 일어나서 애걸하면서 '누군가 나를 죽이려고 한다' 하고는 죽었다. 뒤에 그의 아내를 그를 위하여 野祭를 지낼 때 무격의 말도 그와 같았으므로 듣는 이들이 자못 화제로 삼았다."[437]

---

436) "厥父死, 光準以大司諫居喪, 適其兄病死, 乃使兄妻, 誣訴於官曰 庶母及孼弟等, 以妖術殺吾夫, 請囚繫治罪.",『明宗實錄』, 明宗 卽位年 8月 6日 丙申.

437) "乙巳秋, 與李芑 鄭順朋 尹元衡, 結爲心腹, 以密旨羅織成獄, 大臣旣見殺, 一時賢類, 一網打盡, 道路以目. 至是道病將死, 力起作哀乞之狀曰 有人將殺我. 遂死. 後日其妻爲百齡作野祭, 巫所言亦如之, 聞者頗騰說.",『明宗實錄』, 明宗 1年 7月 19日 癸酉.

이상과 같이 하나는 억울하게 죽어간 혼백이 자신을 죽이려 한다고 믿었다는 것이고, 또 다른 하나는 자신의 병이 누군가의 저주에서 비롯된 것임을 주장한다는 측면이다.

여기서 알 수 있는 첫 번째 가능성은 병으로 몸이 쇠약해진 상태에서 스스로 죄의식을 느껴 헛것을 보았을 수도 있고, 두 번째는 무격의 저주를 두려워하고 있는 상태에서 병의 원인을 저주로 생각했을 수 있었다는 데 있다. 이는 당시 유학자들 사이에 저주술이 성행했음을 보여주는 근거이다. 특히 임백령의 부음을 듣고 왕은 애도했지만 통쾌하게 듣는 이가 있었다[438] 는 설명이 덧붙여진 것으로 보아 임백령의 마지막 말 또한 자신이 저주 당했다는 의미로 해석된다. 『선조수정실록』의 기록에는 다음과 같은 내용이 수록돼 있기도 하다.

> "혹자의 말에 의하면 그(尹春年, 1564-1567)[439] 의 집에 느지막에는 妖異가 생겨 그 때문에 병이 나 狂惑하였고, 밤이면 밀실에서 저 혼자 무당굿을 하고 북 치고 춤추며 귀신에게 제사하다가 죽음에 이르렀다고 하였는데, 대개 기괴한 것을 좋아한 것이 빌미가 된 것이다."[440]

효종 3년의 기록을 보면 "세룡의 처로 하여금 더욱 巫蠱에 힘쓰도

---

438) "是日百齡訃至, 聞者快之.", 『明宗實錄』, 明宗 1年 7月 19日 癸酉.

439) 윤춘년은 조선 중기의 문신·학자로, 중종 사후에 소윤과 대윤의 분열이 일어났을 때 소윤의 영수인 윤원형의 세력에 가담하여 명종이 즉위한 후 많은 선비들을 숙청했다. 불교와 도교적인 요소를 포함한 학문경향을 보였으며 윤원형이 실각하자 파직됐다.

440) "或謂 春年家晚有妖異, 仍感疾狂惑, 夜於密室, 自爲巫覡, 鼓舞祠神, 以至於死. 蓋亦好怪爲祟也.", 『宣祖修正實錄』, 宣祖 卽位年 10月 5日 丙戌.

록 하였으니"441) 하는 대목이 있는데 이는 사대부의 부녀들이 권력 장악을 두고 세력싸움을 벌이는 남편들의 뒤에서, 이를 돕기 위한 방편의 하나로 은밀히 무고에 가담했었다는 사실을 알게 한다. 그런가 하면 저주에 가담하지 않았는데도 이름이 거론되면서 억울한 일을 겪게 되는 경우도 있었다.

> "(金應璧이) 동인과 서인을 내가 어찌 알겠습니까. 고통을 견디지 못해 빨리 죽고 싶어서 말했습니다. 이덕형 등의 이름은 익숙히 들 었기 때문에 마구 말한 것이고, 이유연은 그가 일찍이 공조 좌랑으로 있을 때에 방납을 허락하지 않았기 때문에 미워서 끌어댄 것입니다."442)

숙종 때 기록에는 張希載의 처 형제들이 墓山에서 厖災443)를 행하였다가 곧 발각되는 사건이 있기도 했다.

> "또 들으니 장희재의 처 형제들이 墓山에서 방재를 행하였다가 곧 발각되었다고 하였습니다. 이달 19일에 숙정이 저를 불러서 묻기를, '방재를 곳곳에서 행하였는데, 지금 비록 찾아서 파낸다 하더라도 능히 찾을 수가 없다. 나의 아비·할아비의 神이 나를 도와주

---

441) "仍令世龍之妻, 益做巫蠱之事.", 『孝宗實錄』, 孝宗 3年 3月 4日 乙亥.

442) "東人 西人 我何知之. 不勝苦, 欲速死而言矣. 李德馨等以名熟, 故亂言 李幼淵則曾爲工曹正郎, 不許防納, 故懷嫌而引之矣.", 『光海君日記』, 光海君 5年 6月 17日 甲辰.

443) 방재의 의미는 다음과 같다. "세속에서 巫祝·魘魅·蠱毒의 술책을 방재라고 한다. 대개 厖涓이 孫臏을 저주한 뜻을 취한 것이다.(俗以巫祝 魘魅蠱毒之 術 謂之厖災. 蓋取厖祚詛孫臏之意也)", 『肅宗實錄』, 肅宗 27年 9月 28日 壬子.

지 아니하여서 그런 것인데, 방재에 대한 말이 이미 나왔으니, 걱정스럽다. 만약 혹시 反中한다면(그 災殃이 그 일을 주관하는 자에게 되돌아가는 것을 말한다) 어떻게 할 것인가? 시험삼아 나를 위하여 길흉을 점쳐 달라.'고 하기에, 제가 점을 처보고 '9월 그믐에 불길한 일을 당할 것이다.'고 하였습니다."[444]

이상과 같이 淑正은 불안한 마음에 무격을 불러 방재에 대한 말이 이미 나왔으니 걱정스럽다고 하면서 만약 혹시 反中한다면 어떻게 할 것인지 시험 삼아 길흉을 점쳐 달라고 요청하기도 했다. 여기서 반중이란 협주에서도 설명하고 있듯, 재앙이 주관자에게 돌아가는 것이다. 숙정은 바로 방재에 대한 반중을 염려하였던 것이다.

유학자 집안에서 무격을 대하는 방식은 사회적 분위기와 맥락을 같이 했다. 겉으로는 무격을 거부하고 금기시했지만, 개인적 영역에서는 여전히 무격을 찾고 믿고 의지하는 모습이었다. 유학자면서 집안의 가장인 남성들도 마찬가지였다. 특히 점복 행위를 비롯해 복을 기원하거나 치병을 바라는 의례는 성행의 수준이었다. 여성들의 경우는 무격에 대한 의존도가 더 높을 수밖에 없었다. 남편이나 자식, 집안의 대소사와 관련된 일에 대한 일종의 책임감 같은 것이다. 이렇듯 생활 속에서 가까이 자리 잡고 있던 무격은 왕실의 종교문화로까지 이어진다.

이와 같이 무격을 그 역기능만을 가지고 배척할 것이 아니라 한국 역사 속에서 무격이 본래적으로 어떻게 민중의 억압 현실을 종교적

---

444) "又聞希載妻兄弟 行龐災於墓山 旋卽發覺. 今月十九日 淑正招俺而問曰 龐災處處爲之 今雖搜捉 不能得. 吾父祖之神 不佑而然 龐災之說已出 可憂也. 若或反中(謂其災反歸於主其事者) 則奈何. 試爲我卜吉凶.", 『肅宗實錄』, 肅宗 27年 9月 28日 壬子.

이상과 매개하려고 노력했는지 성찰하는 것이 중요할 것이다.

4) 무격 대중화의 과제

전술한 바와 같이 우리나라에서 무격은 단군시대부터 최근에 이르기까지 개인과 사회의 질병과 심리적 안정을 주는 역할을 수행해 왔다. 개인적으로는 노래와 춤으로 막힌 기운을 풀어 육체의 병을 치유하고, 심리적 경직성에서 오는 신체화의 증상과 마음의 원한을 푸는 즉, 解冤의 측면에서 기능해 왔다.

사회적으로도 사회의 환란이나 거대한 혼란기에 민중들의 불안감과 위기감을 치유하는 역할을 수행해왔다. 그런 점에서 무격은 개인과 공동체의 건강과 삶을 영위해 나가는데 있어서의 보편적인 균형이 무너졌을 때 그것을 회복시켜주는 역할을 했다.

무격은 개인을 넘어서 자연과 인간, 사회연대의식, 국가의식까지 포함한다. 이러한 공동체 의식을 오늘날 더욱 확대·발전시킬 필요가 있다. 이러한 점을 오늘날 어떻게 펼쳐내는가가 대중화의 첩경이 될 것이다.

현재 우리 종교문화는 토속 종교보다는 외래 종교문화가 더 큰 위상을 이루고 있다. 기독교, 유교, 불교 등의 종교는 한국 종교문화의 대표인양 자리를 차지하고 있다. "외래종교가 들어올 때마다 우리 종교를 무시하여 우리 사회의 문화구조는 맨 위에 서구문화인 기독교문화, 그 아래에 유교문화, 그 아래에 불교문화, 그리고 맨 아래에 우리 고유의 전통문화가 자리하게 되어서, 우리 문화를 우리 스스로 하찮게 여기게 되었다."[445] 이러한 시각은 일본이 神道-불교-유교-기독교의 위상순으로 신도 위주의 종교문화를 보여주는 것과는 대조적인 현상이다.

과거 무격 문화를 대중화 하자는 논의가 있었다.[446] 그러나 '무격'과 '대중화'라는 말은 모순이 발견된다. 홍태한은 무속은 "'巫+俗'으로 무속이 우리의 생활과 밀접한 관련이 있다는 의미이다."[447] 라고 보고 있는데, 이 말은 이미 무속은 대중화의 논의를 할 필요조차 없이 우리 생활 속에 밀접히 들어와 있음을 의미한다. 따라서 무격은 대중화의 대상이 될 수 있는가라는 문제와 무격이 대중화되지 않았는가라는 반성이 요구된다. 이와 같은 논의의 저변에는 무격의 범주를 협소한 것으로 보고 있기 때문에 대중화의 문제를 거론하게 되는 것이라 판단된다.

무격이 우리의 생활에 밀접하게 연관되어 있다는 점을 이해한다면, 굳이 무속의 대중화를 언급할 이유가 없다. 그럼에도 불구하고 사회 현상속으로 들어가 보면 무격의 대중화는 학문적으로 정리될 필요가 있다고 본다. 특히 비교적 경제 규모가 큰 굿의 경우 과거에

---

445) 윤내현, 『우리 고대사, 상상에서 현실로』, 지식산업사, 2003, p.181.

446) 2015년 12월 4일-5일 고려대학교(국제관321호)에서 개최한 한국무속학회의 학술대회 대주제가 「무속의 대중화, 그 의의와 전망」이었다. 여기서 발표된 주제는 '굿과 무당을 담아낸 사각 프레임, 그 호기심을 넘어서'(김형근), '굿의 무대 공연화 양상과 특징'(김기형), '동해안별신굿 무당의 대중적 연행 방식 연구'(심상교), '무속 대중화의 방향과 무속 연구의 방향 점검'(홍태한), '축제화된 무속의 전승양상과 진정성의 문제'(조정현), '무속 연희자에 의한 공연 콘텐츠 개발과 발견'(유수영), '망자혼인굿 생성 문맥의 모델화 시론'(허용호), '근현대 세습무 굿음악의 지역특성 연구'(목진호), '함경도 돈전풀이 연구'(윤준섭) 이었다.

447) 홍태한, 「무속 대중화의 방향과 무속 연구의 방향 찾기: 서울굿을 중심으로」, 『한국무속학33, 한국무속학회, 2016, p.59.

비해 그 실행빈도가 떨어지고 있고 단순히 致誠[448]과 占事가 중심이 되고 있다. 여기서 치성은 선굿과 대비되는 개념으로 무격 혼자서도 연행할 수 있고, 무격의 신당에서도 연행이 가능하다. 또한 연행에 소요되는 비용이 비교적 적게 들어 일반 사람들이 쉽게 의뢰할 수도 있다. 무속인이 강신무로서 점을 치는 동안 선굿 연행이 결정되기도 한다. 그러나 모든 점사가 반드시 선굿 연행으로 결정되는 것은 아니다.[449]

이해를 돕기 위해 무격의 대중화에 대해서 한국무속학회 측의 설명을 들어 보면 다음과 같다.

"무속이나 굿이 특정한 사람이나 관련 연구자만이 향유하는 특별한 문화가 아님을 각인시킴으로써 대중화의 가능성 및 전망을 검토하는데 목적이 있다. 이를 통해 배척당하기 이전 인간 삶의 애환을 오롯이 담당했던 한국인의 정신적 문화유산임을 확인하고 보다 많은 사람들이 공감하고 공유할 수 있는 방법을 모색할 수 있다."[450]

이상과 같이 무격의 문화는 정신적 문화유산으로 이미 보편화·대중화 되어 있다. 그럼에도 불구하고 대중들은 무속이나 굿을 미신처럼 인식하고 있다.

분명 무격은 지금까지 생명력을 유지하고 또 잘 전승되고 있다. 무격 대중화를 알 수 있는 대표적인 정황은 인터넷을 이용한 무격의 활

---

448) 아직까지 무속의 치성에 대한 연구는 없었다고 할 만큼 그 연구가 희박하다.

449) 여기에 대해서는 김태곤·홍태한 외, 『한국의 점복』, 민속원, 1995 참조.

450) 2015년 <한국무속학회 학회 통지문>, 홍태한, 앞의 논문, p.59 재인용.

동 영역 확장에서 발견된다. 다수의 무격들이 자서전 간행[451]과 인터넷 홈페이지를 활용하여 홍보에 이용하고 있다.[452] 특히 홈페이지는 단순한 홍보에만 그치지 않는다. 사람들과 편리하게 소통 하고 점사를 주고받을 수 있는 공간이 될 수도 있다.

인터넷 포털사이트에서 무당을 검색하면 '스폰서 링크', '파워링크', '플러스 프로', '비즈사이트' 등 여러 곳에서 확인이 가능하다. 이를 조금 더 자세하게 검색하면 300여 곳 이상이 넘는 것으로 확인된다. 각 홈페이지 활용은 무격 사회의 일반적 흐름을 반영한다.[453] 최근에는 여러 무격 홈페이지를 한 곳에서 확인할 수 있는 무격 종합사이트[454]까지 등장했다.

위 사이트의 자문위원으로 소개되는 인물은 김금화(國巫, 중요무형문화재 제82-나호), 이성재(사.대한경신연합회 이사장), 양종승(한국무교학회 회장)이며, 후원단체로 함경도 망묵굿 보존회부터 서울시 무형문화재 제20호 남이장군 사당제 보존회까지 14단체가 소개되어 있다. 또한 페이스북, 카카오톡 등 개인 SNS와도 연동체계를 구

---

451) 대표적인 것을 제시하면 다음과 같다. 심진송, 『신이 선택한 여자 』, 백송, 1995; 김금화, 『복은 나누고 한은 푸시게 』, 푸른숲, 1995; 심진송, 『또 하나의 세상 』, 백송, 1996; 조자룡, 『신을 선택한 남자 』, 백송, 1996; 이미숙, 『나를 찾은 신의 소리 』, 백송, 1999; 김백순, 『별 미친 년 다 봤네 』, 한빛, 2000; 유명옥, 『집없는 무당 』, 새로운 사람들, 2000; 강법인, 『그렇게 잘 난 그놈은 왜 무당질 한 대 』, 얼과알, 2002; 이영수, 『무당도 성직자다 』, 백송, 2002; 이해경, 『혼의 소리 몸의 소리 』, 솔과학, 2003; 김금화, 『비단꽃 넘세: 나라만신 김금화 자서전 』, 생각의 나무, 2007.

452) 홍태한, 「무속사회 홍보의 콘텐츠 활용: 자서전 출판과 홈페이지를 중심으로」, 『한국무속학 』19, 한국무속학회, 2009, pp.165-188.

453) 홍태한, 위의 논문, p.176.

454) 예를 들면, '점집닷컴'(http://www.neomudang.com)과 같은 것이 있다.

축하고 있어서 이용자의 편의를 돕고 있다.

무격 종합사이트는 무격의 홈페이지만 보여주는데 그치지 않고 다양한 정보까지 제공한다. 무격의 현황과 진행되고 있는 무격 공연 등 여러 정보를 많은 사람들에게 제공하고 있다. 이 사이트에 접속하여 원하는 정보를 얻기도 하지만, 종합사이트 내에 있는 여러 다양한 무격의 홈페이지를 방문하여 상담이 진행되기도 한다. 상담은 주로 전화 상담으로 진행되며, 점집을 직접 방문하여 하는 상담에 드는 부대 비용의 절감 등 전화상담의 이점이 강조되고 있다.[455] 또한 <상담 선생님 등록> 창을 제공하여 무격이 직접 등록을 할 수 있도록 배려하고 있으나, 자격 조건을 제시하여 제한을 두고 있다. 즉, 첫째, 영검해야 하며 둘째, 행사나 기도 등으로 신당을 자주 비우면 안된다고 한다.

이들은 홈페이지 상에서도 시각적으로도 화려한 巫服을 입고, 巫具를 들고 있거나 점사를 풀이하는 장면 등을 제시하고 있다. 무격의 이름 또한 사람들의 관심을 끌기 충분하게 소개되고 있는데, 돼지엄마, 불사대신, 하늘천지신당, 장군보살, 나비선녀, 옥황선녀, 태경선녀, 매화당선녀, 3살동자, 성수대신, 도원정사, 오서암, 열두대신, 은행만신, 작두선녀, 벼락장군, 영검대신, 설녀신당, 연화당, 휘파람도사, 천왕대신, 령신할매신당, 무불통신, 요술도깨비, 물애기시, 지장보살, 태연화, 나비아씨, 꽃대신, 지율당, 선녀동자, 천상선녀, 설화당, 둔갑장군 등이다. 사진과 이름 아래에 간략한 이력을 적어 놓고 있고, 현재 상담중이거나 상담가능임을 알 수 있게 해 놓았다.

---

455) 일반점집을 찾아 이동하는데 따른 시간과 교통비 등 직, 간접 경비가 발생되며, 점을 보는데 필요한 시간은 불과 10분에서 15분 정도인데 복채는 5만원 정도 이지만, 전화상담으로는 24시간 365일, 전화로 상담을 하기 때문에 부대 비용 절감과 복채는 10분 기준 26,000원 임을 강조하고 있다. 이 또한 다음 달 전화요금에 자동으로 합산되어 청구되는 구조이다.

피상담자들은 과거와 달리 무격의 정보를 비교 검토하여 선택하는 경우가 늘고 있다. 따라서 홈페이지에서 무격의 정보를 얻는 이용자의 증가가 예상된다.

현대 사회는 무격의 적극적인 홍보가 절실한 시대이다. 무격 사이에도 경쟁이 치열하여 단순히 손님들이 오기만을 기다리는 것이 아니라, 무격 스스로 손님을 찾아가는 형태로 변화[456] 하고 있기 때문이다. 홍보의 방법에서 대중 언론매체에서도 무격에 관한 정보를 제공하고 있다. 잡지의 경우,[457] 단순 광고로 해당 무격인에 대한 다양한 정보를 제시한다. 특히 무격인의 특별한 장기나 비용, 연락처 등을 상세하게 제시한다. 광고는 큰 효과가 있기 때문에 여성지나 주간지일수록 광고비용이 높다. 또한 특정한 무격인을 탐방한 인터뷰 기사는 해당 무격인에 대한 자세한 정보를 제공하고 사진까지 함께 실어 호기심을 높이는 효과를 준다.

대부분 무격인이 행한 사례담을 중심으로 기사가 전개되는데, 무격인의 영험함과 신통성을 강조하면서도 정통 계보를 잇고 있음을 나타낸다. 필요에 따라 탐방기사를 통해 전문가들의 언급까지 인용하면서 객관적 신뢰도를 높이려는 모습이 보인다. 단순 광고보다 이러한 탐방 기사는 독자들의 호기심을 자극하기 충분하다.

2009년 7월에는 국내는 물론이고 세계적으로도 처음 창간된 무교종합지 『월간 무가』의 경우 우리나라 무격들의 알 권리를 충족시

---

456) 홍태한, 앞의 논문, pp.178-181.

457) 대표적인 주간지로 경향미디어그룹에서 2002년부터 5월부터 2013년 11월 (제76호)까지 2년간 간행한 *WEEKLY Goodday 365*가 있다. 이 잡지는 풍수, 점복, 무속을 수록한 전문 주간지이다. 창간호에는 전국의 역술인 110명을 설문 조사한 사주와 관상으로 본 차기 대통령 후보의 대권 가능성 등이 실리기도 했다.

키는 것은 물론이고 진정한 무교의 대변자가 될 것을 선언하였다. 그러나 발행된 지 2년도 되지 않아 폐간되고 말았다. 이 밖에 『월간 작두』, 『계간 신내림』 등의 잡지도 확인된다. 잡지와 더불어 무속 전문 신문도 고려할만하다. 한국무속신문을 대표하는 것으로는 2005년 창간한 《한국무속신문》 (월간지)이 있다.[458] 《한국무속신문》은 한달에 25,000부를 찍어 내며 전국의 굿당, 기도터, 만물상 등으로 약 500군데에 배포되는 만큼 전문지로서 상당한 위상을 보여 주고 있다.

더군다나 한국무속협동조합에서는 2017년 <민속방송>이라는 케이블TV 방송도 송출하는 등 무격의 대중화에 적극적인 행보를 보여 주고 있다. <민속방송> 홈페이지 '방송국소개'에 따르면, 18,700명의 가입자가 있고 전통 무속과 무속인의 복지 증진을 널리 알리기 위한 목적으로 설립되었다고 한다.[459] 주요 프로그램은 <천신당 이야기>, <숨은 무당을 찾아라>, <무녀의 삶>, <한국전통의 굿>, <미스테리 월드>, <휴먼다큐멘터리 무당>, <굿 코리아>, <명무이야기>, <나는 무당이다>, <신이 선택한 무당>, <100인의 무녀>, <전국무당대열전>, <점보러가실래요>, <평안기원대축제> 등이 있다.

공연예술에서도 많은 굿이 무대 공연으로 연출된다. 대부분 개인 발표회 형식으로 열리지만, 단체의 기획 공연으로도 공연된다. 이상과 같이 여러 매체를 통해 무대 공연으로서의 굿 문화가 유통되고 있음을 살필 수 있다. 또한 여러 무형문화재보존회의 홈페이지도 무격의 대중화에 있어 중요한 구실을 한다. 여기에는 무격 관련 학회 홈

---

458) 관련 내용은 《한국무속신문》 (http://www.musoknews.co.kr) 참조.

459) <민속방송>(http://www.민속방송.kr)

페이지[460]도 링크되어 있어 무격인들이 공유하고 있다.

이상으로, 무격의 대중화는 이미 이루어졌다고 볼 수 있다. 그러나 그와 관련된 사람들의 심리 욕구는 쉽게 설명하기 어렵다. 이것은 무격의 대중화가 지극히 제한적일 수밖에 없음을 의미한다. 사람들의 심리욕구까지를 고려한 무격의 대중화를 위한 과제를 제시하면 다음과 같다.

첫째, 무격의 대중화와 개인화의 측면을 모두 이해할 수 있는 지혜가 요구된다. 이는 무격은 대중화가 되었지만, 무격 문화의 향유는 대중화되지 않았음을 의미한다. 그러므로 무격의 대중화를 논하고자 할 때 그 기준점을 어디로 정해야 할지가 관건이 된다.

둘째, 무격 스스로의 自己革新이 있어야 할 것이다. 대개의 무격들이 신앙적인 면에서는 부족함이 없으나 철학적인 면에서는 부족하다는 비판을 받는다. 무격이 신과 인간의 매개자 역할을 수행하는 것은 기능인에 속한다고 할 것이다. 기능인은 주어진 것만 수행하는 소극적 행위의 주체이다. 오늘날 정보와 지식이 발달한 사회에서는 全人的교양을 갖춘 인간이 요구된다. 따라서 현대 무격이 대중속으로 확산되기 위해서는 무격 스스로가 전반적인 지식과 소양을 쌓아 인문학적 소양을 갖춘 교양인이 되어야 할 것이다.

더욱이 무격은 신앙인이 될 수는 있지만 종교인이라고 보기는 어렵다. 종교가 되려면 신앙의 대상 외에 교리가 있어야 한다. 우수한 교리가 있어야 이성적이고 합리적인 교육을 받은 대중을 설득하고 대중화를 실현할 수 있다. 무격은 신앙을 체계화 할 이론적 근거인 교리가 없기에 무격 스스로가 인문학적 소양을 통해 자기 혁신을 이

---

460) 한국무속학회 홈페이지(http://koreanshamanism.org). 참고로 한국무속학회에서 발간하는 『한국무속학』의 수록 논문을 1999년 창간호부터 2019년 최신호까지 정리하여 본고의 <부록>으로 제시하였다.

루어야 한다. 그래야 무격이 단지 중재자의 역할을 벗어날 수 있으며 동시에 무격을 한 차원 높인 신앙의 형태로 전환시킬 수 있을 것이다. 그러기 위해서는 무격의 자기 혁신이 요구된다. 즉, 무격이 인문학적 소양을 쌓아 인격도야에 전력을 다해야 한다는 의미이다.

포스트 코로나 시대를 맞아 전 세계적으로 엄청난 변화가 예상되는데, 무격 또한 이러한 시대적 과제에 어떠한 해결책을 제시할 수 있을 것인지 고민해야 한다. 특히, 무격의 자기혁신을 통한 새로운 방법이나 과점을 도입하여 자신의 삶을 획기적으로 변화시키기 위해 노력해야 한다. 그 변화의 중심에는 신앙과 더불어 철학이 자리할 수 있도록 공부해야 한다.

물론, 신앙과 철학을 동시에 아우르려는 시도가 쉽지 만은 않을 것이다. 신앙이 감성적이라면 철학은 분석적인 것이기 때문에 감성과 이성을 두루 함양하는 것을 요구하는 것이 과연 무격들의 정서에 맞을지, 그리고 그들이 이를 수용할 수 있을지 여부는 또 다른 연구 과제를 낳게 한다. 그러나 분명한 것은 시대의 변화에 적응해야만 무격의 대중화가 실현될 수 있다는 점이다.

셋째, 무격의 집단화(세력화)도 고려할만 하다. 고려시대의 국무당이나 조선시대의 성수청의 예에서처럼 현대 국가에서 무격을 위한 기구를 설치할 수는 없으나, 무격들 스스로 세력을 형성할 수는 있을 것이다. 물론, 大韓勝共敬信聯合會(경신회)와 같은 무격들의 모임 단체가 있어서 조직화가 이뤄지지 않았다고는 할 수 없다. 그러나 경신회는 종교적인 것 보다는 사회적인 단체의 성격이 강하기 때문에 무격들의 권위 신장을 위해서는 도움이 될지 모르나, 자기혁신을 위한 조력면에서는 또 다른 형태의 조직이 필요하다. 즉, 무격들의 평생 교육을 담당할 수 있는 기관, 무격들의 인문학적 교육을 담당할 수 있는 기관 등 다양한 측면에서 전문적 기관이나 조직체가 요구된다.[461] 그러한 조직을 통해 미래 사회가 요구하는 무격의 위치가 상향될 수 있고, 그에 따라 효율적인 무격의 대중화도 가능해질 것이다.

넷째, 무격의 현장을 기록하고 콘텐츠화하는 작업이 요구된다. 무격의 대중화라는 말 속에는 무격의 현상을 보이는 그대로 이해하려는 것이 아니라 무격의 기준을 임의로 설정하고 접근하려는 의도도 있다. 사람들의 모든 욕망을 대중화라는 말로 긍정적인 포장을 할 수는 없다. 무격은 아직도 분명 기복 신앙의 차원에서 이해되는 면이 강하기 때문이다. 무격에게 다양한 정보를 얻는 것 자체는 무격의 대중화라 할 수 있지만, 무격의 의례 현장에서 발생하는 현상을 대중화하는 일은 쉽지 않다. 왜냐하면 의례에 직접 참가 하는 사람들만이 직접 경험을 할 수 있기 때문이다. 따라서 무격의 대중화를 위해서는 의례의 장면을 영상장비로 녹화하여 이를 콘텐츠화 해야 한다. 그리고 그것을 재생산해 내는 일이 요구된다.

---

461) 정책적으로는 무형문화재의 지정을 통한 국가 지원책이 좋은 예이다. 국가무형문화재 제9호 은산별신제, 국가무형문화재 제69호 하회별신굿탈놀이, 국가무형문화재 제71호 제주칠머리당영등굿, 국가무형문화재 제72호 진도씻김굿, 국가무형문화재 제81호 진도다시래기, 국가무형문화재 제82-1호 동해안별신굿, 국가무형문화재 제82-2호 서해안배연신굿 및 대동굿, 국가무형문화재 제82-4호 남해안별신굿, 국가무형문화재 제97호 살풀이춤, 국가무형문화재 제98호 경기도도당굿, 국가무형문화재 제104호 서울 새남굿을 비롯한 국가무형문화재가 있고, 대전광역시 무형문화재 제2호 대전의앉은굿, 울산광역시 무형문화재 제2호 일산동당제(별신굿) 등 여러 시도무형문화재가 있다.

VI. 結論

...

Ⅵ. 結論

　이상에서 한국 巫覡의 역사적 전개를 비롯하여 종합적 이해를 구하였다. 특히 儒佛道 三敎와 무격이 어떻게 교섭하였고, 무격의 기능은 무엇인지 그리고 무격의 특징과 현대적 과제는 무엇인지를 살펴보았다.

　외래종교인 유불도 삼교와 토속신앙인 巫俗이 함께 기능할 수 있었던 것은 서로가 서로의 영역을 침범하지 않고 圓融會通的으로 관계를 맺었기 때문이라고 판단된다. 그러나 유교의 입장에서는 무격신앙이 정치적 맥락과 흐름에 따라서 탄압의 대상이 되기도 하고, 장려 혹은 통제의 대상이 되기도 하였다. 그러나 佛·道 二敎에 비해서는 융합적인 태도가 약했음을 확인하였다.

　삼국시대부터 고려·조선시대를 거쳐 근·현대에 이르는 동안 무격은 정치·경제·사회·문화 등 거의 모든 세속의 일에 관여하여 그 영향력을 행사해 오고 있음도 살펴보았다. 특히 일제강점기 미신타파 운동은 우리 민족성의 말살정책 하나로 평가할 수 있다. 기복신앙의 관점에서도 무격의 배제 논리는 합리화되기에 이른다. 또한 역사적으로 저주와 주술성이 갖는 이미지는 무격을 사회에서 배제시키는 주된 이미지였음을 살펴보았다. 문제는 현대와 미래에서 어떻게 무격을 대중화시켜 음지에서 양지로, 비학문 분야에서 학문의 영역으로, 비주류 문화에서 주류 문화로 이끌어 낼 것인가 하는데 있다.

　무격은 天·地·人 사이의 소통자 역할을 담당해 왔다. 무격은 귀신과의 소통이 중요한 역할이다. 이는 결국 소통의 담당자로서 무격의 역할이 중요하였다는 말이다. 나아가 무격은 초자연적 치유력을 지닌 존재로 이해된다. 왕실에서도 치병을 위해 초자연적 존재에게 의존하였다. 그래서 왕실에서도 병자가 발생하면 여러 의례와 함께 무속의 신들에게도 치병을 빌었던 것이다.

유·불·도 삼교사상 등 한국의 사상이나 문화를 논할 때 굳이 무격 문화를 같이 다루어야 할 필요는 없다. 그러나 우리는 외래문화인 유 불도 삼교문화를 거론할 때는 거부감이 없는데 반해 유독 무격 문화를 거론할 때는 소심해지는 현상을 종종 볼 수 있다. 그 이유는 무엇일까? 한마디로 무격에 대한 올바른 이해가 부족하기 때문이라고 할 수 있다. 일제강점기하에서 억압된 문화교육을 받아온 것도 중요한 이유 중의 하나일 것이다. 미신타파를 마치 고등 민족 교육을 하는 것처럼 여겨온 이상, 우리는 전통문화의 올바른 이해를 할 수 없을지도 모른다.

무격에 대한 이해는 한국 전통사상과 문화는 물론이고 한국인의 삶 속에서 여전히 살아 숨 쉬고 있다. 이는 우리의 삶 자체가 하늘(자연)과 인간, 인간과 인간이 統一的이라는 사유와 함께 해 왔다는 점에서 天地人을 잇는 존재로서의 무격은 부정되어야할 존재가 아닌 전통문화의 핵심으로써 소중히 보존되어야 할 가치인 것이다.

그럼에도 불구하고 조선시대 유교의 무격 억압 이후 일제강점기의 미신타파 등 무격의 한국 사상사에서의 위치는 낮게 평가되어 왔다. 특히 4차 산업혁명의 시대를 맞아 인간의 역할이 그 어느 때보다 중요한 시점에서 하늘(신)과 땅(존재)을 연결하는 중재자이며 소통의 창구로서의 역할을 해 온 무격의 역할은 재평가 되어야 할 때라고 사료된다. 인간은 자신이 창조한 물질문명을 컨트롤하면서 인간과 인간의 관계보다 인간과 물질, 물질과 물질간의 상호 작용에 더욱 주의를 기우리고 있다. 그 과정에서 수많은 윤리 · 도덕의 문제를 비롯한 사회악이 양산되고 있으며, 그 피해자는 결국 인간으로 귀납된다.

자연환경까지도 인간이 컨트롤 하려는 욕심은 지구적 재난의 시대를 맞게 되었다. 자연은 인간이 관여해서는 안되는 것으로 이미 고대 중국 철학에서도 天의 문제나 자연의 문제는 인간의 행위가 불필요함을 역설하고 있다. 이를 도가에서는 무위자연 사상으로 유학에서는 順天節物을 강조하였던 것이다. 무격은 곧 신과 인간의 소통을 매개하는 역할이 주 역할이기 때문에 잘못된 인간의 욕구를 바로잡아야 할 의무가 있다고 판단된다. 즉, 인간의 잘못을 수정하게 하는 것이 곧 하늘의 성품과 닿게 하는 것이고 그것이 자연과 합일하게 하는 것이다.

또한 전통의 굿, 판소리, 난장 등에서 파생되는 흥을 통한 치유를 신명풀이라 할 때, 오늘날의 대중공연 속에서 발생하는 흥도 굿의 일종으로 볼 수도 있을 것이다. 즉, 굿의 외연을 확대하면 굿의 범위가 넓어지고 이것이 결국 굿의 대중화와 직결될 것이다. 이와 같이 무격의 의례 과정속에서 발생하는 신명풀이와 같은 공동체 의식은 건강한 사회를 만드는데 기여할 수 있다고 판단된다. 따라서 무격 당사자는 물론이고, 그들을 대하는 사람들도 무격문화에 대한 올바른 이해를 위한 학습을 해야 할 것이다. 즉, 현대 사회에서 무격은 종교나 신앙의 영역이 아닌 우리민족의 기층적인 문화현상으로 보자는 말이다.

무격은 마치 萬神殿의 종교 현상을 연상케 한다. 天 · 地 · 水 등에 관련되어 거시적인 우주론의 중심을 이루고 있는 神이 있는가 하면, 山 · 木 · 石 · 짐승 등의 애니미즘의 신이며 呪物崇仰의 대상이 됨직한 神에 이르기까지 무수한 신들이 있다. 불교와 도교적인 신격이 강한 지연성을 지닌 신들과 병존하고 있다. 외국인이 신격화된 神體가

내국인이 신격화된 신체와 사이좋게 이웃하고 있기도 하다. 이렇게 각양각색의 신들에게 무격들은 굿을 바친다.

국가나 사회를 위해 굿을 바치던 것은 이미 오래 전 얘기이지만 마을을 위해선 현재에도 굿을 올리고 있다. 한 가족, 한 개인을 위해서 올리는 굿은 말할 것도 없다. 굿에는 '살풀이', '厄풀이'등의 '풀이'가 있고 '不淨거리'나 '푸닥거리'등의 '거리'가 있다. 告祀나 祝願도 굿에 속한다. 춤을 추고 노래를 부르고 재담, 덕담을 곁들이게 되면 굿은 놀이가 된다. 굿은 그만큼 복합적이다. 일상 언어생활에서는 '야단 굿 났다'라는 표현이 있는 것처럼 굿은 야단스러운 것이라는 함축적 의미를 갖고 있기도 하다. 고사나 축원이란 말들이 연상될 때의 굿이란 말이 함축하고 있는 엄숙하고 경건한 분위기와는 다른 일면이다. 판소리나 탈춤의 '판' 또는 '마당'이란 말도 굿과 유사하게 쓰인다.

'살풀이'나 '厄풀이'의 풀이는 끼인 살을 풀고 맺힌 액을 풀어 버린다는 뜻을 가지고 있다. 解煞과 解厄이 각각 살풀이고 액풀이다. 그것을 물리치고 맑히고 하는 기능을 지니고 있다. '액풀이' 대신에 '액막이'란 말이 쓰이고 있는 것은 그 때문이다. 살을 맞거나 타는 것과 반대로 쓰이는 말로 살내림이 있고 살풀이가 있다.

여기서 우리들은 풀이의 복합성에 대해 알 수 있다. 풀이는 주술행위요 제의이면서 아울러 언어행위요 구술이다. 주술행위와 언어행위의 2중성에다 제의와 구술의 2중성을 지니고 있다. 살풀이나 액풀이의 풀이가 괴이한 것을 풀고 푸닥거리 하는 행위인데 비해, 본풀이의 풀이는 얘기다. 신의 얘기를 풀이하면서 굿거리가 요구하는 풀이를 행하는 것이다.

2015년 한국무속학회 측에서는 학회 통지문에서 무격의 대중화를 위해 무격을 한국의 정신적 문화유산으로 보자는 내용을 담았다. 이미 무격은 한국의 문화유산으로 보편화 되었고 대중화 되었다고 볼 수 있다. 국가중요무형문화재 제82-나호로 지정된 國巫 김금화나, 은산별신굿(국가무형문화재 제9호)를 비롯한 여러 문화유산들이 한국의 정신문화를 대변하고 있다는 점이 이를 증명한다. 그러나 실질적인 대중화는 아직도 요원하다. 당장 우리 주변 사람들의 무격에 대한 인식 태도만 보면 아직도 무격은 긍정(장려)의 대상이 아닌 부정(억압)의 대상이라고 판단된다. 따라서 대중의 인식을 변화시키지 않고는 결코 대중화의 과제가 해결될 수 없다고 본다. 그러나 이 문제는 결코 간단하지가 않다. 선행적으로 무격의 자기혁신을 기반으로 하고 교육 현장에서의 무격에 대한 인식 변화 교육이 강구되어야 한다. 그리고 나서 각종 문화콘텐츠 등을 활용하여 대중에게 친숙한 존재로 인식되도록 하는 노력이 있어야 할 것이다.

비록 본문에서 본격적으로 다루지는 않았으나, 무격은 신과의 소통을 그 기반으로 하기 때문에 무의 역할을 찾기 위해서는 '소통'이 관건이 된다. 신과 무격의 소통을 통해 治病이나 祈雨, 怨恨의 治癒 등이 가능한 것으로 이해되었기 때문이다. 즉, 무격의 역할은 '소통을 통한 치유'라고 할 수 있다. 바로 이러한 점에서 인간의 정신과 육체의 치유는 물론이고 지구적 치유를 '소통'에서 찾을 수 있다. 우리는 '자연의 소리에 귀 기우려야 한다'는 말을 곧잘 듣는다. 자연의 소리란 곧 하늘(신)의 소리이며, 이것은 결국 인간의 소리이다. 그 소리를 전해주는 존재가 바로 무격인 것이다. 이것이 곧 무격이 自己革新을 하지 않으면 안 되는 이유이다. 무격들은 그만큼 중요한 책임이 있음을 자각하여야 한다.

본 연구가 무격의 종합적 이해를 목적으로 하였으나, 미처 다루지 못한 굿의 구체적인 양상이나 神病의 체험 사례, 무격의 치유 사례 등 사회조사 방법에 의한 연구는 추후의 연구 과제로 남겨둔다.

参考文献

參考文獻

1. 원전

『經國大典』

『京都雜志』

『高麗圖經』

『高麗史節要』

『高麗史』

『光海君日記』

『揆園史話』

『唐律疏議』(國學基本叢書 卷18)

『大東韻府群玉』

『大明律直解』

『東國李相國全集』

『東國歲時記』

『東國通鑑』

『東文選』

『東史綱目』

『洌陽歲時記』

『明宗實錄』

『牧民心書』

『文宗實錄』

『尾巖集』

『山海經』

『三國史記』

『三國遺事』

『三國志』

『宣祖修正實錄』

『說文解字』

『成宗實錄』

『星湖僿說』

『世宗實錄』

『續大典』

『肅宗實錄』

『新增東國輿地勝覽』

『陽村集』

『逆賊興文等推案』

『燃藜室記述』

『練藜室記述』

『燕山君日記』

『五洲衍文長箋散稿』

『慵齋叢話』

『應制詩註』

『仁宗實錄』

『魏志』

『帝王韻記』

『朝鮮巫俗考 』

『中宗實錄 』

『增補文獻備考 』

『太宗實錄 』

『稗官雜記 』

『抱朴子 · 內篇 』

『海東繹史 』

『海東異蹟 』

『鄉藥集成方 』

『孝宗實錄 』

2. 단행본

국립민속박물관, 『한국민속신앙사전 』, 국립민속박물관, 2010.

국사편찬위원회, 『한국사 · 51 : 민족문화의 수호와 발전 』, 국사편찬위원회, 2001.

_____, 『한국사: 조선-양반관료국가의 성립 』 9, 국사편찬위원회, 1974.

규장각한국학연구원, 『조선 양반의 일생』, 글항아리, 2010.

김광일, 『한국전통문화의 정신분석: 신화, 무속, 종교체험 』, 시인사, 1984.

김열규, 『한국인 그 마음의 근원을 찾는다 』, 문학사상사, 1987.

김인회 외, 『한국무속의 종합적 고찰 』, 고려대학교 민족문화연구소, 1982.

_____, 『한국무속사상연구 』, 집문당, 1988.

김태곤, 『한국무속연구 』, 집문당, 1981.

_____ · 홍태한 외, 『한국의 점복 』, 민속원, 1995.

_____, 『한국민간신앙연구 』, 집문당, 1982.

김헌선, 『한국의 창세신화 』, 길벗, 1994.

미르치아 엘리아데, 이윤기 옮김, 『샤머니즘 』, 까치, 1992.

박용운, 『고려시대사 』, 일지사, 2008.

三品彰英 著, 『新羅花郞의 硏究 』, 三省堂, 1943.

신명호, 『조선왕실의 의례와 생활』, 돌베개, 2011.

유동식, 『한국 무교의 역사와 구조 』, 연세대학교출판부, 1975.

유의양 저, 최강현 역주, 『남해문견록 』, 신성출판사, 1999.

이경엽, 『진도다시래기 』, 국립문화재연구소, 2005.

이능화 저, 이종은 역, 『朝鮮道敎史 』, 보성문화사, 1989.

_____ , 서영대 역, 『조선무속고: 역사로 본 한국 무속』,창비, 2008.

이   욱, 『조선시대 재난과 국가의례 』, 창비, 2009.

임동권, 『韓國民俗學論攷 』, 집문당, 1991.

장주근, 『한국의 향토신앙 』, 을유문화사, 1975.

장파 지음, 신정근 · 모영환 · 임종수 옮김, 『중국미학사: 상고시
        대부터 명청시대까지 』, 성균관대학교출판부, 2019.

赤松智城 · 取秋葉隆, 심우성 역, 『조선무속의 연구 』下, 동문
선, 1991.

정은임 교주, 『인현왕후전 』, 이희문화사, 2004.

정진홍, 『종교학서설 』, 전망사, 1990.

_____ , 『기독교와 타종교와의 대화 』, 전망사, 1980.

조흥윤, 『巫와 민족문화 』, 한국학술정보, 2004.

_____ , 『한국 巫의 세계 』, 한국학술정보, 2004.

_____ , 『巫 한국무의 역사와 현상 』, 민족사, 1997.

차옥숭, 『한국인의 종교경험-巫敎」, 서광사, 1997.

村山智順 저, 김희경 옮김, 『조선의 점복과 예언 』, 동문선,
1991.

_____ , 『朝鮮の巫覡 』, 朝鮮總督府, 1932.

_____ , 『部落祭 』, 朝鮮總督府, 1937.

최길성, 『韓國巫俗의 硏究 』, 서울: 아세아문화사, 1978.

최석영, 『일제하 무속론과 식민지권력 』, 서경문화사, 1999.

최준식, 『한국인은 왜 틀을 거부하는가 』, 소나무, 2002.

최혜숙, 『고려시대 남경연구 』, 경인문화사, 2004.

탁석산, 『한국의 정체성 』, 책세상, 2000.

피어스 비텝스키, 김성례 · 홍석준 옮김, 『샤먼 』, 창해, 2005.

현용준, 『무속신화와 문헌신화 』, 집문당, 1992.

_____, 『제주도 마을신앙 』, 보고사, 2013.

_____, 『제주도 무속과 그 주변 』, 집문당, 2002.

_____, 『제주도 사람들의 삶 』, 민속원, 2009.

_____, 『제주도 신화의 수수께끼 』, 집문당, 2005.

_____, 『제주도무속자료사전 』, 각, 2007.

_____, 『제주도신화 』, 서문당, 1996.

_____, 『한국구비문학대계: 제주도편 』, 조은문화사, 2002.

홍태한, 『서사무가 바리공주 연구 』, 민속원, 1998.

_____, 『서울굿의 양상과 의미 』, 민속원, 2007.

황필호, 『한국무교의 특성과 문제점 』, 집문당, 2002.

中山太郎, 『日本巫女史 』, 東京: 大岡山書店, 1930.

鮎貝房之進 著, 『雜攷, 花郎攷 』, 京城: 近澤出版部, 1932.

赤松智城 · 秋葉隆, 『朝鮮巫俗の研究 』上, 學文閣, 1970.

Anthony F.C. Wallace, Religion: Anthropological View,
          New York: Random House, 1966.

Jane E.Harrison, Ancient Art and Ritual,

London: Oxford University Press, 1913.

3. 논문류

1) 학위논문

강소전, 「제주도 심방의 멩두 연구 : 기원, 전승, 의례를 중심으로」,
　　　　제주대 박사논문, 2012.

강유리, 「죽음을 다룬 무속신화의 시간과 공간 구조 연구」,
　　　　서강대 박사논문, 2002.

고은미, 「용인 할미성 대동굿의 구성과 특성에 관한 연구」,
　　　　숙명여대 박사논문, 2017.

구철회, 「渾沌을 통한 단절과 소통 표현연구」,
　　　　홍익대 박사논문, 2012.

구형찬, 「민속신앙의 인지적 기반에 관한 연구 : 강우의례를 중심
　　　　으로」, 서울대 박사논문, 2017.

금기숙, 「조선시대 복식에 표현된 한국인의 미의식 연구」,
　　　　이화여대 박사논문, 1988.

김구한, 「동해안 세습무 김영희의 무가 사설 연구」,
　　　　울산대 박사논문, 2008.

김대숙, 「女人發福 說話의 硏究」, 이화여대 박사논문, 1988.

김덕묵, 「황해도굿의 무속지적 연구」,
　　　　한국학중앙연구원 박사논문, 2009.

김성식, 「전북지역 세습무의 민족지적 연구」,
　　　　전북대 박사논문, 2017.

김영자, 「한국 부적의 역사와 기능」, 고려대 박사논문, 2007.

김영진,「韓國 自然信仰의 研究」, 충남대 박사논문, 1985.

김용숙,「李朝宮中風俗의 研究」, 숙명여대 박사논문, 1974.

김은정,「韓國巫服의 變化에 관한 研究 : 降神巫服 袍를 중심으로」,
　　　　전남대 박사논문, 2002.

김은희,「에코페미니즘(Eco-Feminism)적 관점에서 본 제주도
　　　　칠머리당 영등굿춤 연구」, 경희대 박사논문, 2011.

김지영,「한국 기층문화에 나타난 복식의 색채 연구」,
　　　　연세대 박사논문, 2003.

김태수,「한국 산멕이 신앙 연구」, 국제뇌교육종합대학원대
　　　　박사논문, 2015.

김태우,「서울 한강 유역 부군당 의례 연구 : 전승과 변화 양상을
　　　　중심으로」, 경희대 박사논문, 2008.

김형근,「남해안굿 갈래 연구 : 현장, 연행, 구조의 측면에서」,
　　　　경기대 박사논문, 2009.

김혜정,「한국 마고의 전승 양상과 신적 성격」, 고려대 박사논문,
　　　　2014.

김효경,「조선시대의 祈禳儀禮 연구 : 國家와 王室을 중심으로」,
　　　　고려대 박사논문, 2009.

김희정,「태백산 천제 및 발원제의 의례춤 현장연구」,
　　　　세종대 박사논문, 2015.

노태범,「呪術美術의 象徵性과 그 形象化에 대한 研究 : 符作의
　　　　現代的 解析과 變容을 中心으로」, 단국대 박사논문, 2006.

레티응옥깜,「한국과 베트남의 무속신화 비교 연구 : 무속신계화
　　　　인물신을 중심으로」, 한국학중앙연구원 박사논문, 2014.

바브로흐 미로슬라브,「山神圖 研究」, 경희대 박사논문, 2008.

박명숙,「韓中 運命說話 比較硏究」, 서울대 박사논문, 2007.

박성자,「한국교회 여성의 신앙형태에 대한 여성신학적 연구 :종교적
　　　　정신병리 현상을 중심으로」, 이화여대 박사논문, 1993.

박성지,「高麗時代 奇異談論 硏究」, 이화여대 박사논문, 2006.

박영애,「제주도 초감제 굿춤 연구」, 한양대 박사논문, 2015.

박재갑,「儒學의 天人觀에 關한 硏究」, 성균관대 박사논문, 2017.

박종오,「韓國의 鬼神說話 硏究」, 전남대 박사논문, 2008.

배진섭,「제주도 12본풀이의 '놀이성'을 중심으로 한 교육연극
　　　　실행방안 연구」, 성균관대 박사논문, 2015.

백지영,「한국 소설에 나타난 무속 연구」, 세종대 박사논문, 2008.

변남섭,「경기도 남부 <제석굿> 연구」, 경기대 박사논문, 2013.

변숙자,「제의적 커뮤니케이션 특성에 기반한 신화교육 연구」,
　　　　한국교원대 박사논문, 2015.

변진의,「龍形의 象徵的 表現에 관한 硏究 : 韓國的 始原과 特性
　　　　을 中心으로」, 한양대 박사논문, 1989.

손병선,「巫俗信仰과 韓國의 政治文化」, 전북대 박사논문, 1990.

손정일,「김용택 전승의 동해안 무속장단 연구」, 계명대 박사논문,
　　　　2014.

신상구,「泰安地域 巫俗文化 硏究」, 국제뇌교육종합대학원대
　　　　박사논문, 2011.

신윤경,「「진본 청구영언」 소재 만횡청류의 존재 양상 연구」,
　　　　이화여대 박사논문, 2015.

염원희,「서울굿 <불사거리> 연구」, 경희대 박사논문, 2011.

염현주,「진도씻김굿 지무계보와 굿춤의 양상」, 동덕여대
　　　　박사논문, 2013.

오미성, 「한국인의 영성체험 연구」, 전남대 박사논문, 2003.

오일영, 「신화의 서사구조를 활용한 희곡화 방법론 연구 : 무속신화 '세경본풀이'와 설화 '이상한 우물'을 중심으로」, 세종대 박사논문, 2017.

오태환, 「서정주 시의 무속적 상상력 연구」, 고려대 박사논문, 2006.

유효순, 「韓國의 巫俗 服飾 硏究 : 서울굿 巫服을 中心으로」, 숙명여대 박사논문, 1994.

윤동환, 「동해안 굿의 전승과 변화」, 고려대 박사논문, 2008.

윤정원, 「제의적 상징성을 지닌 花鳥星辰圖의 현대적 변용」, 이화여대 박사논문, 2016.

이경덕, 「서울새남굿의 의례와 신화 : '신화분석'을 중심으로」, 한양대 박사논문, 2012.

이경엽, 「전남무가의 연구」, 전남대 박사논문, 1997.

이명희, 「한국의 근대 성모성화 연구」, 명지대 박사논문, 2015.

이몽희, 「韓國近代詩와 巫俗的 構造硏究 : 金素月·李相和·李陸史·徐廷柱를 中心으로」, 동아대 박사논문, 1988.

이부영, 「「死靈」의 巫俗的治療에 對한 分析心理學的 硏究 : 特히 分析的精神療法과 關聯하여」, 서울대 박사논문, 1970.

이선근, 「고소설에 나타난 죽음과 저승 인식 연구」, 수원대 박사논문, 2017.

이수자, 「제주도 무속과 신화 연구」, 이화여대 박사논문, 1989.

이승록, 「사주와 부적의 수용 유형 및 문제해결의 보편적 적용 가능성에 관한 연구」, 동의대 박사논문, 2017.

이시송, 「점복에서 파생된 어휘의 함의 연구」, 공주대 박사논문, 2013.

이용범, 「韓國 巫俗의 神觀에 대한 연구 : 서울 지역 재수굿을
　　　중심으로」, 서울대 박사논문, 2001.

이재만, 「韓國 古典文學의 思想的 硏究 : 儒·佛·道·巫俗思想을
　　　中心으로」, 명지대 박사논문, 1975.

이종문, 「황석영 소설의 샤머니즘 관련성 연구」, 동국대 박사논문,
　　　2015.

이혜정, 「16세기 노비의 삶과 의식세계 : 『묵재일기』를 중심으로」,
　　　경희대 박사논문, 2012.

장국강, 「한국과 중국의 무속신 비교연구」, 경상대 박사논문,
　　　2007.

장윤선, 「조선 전기 귀신 담론 연구」, 서강대 박사논문, 2007.

장진경, 「초기 한국교회 여성의 무속성 연구 : 1884~1910년을
　　　중심으로」, 숭실대 박사논문, 2009.

전성희, 「동해안지역 굿춤의 전승과 변화: 송동숙 무계가 주도한
　　　별신굿을 중심으로」, 안동대 박사논문, 2016.

정선희, 「경기시나위 도살풀이춤의 원형성과 예술성 연구」,
　　　성균관대 박사논문, 2017.

정제호, 「서사무가의 고전소설 수용 양상과 의미」,
　　　고려대 박사논문, 2015.

정지윤, 「살풀이춤에 내재된 민족정서와 실체비교를 통한 전승가치
　　　인식에 관한 연구」, 세종대 박사논문, 2013.

조정호, 「降神巫의 成巫過程에 관한 敎育學的 硏究」, 한국정신문화
　　　연구원 박사논문, 1999.

조흥윤, 「콤플렉스 치유의 관점에서 본 한국 무속신화 연구」,
　　　건국대 박사논문, 2015.

채선숙, 「한국 무속신앙에 표현된 헤어디자인 연구」, 서경대 박사
　　　논문, 2011.

최병길,「동해안 별신굿 장단 연구」, 동아대 박사논문, 2009.

최상화,「서울굿의 노랫가락 연구」, 고려대 박사논문, 2008.

최원오,「동아시아 巫俗英雄敍事詩의 변천과정 연구 : 제주도·만주족
　　　· 허저족 · 아이누의 자료를 중심으로」, 서울대 박사논문,
　　　2001.

최유정,「南海岸別神굿 硏究: 연행실태 및 음악 분석을 중심으로」,
　　　영남대 박사논문, 2012.

최종성,「조선조 유교사회와 무속 國行儀禮 연구」, 서울대 박사논문,
　　　2001.

최진봉,「한국 무속신화에 나타난 저승의 양상」, 숭실대 박사논문,
　　　2001.

최진아,「무속의 물질문화 연구」, 한국학중앙연구원 박사논문,
　　　2009.

Pisareva, Larisa,「백석 시에 나타난 무속적 상상력 연구」,
　　　고려대 박사논문, 2015.

한은선,「어업 환경의 변화에 따른 어촌 마을굿의 변화 양상 : 연평도
　　　· 위도 · 추자도를 중심으로」, 목포대 박사논문, 2014.

황루시,「무당굿놀이 硏究 : 祭儀的 要素를 중심으로 한 民俗演戱
　　　와의 比較考察」, 이화여대 박사논문, 1987.

文鏞盛,「秦漢社會的巫覡」, 北京師範大學 博士論文, 1997.

2) 연구논문

강은경,「고려시대 국가, 지역차원의 祭儀와 개인적 신앙」,
『동방학지 』 129, 연세대학교 국학연구원, 2005.

김정희,「中國 道敎의 十王信仰과 途像-『玉歷寶鈔 』를 中心으
로」,『美術史學 』 6, 미술사학연구회, 1994.

김갑동,「高麗時代 羅州의 地方勢力과 그 動向」,
『한국중세사연구 』 11, 한국중세사학회, 2001.

_____,「고려시대 무속신앙의 개념과 무격의 역할」,
『역사문화연구 』 59, 한국외국어대학교 역사문화연구소,
2016.

_____,「高麗時代의 山嶽信仰」,『震山韓基斗博士華甲紀念:
韓國宗敎思想의 再照明 』 上, 원광대학교출판국, 1993.

_____,「高麗時代의 城隍信仰과 地方統治」,『韓國史硏究 』 74,
한국사연구회, 1991.

김성례,「한국 무교의 정체성과 종교성 쟁점 분석」,
『샤머니즘연구 』 4집, 한국샤머니즘학회, 2002.

_____,「일제시대 무속담론의 형성과 식민적 재현의 정치학」,
『한국무속학 』 24, 한국무속학회, 2012.

김열규,「현실문맥 속의 탈춤」,『고전문학을 찾아서 』,
문학과 지성사, 1976.

김영하,「고대 천도의 역사적 의미」,『한국고대사연구 』 36,
한국고대사학회, 2004.

김일권,「고려시대 국가제천의례의 다원성 연구」,『고려시대의
종교문화 』, 서울대출판부, 2002.

김종균,「김동리의 『 무녀도 』 와 무격사상의 문학 형상화 연구」,
　　　『 한국사상과 문화 』 5, 한국사상문화학회, 1999.

김지영,「장서각 소장 『 大君公主御誕生의 制 』 에 관한 일고찰」,
　　　『 장서각 』 18, 한국학중앙연구원, 2007.

김　진,「무속신앙과 한의 신학」,『 신학사상 』 67, 한신대학교 신학
　　　사상연구소, 1989.

김태곤,「東海岸地方巫俗」, 『 고문화 』 5·6, 한국대학박물관협회,
　　　1969.

＿＿＿,「巫俗上에서 본 檀君神話 : 檀君神話 形成을 中心으로 하
　　　여」, 『 국어국문학 』 41, 국어국문학회, 1968.

＿＿＿,「巫俗研究 半世紀의 方法論的 反省」, 『 韓國民俗學 』
　　　9-1, 한국민속학회, 1976.

＿＿＿,「무의(巫) 단골제 연구」, 『 馬韓, 百濟文化 』 1,
　　　원광대학교 마한 백제문화연구소, 1975.

＿＿＿,「북한지역의 무속실태와 전승」, 『 北韓 』 63, 북한연구소,
　　　1977.

＿＿＿,「嶺南地域의 巫俗 實態」, 『 論文集 』 11, 원광대학교, 1977.

＿＿＿,「韓國 巫俗의 來世觀」, 『 韓國宗敎史研究 』 1, 한국종교사
　　　학회, 1972.

＿＿＿,「호남지역의 무속 : 표본지역의 무속사례를 중심으로」,
　　　『 어문논집 』 19 · 20, 안암어문학회, 1977.

김흥수,「한국전쟁 이후의 기독교 신앙형태」,『한국기독교역사연구소
　　　소식 』 37, 한국기독교역사연구소, 1999.

민정희,「조선전기의 무속과 정부정책」, 『 學林 』 21, 연세대학교
　　　사학연구회, 2000.

박경안, 「고려시대 巫의 종교적 역할과 분화」, 『동방학지』 184
    집, 연세대학교 국학연구원, 2018.

박용식, 「고대소설에 끼친 원시종교사상: 무격사상을 중심으로」,
    『어문논집』 19·20, 안암어문학회, 1977.

변동명, 「고려후기의 금성산신과 무등산신」, 『남도문화연구』
    7권, 순천대학교 남도문화연구소, 2001.

서영대, 「한국 무속사의 시대구분」, 『한국무속학』 10, 한국무속
    학회, 2005.

손진태, 「中華民族의 巫에 關한 硏究」, 『손진태선생전집』,
    태학사, 1981.

손태도, 「조선 후기의 무속」, 『한국무속학』 17, 한국무속학회,
    2008.

신종원, 「古代 日官의 性格」, 『한국민속학』 12, 한국민속학회
_____, 1980.

愼鏞廈, 「대한제국 초기의 동북아정세와 자강운동」,
    『한민족독립운동사』 11, 국사편찬위원회, 1992.

알렉상드로 기유모즈, 크리스챤아카데미 편, 「현세적 구복추구의
    신앙」, 『한국의 사상구조』, 삼성출판사, 1975.

양종승, 「무교의 칠성신앙과 도교의 칠성신앙 고찰」,
    『한국무속학』 34, 한국무속학회, 2017.

윤이흠, 「샤머니즘과 한국 문화사」, 『샤머니즘연구』 1집,
    한국샤머니즘학회, 1999.

이경엽, 「서해안 무속수륙재의 성격과 연행양상」,
    『법성포단오제의 도약과 발전』, 한국민속학회, 2009.

이능화, 「조선무속사」, 『계명』, 한국문화인류협회, 1972.

이미원,「가면극과 제의」, 『한국연극학 』 2, 한국연극학회, 1985.

이수자,「저승, 이승의 투사물로서의 공간」, 김승혜 외, 『죽음이
란 무엇인가 』, 도서출판 창, 1990.

이용범,「무속에 대한 근대 한국사회의 부정적 시각에 대한 고찰」,
『한국무속학 』 9, 한국무속학회, 2005.

_____,「불교와 무속의 상관성 검토: 수륙재와 무속 죽음 관련 굿의
비교를 중심으로」, 『한국무속학 』 36, 한국무속학회, 2018.

,「한국 무당의 유형 구분에 대한 고찰」, 『종교연구 』 27,
한국종교학회, 2002.

이용식,「서사무가 <바리공주>에 투영된 불교적 세계관」,
『동양음악 』 28, 서울대학교 동양음악연구소, 2006.

이은순,「일제하 농촌여성의 생활과 민간신앙」, 『국사관논총 』
83, 국사편찬위원회, 1999.

이정재,「시베리아 샤머니즘과 한국 무속」, 『비교민속학 』 14,
비교민속학회, 1997.

李惠求,「別祈恩考」, 『韓國音樂序說 』, 서울대학교출판부,
1972.

임재해,「굿문화사 연구의 성찰과 역사적 인식지평의 확대」,
『한국무속학 』 11, 한국무속학회, 2006.

,「왜 지금 겨레문화의 뿌리를 주목하는가」, 『비교민속학 』
31, 비교민속학회, 2006.

임학성,「조선후기 호적자료에서 확인되는 무격과 광대 · 재인들
(1)」, 『역사민속학 』 20, 한국역사민속학회, 2005.

장지연,「여말선초 천도논의에 대하여」, 『한국사론 』 43,
서울대학교 인문대학 국사학과, 2000.

전상운,「科學과 技術」, 국사편찬위원회, 『한국사 』 8권,
　　　　과천: 국사편찬위원회, 1974.

정승모,「조선 중기 전라도 순창군 성황제의의 성격」,
　　　　『역사민속학 』 7, 한국역사민속학회, 1998.

정은임,「선조 궁중 문학에 투영된 여성들의 삶」,
　　　　『강남대학교 논문집』, 강남대학교, 2005.

정진홍,「한국의 종교문화와 민간신앙」, 『미학 · 예술학연구 』
　　　　15호, 한국미학예술학회, 2002.

조정호,「무격의 음양론적 정신발달과정: 그 동인과 구조가 지닌
　　　　교육적 의의」, 『한국무속학 』 창간호, 한국무속학회, 1999.

조지훈,「한국 사상의 모색」, 『(조지훈전집 8권) 한국학연구 』 ,
　　　　나남출판, 1996.

조현걸,「고려시대 풍수지리설과 정치: 천도 논의를 중심으로」,
　　　　『대한정치학회보 』 17, 대한정치학회, 2010.

조흥윤,「한국문화와 민속종교」, 『종교연구 』 3, 한국종교학회,
　　　　1987.

최규협,「토속신앙의 실체」, 『민속학술자료총서 』 9, 서울: 우리
　　　　마당 터, 2005.

최길성,「宮中巫俗資料」, 『韓國民俗學 』 2-1, 한국민속학회,
　　　　1970.

＿＿＿,「동북아세아 샤머니즘의 비교」, 『비교문화연구 』 5,
　　　　서울대 비교문화연구소, 1999.

＿＿＿,「동해안지역 무속지 서설」, 『韓國文化人類學 』 5-1, 한국
　　　　문화인류학회, 1972.

＿＿＿,「李奎報의「老巫篇」」, 『韓國巫俗論 』 , 형설출판사, 1981.

_____, 「민속극과 무속신앙」, 『문화재 』 5, 국립문화재연구소, 1
971.

_____, 「일본 식민지 시대의 민속학, 인류학」, 에반스 프리차드 외
저, 최석영 편역, 『인류학과 식민지 』, 서경문화사, 1994.

_____, 「한국 샤머니즘의 기원과 특질」, 『한국문화인류학 』 22,
한국문화인류학회, 1990.

_____, 「한국무속연구의 과거와 현재」, 『韓國文化人類學 』 3-1,
한국문화인류학회, 1970.

_____, 「解放後 巫俗研究의 傾向」, 『韓國學報 』 5-1, 일지사,
1979.

_____, 「한일 무속신앙의 비교 고찰: 오끼나와의 오나리 신앙을
중심으로」, 『일본학 』 6, 동국대학교 일본학연구소, 1986.

최남선, 「薩滿敎箚記」, 『啓明 』 19호, 계명구락부, 1927.

최문기, 「한국 무(巫)와 종교의 습합」, 『윤리연구 』 76, 한국윤리
학회, 2010.

최종성, 「國巫와 國巫堂」, 『비교민속학 』 21집, 비교민속학회,
2001.

_____, 「어둠속의 무속」, 『한국무속학 』 27, 한국무속학회, 2013.

_____, 「조선 전기의 종교문화와 무속」, 『한국무속학 』 11, 한국
무속학회, 2006.

_____, 「조선시대 유교와 무속의 관계 연구」, 『民族과 文化 』 10,
한양대학교 민족학연구소, 2001.

한양명, 「민속예술을 통해 본 신명풀이의 존재양상과 성격」,
『비교민속학 』 22, 비교민속학회, 2002.

현용준, 「巫俗神話 본풀이의 形成」, 『국어국문학 』 26, 국어국문

　　　학회, 1963.

　　　_____,「巫俗神話의 社會的 機能」,『韓國民俗學 』23-1, 한국
　　　민속학회, 1990.

　　　_____,「제주도무의의 '기매'고 : 무속의 신체형성의 일면」,
　　　『韓國文化人類學 』2-1, 한국문화인류학회, 1969.

　　　_____,「제주도의 무속의례」,『한국언어문학 』3, 한국언어
　　　문학회, 1965.

　　　_____,「濟州島 巫俗의 比較 研究(Ⅰ)」,『논문집 』5,
　　　제주대학교, 1973

　　　_____,「濟州島 巫俗의 比較 研究(II)」,『國文學報 』5,
　　　제주대학 국어국문학회, 1973.

　　　_____,「濟州島 巫俗의 比較 研究(III)」,『논문집 』6,
　　　제주대학교, 1974

　　　_____,「濟州道 巫俗의 祭物과 神」,『白鹿語文 』1, 제주대학교
　　　사범대학 국어교육과 국어교육연구회, 1986.

　　　_____,「濟州島 巫俗儀禮 研究」,『논문집 』7-1, 제주대학교,
　　　1975.

　　　_____,「濟州島民의 信仰體系와 巫俗」,『濟州島研究 』6,
　　　제주도연구회, 1989.

홍태한,「무속 대중화의 방향과 무속 연구의 방향 찾기: 서울굿을
　　　중심으로」,『한국무속학 』33, 한국무속학회, 2016.

　　　_____,「무속 사회 홍보의 콘텐츠 활용」,『한국무속학 』19,
　　　한국무속학회, 2009.

浦慕州,「巫蠱之禍的政治意義」,『歷史語言研究所集刊 』57-3,
　　　中央研究院, 1986.

白鳥庫吉 譯,「黑敎或ひは蒙古人に於けるシャマン敎」,

『シャーマニズムの研究 』, 新時代社, 1971.

中村治兵衛,「宋代の巫の特徵」,『中國のシャマニズム 』,

東京: 刀水書房, 1992.

Lothar Ledderose, "A King of Hell"

(『鈴木敬先生還曆記念 中國繪畫史論集 』, 吉川弘文館, 1981)

4. 기타

「科學으로 生活하자 오늘부터 迷信打破週間」,
《동아일보》1949년 10월 10일자.

「迷信打破勸告한 靑年을 警察이 檢擧(開城)」,
《동아일보》1927년 3월 4일자.

「〈미신타파〉 달력에서 음력을 지워버리다 ; 달력 출판을 단속하다
(동경)」, 《부산일보》1941년 5월 3일자.

「「굿」은 結局解散 사회단테가 련합하야 반대, 安州靑年 迷信打
破講演會開催」, 《동아일보》1927년 6월 16일자.

「迷信打破 演說 水陸齋場에서: 黃義哲 朴鍾基 鄭淳(裡里)」,
《동아일보》1928년 4월 19일자.

「迷信打破週間 異彩로운 座談會 卜術이란 무엇? 盲人들이 말하는
正體」, 《동아일보》1949년 10월 15일.

「음력성명절과 곳쳐야 하는 풍속(一)」,
《동아일보》 1927년 1월 30일자.

李能和, 「朝鮮婦人의 生活內容」, 『朝鮮 』 제257호, 1936. 10

한국무속학회 홈페이지(http://koreanshamanism.org)

한국민족문화대백과사전(http://encykorea.aks.ac.kr)

한국방송 홈페이지(http://www.kbs.co.kr/1tv/sisa/ historyspecial/)

부록

『 한국무속학 』 수록 논문

년 도	권호	저 자	제 목
1999	1호	상기숙	『紅樓夢』에 나타난 中國占卜信仰
		조정호	**巫覡**의 陰陽論的 精神發達過程
		홍태한	심청굿과 오구굿을 통해 본 굿거리의 변화
		이소라	동해안별신굿의 드렁갱이 장단과 삼오동 장단 및 거무장단
		임재해	굿의 주체를 통해 본 굿의 양상과 현실인식
		Daniel A. Kister	PUJONG, HAN, AND WHOLENESS IN KOREAN SHAMANISTIC RITES
		김구산	北方 Turania文化에서 관찰되는 Shamanism과 演劇의 관계
		양종승	대전굿의 경문(經文)
		장장식	주광석 소장 필사본 〈발이공주〉
2000	2호	다니엘 키스터	별신굿의 미학성
		김덕묵	황해도 진오귀굿 연구
		김명자	독석마을에서 본 오구굿과 死婚
		박일영	무교적 종교성의 구조와 특징
		상기숙	『玩月會盟宴』에 나타난 占卜信仰 硏究
		양종승	**무당**의 신병과 신들림
		윤동환	**세습무**의 학습 체계와 굿의 변화
		이균옥	세존굿
		이소라	욕지섬 위만제와 들체소리
		이정재	시베리아의 **사만**들(1)
		최석영	金孝敬의 『무당에 대하여』
		최진아	진도 씻김굿의 물질문화 연구
		홍태한	심청굿 무가의 변이 양상과 형성과정 추론
2001	3호	서마리아	Kut in Sacred and Secular Contexts
		김태연	무화연구(1)
		상기숙	고대문헌을 통해 본 중국점복신앙
		이경엽	무가의 정서 표출 방식과 연행 현장적 의미
		하효길	무속의례와 배
		홍태한	무가권에 따른 서서무가의 전승 양상
		임동권	무경의 계보
		양종승	서울지역의 고사염불

		김은정	강신무복의 전통성에 관한 연구
2002	4호	미로슬라브 바브로흐	산신도에 나타난 산신의 모습에 관하여
		심상교	황도당제 조사 보고
		양종승	서울굿의 神花 연구
		장장식	몽골의 '어머니나무'신앙과 한식맞이굿
		최운식	충남 홍성 지역 **'보살'과 '법사'**의 성격과 실상
		허용호	충청도 사혼제 속의 연행 인형 연구
		홍태한	김석출 구송 <바리공주> 연구
		서영대	巫蠱 [詛呪]
	5호	김명자	**무당**과 '신부리'
		김창호	한국 巫에서 나타나는 죽음과 새남
		박환영	몽골 샤머니즘에 나타나는 색깔상징에 대한 일 고찰
		상기숙	『玩月會盟宴』의 여성민속 고찰
		안상경	충청도 說經 연구
		이건욱	시베리아 투바 공화국 샤머니즘 고찰
		이경엽	순천 씻김굿 연구
		이관호	수룡동 당제 조사연구
		장태상	서아프리카 하우사족의 보리무속과 신내림굿
		홍태한	서울 무속에서 '제'의 문제에 대하여
		황인완	여주 이포리 '삼신당굿'의 성격
		양종승	서울 강북지역 벌리도당굿과 북한산도당굿 현지조사
2003	6호	홍태한	서울굿의 상차림에 대하여
		심상교	동해안별신굿 지화 조사연구(1)
		이용식	남해안 별신굿 음악 현지연구
		강정식	서귀포시 동부지역의 당신앙 연구
		김창일	이공본풀이계 서사체의 전개와 공간 의미 고찰
		상기숙	중국 上古巫의 고찰
		박미경	히브리인과 한국인의 꿈 이야기
		김상일	켄 윌버의 초인격심리학과 한국무속
		진성기	초감제 풀이
		이건욱	오로치 샤머니즘 고찰
	7호	이용범	**강신무 · 세습무** 개념에 대한 비판적 고찰
		홍태한	**강신무**의 사례로 본 **강신무와 세습무**의 유형 구분
		이경엽	**세습무** 사례를 통해 살펴본 **강신무 · 세습무**의 구분 검토
		송봉호	전통신앙과 불교의 대립에 관한 연구
		이창식	죽령 국행제의 무속적 기원과 전승
		이용식	巫歌의 神聖性: 황해도 <만세바지> 무가를 중심으로
		박정경	경기도 남부 도당굿 중 제석굿 무가의 음악적 특징
		이건욱	러시아 귀신 루쌀까(РУСАЛКА) 연구

2004	8호	양종승	**강신무・세습무** 유형론에 따른 무속연구 검토: 김태곤, 최길성론을 중심으로
		김동규	**강신무・세습무** 유형론에 대한 일고찰: 강신체험 및 강신무의 세습성 주장에 대한 상징론적 이해
		손태도	**강신무와 세습무**: 세습무 유지의 한 조건으로서 경기이남 巫夫 집단의 세습
		이명숙	서울지역 무구의 신화의례적 기능연구: 부채, 방울, 대신칼을 중심으로
		최진아	진도씻김굿의 '넋당석[龍船]' 연구
		이수자	무신도 <일월신도>의 형성배경과 문화사적 의의
		이정재	바리공주 이본연구의 허와 실: 이본연구의 이론적 검토
		서마리아공주	Kut in Private and Public Ritual Spheres
2005	9호	박일영	지혜의 체험과 전승: 신앙공동체를 기준으로 본 **무당**의 유형과 역할
		허용호	**강신무 세습무** 유형론의 비판적 고찰: 충청도 앉은굿을 중심으로
		임학성	조선후기 호적 자료를 통해 본 경상도 **무당**들의 세습양상: 17~19세기 丹城縣의 사례분석
		신은희	무교와 기독교의 靈개념의 비교 종교 철학적 대화
		최석영	일제의 대한제국 강점 前後 조선무속에 대한 시선 변화
		홍태한	한국무속과 무형문화재
		이용범	무속에 대한 근대 한국사회의 부정적 시각에 대한 고찰
		김성례	**샤먼**의 은총에 대한 추구: 신들림의 심미적 연구
		Daniel A. Kister	Interaction of Participants with Shamanist Rites of the Qiang, Naxi, Yi, Manchu, and Han People
		임학성	조선 후기 호적자료를 통해 본 경상도 **무당**의 '무업'(巫業) 세습 양태
	10호	서영대	한국 무속사의 시대구분
		강영경	고대 한국 무속의 역사적 전개
		김헌선	제주도 <지장본풀이>의 가창방식, 신화적 의미, 제의적 성격 연구: 특히 『시왕맞이』의 <지장본풀이>를 예증삼아
		심상교	영남 동해안지역 풍어제의 연행특성과 축제성
		안상경	무경의 사상적 원류: 중국 고대문화의 수용을 중심으로
		이윤선	무대공연을 통해서 본 진도씻김굿의 문화원형과 문화콘텐츠: <진도토요민속여행>을 소재로 삼아
		윤동환	별신의 양상과 성격:1900년대 이후를 중심으로
		조정현	별신굿의 개념과 역사적 전개
		최진아	巫具 연구의 성과와 전망
		심상교	영남 동해안지역 풍어제의 연행특성과 축제성

2006	11호	최종성	조선 전기의 종교문화와 무속
		이용범	근대의 한국무속
		임재해	굿 문화사 연구의 성찰과 역사적 인식지평의 확대
		고영희	서울지역 당신화 연구
		김창일	무속신화에 나타난 꽃밭의 의미 연구
		김헌선	제주도 <조상신본풀이>의 신화적 성격과 역사적 의의
		박관수	강원도 지역 '귀신잡이'의 소멸에 관한 연구
		신연우	서울 굿의 타령 · 만수받이 · 노래가락의 관계
		이명숙	서울 재수굿의 <부정거리> 연구
		이인화	당진 안섬 풍어굿의 연행 내용과 의미
		허용호	일제 강점기 경기도 민속신앙의 양상과 의의
	12호	김헌선	서울굿의 다양성과 구조
		박흥주	서울 마을굿의 유형과 계통
		최진아	서울굿의 무구 연구
		김혜정	서울굿의 장단사용과 장단구조의 연계성
		홍태한	서울굿의 현재적 양상
		김은희	황해도 굿놀이 <도산말명 방아찜> 굿거리 연구
		김형근	동해안 오구굿의 구조 연구
		이영금	전북지역 **세습무**의 삶과 무업
		권태효	한국 생산물기원신화의 양상과 성격
		양종승	전북의 독경: 칠성풀이 자료
	13호	양종승	황해도 굿에 쓰이는 종이 神花와 神具의 종류, 형식, 상징성 고찰
		임승범	충청지역의 종이무구
		윤동환	동해안 무집단 紙花의 문화적 의미
		강소전	제주도 굿의 무구 '기메'에 대한 고찰
		변지선	뜬대왕거리의 성격과 의미
		송기태	씻김굿 무구의 연행예술성
		이경엽	씻김굿 · 성주굿의 현장과 두 굿의 비교
		이기태	점복촌의 역사적 실태 연구
		허용호	마을굿의 시기와 형식을 기반으로 한 문화지도 그리기

2007	14호	장주근	제주도 무속 연구의 회고
		김헌선	제주도 굿의 구조와 원리
		강정식	당굿의 세시의례적 성격
		장휘주	박자와 한 배로 본 제주도 무가의 유형과 특징
		강소전	제주도 굿의 '공시풀이'고찰
		김은희	제주도 굿놀이의 특징 연구
		홍태한	인천 굿의 양상과 특징, 그리고 변화
		권태효	손진태 무가 자료의 현황과 성격
		윤동환	동해안 필사본 무가의 존재양상과 기능적 특성
		최진아	호남지역 종이무구의 변화양상과 상징성 고찰
		최상화	서울굿 노랫가락의 선율에 관한 연구
		이수자	무속의례의 꽃장식, 그 기원적 성격과 의미
		박관수	당골 성덕례 집안의 무경
	15호	이경엽	호남 무속의 존재양상
		서혜숙	호남 무속 연구의 현황과 과제
		이영금	오구 씻김굿의 구조와 기능
		송기태	씻김 무구의 기능과 극적 의례성
		박정경	전북 서사무가의 음악적 특징
		최상화	서울굿 노랫가락의 사설붙임에 관한 연구
		김만태	부적에 나타난 북두칠성의 조형성 연구
		이윤선	서남해지역 민속음악의 무속기반과 재창조 전통
		홍태한	바리공주 김포 지역 필사본 자료

2008	16호	홍태한	황해도굿의 무가
		이용식	황해도 무악의 역사성
		양종승	황해도 맞이굿 형식과 특성 고찰
		김신효	동해안 탈굿의 변화양상과 요인
		정대하	광주의 세습무 활동 변화 양상
		장순범	허주굿과 삼산돌기를 통한 입무과정 재인식
		권선경	서울굿 노랫가락의 유형과 기능
		박관수	송경 축원 연구: 이상춘의 '송경 축원문'을 중심으로
		윤동환	동해안 무집단의 당주권 확보과정과 적응전략
		이영금	전북지역 '오구 씻김굿'의 공연 방식
		김혜정	전남지역 씻김굿의 지역별 장단 사용과 음악적 특성
		송화섭	시베리아 알타이 지역의 샤먼상 암각화
		한민	문화심리학적 관점에서 본 박정희 신드롬의 무속적 의미
	17호	황루시	동해안굿의 전승상황과 특징
		최성진	동해안별신굿 무가의 전승현황 연구
		홍태한	동해안굿 무가의 존재양상과 의미
		윤동환	동해안굿의 전승주체와 문화 창출
		조정현	동해안별신굿의 토대와 물질문화 전승
		손태도	조선 후기의 무속
		이한길	원주시 매지리 회촌마을 단오제에 있어서 신격의 정체
		이영배	굿문화의 교섭과 분화에 관한 연구: 고창 장호 마을의 경우를 중심으로
		이영금	법성포 단오제의 수륙재 수용 가능성
		최상화	전라북도 운맞이굿의 장단과 선율연구: 전금순 단골을 중심으로
		김성미	무속의례에서 연희되는 보법 비교 연구: 한국 · 중국 · 일본 · 인도를 중심으로

2009	18호	허용호	마을굿과 무당굿의 연관성에 대하여: 충청도 제천 오티마을 별신제와 충청도 사혼굿을 중심으로
		박혜정	충남 앉은굿 음악의 문화권역 시론: 안택굿을 중심으로
		임승범	충청굿의 設經 연구
		이영금	위도 띠뱃놀이의 연행 구조와 제의적 특징
		배인교	조선후기 巫夫軍牢 연구
		편성철	씻김굿에서 희설의 의미
		김명자	가정신앙관련 종교체험 사례 일고
		이경엽	장흥신청 조사연구
		홍태한	노들제 바리공주 자료
	19호	신연우	<초공본풀이>의 입사담적 면모 연구
		박미경	동해안 **세습무**의 청보무가연행에서 드러나는 음악적 특징과 그 의미 분석
		김헌선	경기도 개성 덕물산 도당굿 연구: 마을사람 · 무당 · 굿중패 · 사당패가 만든 신명의 도가니를 사례로
		권선경	서울굿에 나타난 군웅의 의미
		허용호	19세기 무속에 대한 '반성적 연행'의 성행과 그 민중문화적 의미
		홍태한	무속사회 홍보의 콘텐츠 활용: 자서전 출판과 홈페이지를 중심으로
		김태우	조선후기 서빙고 지역 부군당 주재 집단의 성격과 변화
		이영금	봉장춘 무가

2010	20호	박미경	굿음악의 기존연구 검토와 향후연구 방향
		김혜정	무악 장단의 음악적 구조와 활용 원리
		박정경	굿 음악의 지역별 특징 연구
		윤동환	굿의 형식 전환과 무악의 변화
		장휘주	메나티토리권의 무가 민요 범패의 선율적 특징
		이용식	아시아 샤머니즘과 한국 무교의 악기학적 비교
		김형근	남해안 오귀새남굿의 비교 연구: 동해안 오구굿, 전라남도 씻김굿과의 비교를 중심으로
		김태우	일제시대 서울 서빙고 지역과 부군당 중수집단 연구: 1927년 정묘년 부군당 중수기를 중심으로
		김혜정	제주도 특수본풀이 <원청강본풀이> 연구: '神名'에 대한 再考를 중심으로
		박일영	**무당**의 소명 체험이 삶의 태도에 미치는 영향
		염원희	무속신화의 여신 수난과 신 직능의 상관성 연구
		이영금	흥푸리 사설
		홍태한	서울굿 뒷전의 맹인거리 사설
	21호	허용호	'굿놀이'의 역사 기술을 위한 도론
		손태도	굿놀이와 재담소리
		김신효	굿놀이와 탈놀이의 공통성과 독자성: 동해안 탈굿과 가산오광대 할미·영감과장을 중심으로
		김은희	황해도 굿의 구조와 굿놀이의 위상에 관한 시론
		김덕묵	연극적 측면에서 분석해 본 황해도굿: 김매물의 굿에서 구성틀과 등장신격을 중심으로
		권선경	무당굿놀이에 등장하는 **맹인**의 성격과 의미
		이경엽	호남지역 무당굿놀이의 연행양상과 의미
		김형근	남해안지역 굿놀이의 양상과 비교
		박일영	한국 샤머니즘에 대한 외국인 선교사들의 대응 태도와 비교연구: 파리외방전교회와 성 베네딕 도회 오틸리엔 연합회를 중심으로
		염원희	서울굿 <호구거리>의 성격 변화
		이주영	<호살량굿>과 <호탈굿>의 주술과 연행주체의 세계관 비교
		조정현	별신굿의 대항제의적 성격과 축제적 연행구조
		홍태한	고양시 도내동도당굿 현장 보고

2011	22호	상기숙	대만 샤머니즘 연구의 흐름과 동향
		양종승	히말라야 샤머니즘 연구 동향과 현지조사 사례: 네팔 동부지역 Rai족 샤먼의례
		홍석준	말레이시아 샤머니즘 연구의 동향
		황루시	미얀마 샤머니즘의 개관과 연구 경향
		권태효	제주도 서귀본향계 본풀이의 자료적 성격과 양상
		김혜정	황해도 강령거첨 뱅인영감굿의 성격과 의미
		김효경	曆書속의 신앙 원리의 활용: 周堂을 중심으로
		박미경	사회적 연행적 변화로 나타난 굿음악의 전개양상
		윤동환	경상도 내륙무속의 실체와 특징
	23호	권태효	제주도 일반신본풀이에 나타난 여성신의 성격과 양상
		김헌선	<세화리당신본풀이>의 식성 갈등 구조: 이달춘 구연본을 중심으로
		박흥주	굿에 대한 인식제고를 위해 필요한 논의들
		심상교	굿의 현대적 변용과 창조적 계승
		이용범	평택무속의 일반성과 특수성
		정호붕	삼공잽이 장단의 구성과 연행자의 인식
		최길성	무라야마 지쥰과 아키바 다카시의 무속 연구
2012	24호	김성례	일제시대 무속담론의 형성과 식민적 재현의 정치학
		김헌선	京畿道 烏山 釜山里(가뫼골) 산이의 창세서사시 <시루말> 연구: 李龍雨(1899~1987)의 구연본(1981년 율목동)을 중심으로
		김형근	서울 새남굿 도령돌기의 의미와 위상
		김효경	水死 관련 신앙의례 고찰: 충남 海岸과 島嶼 지역을 중심으로
		시지은	상쇠 '홍박씨'와 **무당** '명두' 비교
		이영배	전라 윗녘 무풍속에 관한 기억과 독해: 마지막 잽이꾼 최병호의 구술을 중심으로
		이용식	제주도 연물의 남방문화적 요소에 대한 고찰
		조정현	동해안 마을굿의 전승주체로서 '노반계'와 마을 공유자원의 활용 문제
	25호	정제호	관북지역 <바리공주>의 '죽음'에 대한 고찰
		최진아	띠배의 기능과 의미 확장 -풍어제를 중심으로-
		윤동환	별신굿의 경제적 기반과 전승주체의 변화: 경북 울진군 기성면 기성리를 중심으로
		신연우	서울 새남굿 <노랫가락>의 서정시적 성격
		김은희	서해안 배연신굿의 '소당애기씨놀이'에 투영된 뱃사람들의 삶
		강성복	어업환경의 변화와 서해 도서지역의 당제: 보령 외연도 당제의 지속과 변화를 중심으로
		김헌선	평안도 굿의 특징과 의의 연구: 일반적 개황·굿의 갈래·재수굿 구조 등을 구실삼아
		박종익	김향란의 삶과 주당풀이

2013	26호	김헌선	경기도 도당굿의 현지조사 경과, 지역유형, 그리고 비교의 전망
		김혜정	굿 음악 연행자와 향유자의 음악적 지향과 장르적 접변
		박미경	진도씻김굿의 음악적 가치와 의미
		박정경	도서해안지역 서사무가의 음악적 특징: 동해안과 남해안을 중심으로
		박흥주	전남 마을굿 전승에 기여할 학술 연구방안 모색
		변진섭	경기도 남부굿과 민속춤의 상관성 연구: 깨낌춤을 중심으로
		이경엽	바다 · 삶 · 무속: 바다의 의례적 재현과 의미화
		이영배	다중의 습속, 되기 혹은 생성의 사건으로서 무속의 특이성
		전주희	<내왓당무신도>의 도상성(Iconicity)과 제주 무속의 생태성
	27호	최종성	어둠 속의 무속: 저주와 반역
		한은선	연평도 풍어굿의 구성과 장면화 방식
		박일영	한국 근대의 샤머니즘과 인권
		신연우	<바리공주>와 중국 <妙善> 및 유사설화 비교의 관점
		이용식	<성주풀이>의 민요화 과정에 드러난 남도 음악인의 음악관에 대한 담론
		이정재	글로벌시대 한인무속의 성과와 과제: 현대인 상담치유의 관점
		홍태한	강화 교동도 진오기굿의 구성과 특징

2014	28호	이보형	경기 남부 및 충청 북부 도당굿의 음악적 특성: 경기 북부 굿과 비교를 중심으로
		김헌선	경기도 동막도당굿의 총체적 연구: 굿의 내력, 갈래, 층위와 위계, 연구 전망을 중심으로
		신연우	경기도 동막 도당굿의 문학적 연구
		김인숙	경기 남부 무가의 선율적 정체성을 찾기 위한 시론: 동막도당굿(1984년)의 무녀 서간난의 소리를 중심으로
		이용범	동막도당굿의 특징: 굿의 주체와 진행방식, 종교적 성격을 중심으로
		변진섭	동막도당굿의 무용학적 고찰
		시지은	경기도 남부 도당굿에서 터벌림과 쇠풍장의 의의
		권태효	'일월회복신화소'의 자료적 양상과 신화적 의미
		신호림	산천굿 무가사설의 구성적 특징과 죽음에 대한 인식
		정제호	제주도 특수본풀이 <세민황제본풀이> 연구: 매일과 장상 부부를 중심으로
		이영금	무속 사상과 증산 사상의 상관성: 해원 사상을 중심으로
		조정현	축제적 상생과 치유의 '판문화'로서 굿판의 성격과 기능
		손노선	베트남의 무속과 **무당**들의 접신현상
	29호	이보형	평안도 다리굿의 특성과 위상
		김인숙	평안도 다리굿의 음악 구성과 현재적 의의: 1981년 이선호·정대복의 다리굿을 중심으로
		김헌선	<짐가제굿>의 유형적 특징과 의미: 저승차사와 저승 세계 성립에 대한 무불습합적 견지에서
		박흥주	전라남도 남해안지역 별신제 연구: 고흥, 보성, 장흥, 강진 지역을 중심으로
		허남춘	성모 · 노고 · 할미란 명칭과 위상의 변화: 지리산과 한라산의 여성신을 중심으로
		신연우	제주도 초감제 신화와 惡의 문제
		최진아	무속의 전승체제 약화가 무구제작에 미친 영향
		김효경	煞과 살풀이의 존재양상: 충청도를 중심으로
		양종승	평안도 굿 전승자료 몇 가지

		강정식	김인회 촬영 건입동 불도맞이, 동김녕 잠수굿 고찰
2015	30호	김은희	제주도 <불도맞이>와 서울 <천궁불사맞이> 비교: 산육신의 위계와 관계망을 중심으로
		박영애	<불도맞이>와 <동김녕잠수굿>의 춤사위
		이춘희	제주도 「당신본풀이」와 아이누(アイヌ)의 「오이나 Oina」 비교 검토: 治病神 등장 서사를 중심으로
		박미경	전통 굿(예술)이 지닌 소통과 치유의 기재
	31호	김형근	하나의 이름 다양한 얼굴, 한국무속신 군웅: 서울굿 '군웅'의 성격 규명
		권선경	화주당의 존재양상과 의미
		김기형	서귀포 심방 박봉춘의 家系와 무업 활동
		박일영	일제 강점기의 종교정책과 샤머니즘
		이경엽	전라도굿의 다양성에 대한 재인식
		이영금	세습무 굿의 신명풀이 미학
		이용식	사회변동에 의한 마을굿 농악의 변화양상: 전라남도 보성군 벌교읍 대포리 갯귀신제를 중심으로
		전주희	제주도 서사무가 〈지장본풀이〉의 신화적 의미 연구
		홍태한	서울지역 무가 황제풀이 필사본 소개
2016	32호	김헌선	굿의 치유 과정 연구: 재수굿에서 만신과 단골의 굿하는 사례를 중심으로 하여
		신동흔	서사무가 속의 울음에 깃든 공감과 치유의 미학: 특히 <도랑선비 청정각시>를 중심으로
		이용범	굿, 소통을 통한 관계맺음의 의례
		이주항	<대금 시나위> 감상이 태아의 NST(Non-Stress-Test)에 미치는 긍정적인 영향 연구
		김동규	무속의 정기의례와 현재성에 대한 사례연구
		김미영	신안 유점자 무가의 음악적 즉흥성에 관한 연구
		정제호	<삼승할망본풀이>의 서사 구성과 신화적 의미: 출산 화소의 특이성을 중심으로
		홍태한	『무당내력』류 이본의 양상과 의미
	33호	김형근	굿과 **무당**을 담아낸 사각 프레임, 기록과 표현의 간극
		홍태한	무속 대중화의 방향과 무속 연구의 방향 찾기: 서울굿을 중심으로
		목진호	세습무 굿음악의 지역특성 연구: 경기 도당굿과 동해안 별신굿을 중심으로
		손노선	엑스터시: 트랜스와 신들림에 대한 연구
		이원영	제주 女性堂神의 海神的 성격과 존재 양상

2017	34호	김헌선	한국 굿의 <가망굿>과 도교 『태상감응편도설언해』의 상관성
		양종승	무교의 칠성신앙과 도교의 칠성신앙 고찰
		김형근	한국무속의 죽음세계 연구: 불교 시왕의 수용 양상과 의미
		신호림	三頭九尾의 정체와 본풀이로의 수용과정 고찰
		윤정귀	<새다림>의 의례적 기원과 의의
		이경화	<초공본풀이>와 <思松金>의 인물 관계와 그 의미
		홍태한	현장보고: 성동구 옥수동부군당의 향방
	35호	이원영	삼태성 유래담의 자료적 양상과 신화적 의미
		윤준섭	함경도 망묵굿 《돈전풀이》에 나타난 돈전신 내력담 연구
		변진섭	연행양상을 통한 가래조 고찰
		고은영	제주도 서사무가 <당나미 문씨아기당 본풀이>에 나타난 복합적 신의 위상(位相)
		이용식	무교 음악과 불교 음악의 상호연관성에 관한 연구: 황해도 무가를 중심으로
		홍태한	서울 지역 마을 제당 봉안 무신도 실태 조사 보고서

2018	36호	김헌선	내포지역과 저산팔읍지역의 굿 예인의 삶 소묘와 음악 세계
		목진호	지영희 무속장단의 이론적 배경과 실제
		윤동환	동해안 화랭이 송동숙의 삶과 예술
		이용식	남도굿 악사의 삶과 음악: 영암의 한씨 고인을 중심으로
		홍태한	황해도굿 만신 전대주의 굿과 음악
		권선경	인도 천연두신의 존재양상과 의미: 벵갈루루의 '안남마'를 중심으로
		김태영	서사 무가에 수용된 고전소설의 적강화소 양상과 성격 고찰: 동해안, 함경도 지역 서사무가를 중심으로
		변진섭	경기도 새남굿 장단 고찰
		손정일	동해안 서사무가의 음악구성
		오선영	앉은굿 법사들의 신풀이: 충남 서산·태안을 중심으로
		이경화	<양씨아미본풀이>의 장르 교섭 양상과 그 의미
		이용범	불교와 무속의 상관성 검토: 수륙재와 무속 죽음 관련 굿의 비교를 중심으로
		이현정	제주도 구비서사물에 나타난 해상타계의 변주 양상과 의미
		정제호	<돈전풀이>에 나타난 신의 형상화 방식과 신화적 의미
	37호	강소전	현용준의 제주도 무속 연구 전개와 성과
		강정식	현용준의 신화 연구 성과와 의의
		김헌선	현용준의 조사연구방법과 학문적 위상
		윤정귀	현용준 채록 제주도 민담의 가치와 의의
		최진아	현용준의 물질문화 연구: 제주도 무속을 중심으로
		홍태한	무속 기록의 엄정함과 총합성
		오창명	현용준의 제주방언 연구
		권태효	무속신화에 나타난 장자형 인물의 존재양상과 성격
		박종성	中國 彝族의 창세서사시와 민간습속에 관한 에세이
		반혜성	서울굿 만신 이상순의 무당학습과 중디밧산 거리의 음악적 특징
		진윤경	20세기 <성주풀이> 반주음악의 변화양상

2019	38호	김은희	사냥놀이계통 굿놀이의 의례적 의미에 대한 고찰: 황해도, 강화도, 우이동, 제주도의 사례 비교를 통해서
		김혜정	자식 점지 기원 신화의 측면에서 살핀 〈이공본풀이〉 신적 성격과 의미
		김호성	〈구렁덩덩 신선비〉의 업신화적 성격
		류진옥	조상신본풀이 전승 양상: 부대각과 양이목사본을 중심으로
		전주희	인간 문화와 스토리텔링의 관점에서 본 제주도 본풀이의 총체성
		손노선	몽골 어워(Oboo)의 상징체계
		허남춘	탐라국 건국신화의 주역과 고대서사시
		홍태한	황해도굿 연행 주체 계보 변화와 의미: 인천 지역을 중심으로
	39호	김헌선	일제강점기 경기도 개성 덕물산 무가·무속 현지조사의 경과와 의의: 京城帝國大學硏究試論(1)
		김은희	성황제의 역사적 면모와 경기도 시흥 군자봉성황제
		신연우	제주도 무가와 『삼국유사』의 삶의 의미 구현방식
		이혜정	돼지고기 금기 및 식성갈등의 근원 연구
		홍태한	무당굿춤의 전형으로 굿춤 명칭의 의미
		김동규	네오샤머니즘과 현대 한국무속: 분석범주로써 '네오샤머니즘'을 통한 현대 한국무속의 한 특징 이해

소통과 무격(巫覡)

1판 1쇄 발행 2022년 6월 24일

저자 한규진

편집 김다인 **마케팅** 박가영 **총괄** 신선미
펴낸곳 하움출판사 **펴낸이** 문현광

이메일 haum1000@naver.com **홈페이지** haum.kr
블로그 blog.naver.com/haum1000 **인스타그램** @haum1007

ISBN 979-11-6440-189-5(93380)

좋은 책을 만들겠습니다.
하움출판사는 독자 여러분의 의견에 항상 귀 기울이고 있습니다.